刘国光

经济论著全集

（计划经济向商品经济和市场经济转型过渡时期的探索 1980—1981 年）

第 3 卷

知识产权出版社

全国百佳图书出版单位

目　录

我国现代化建设和经济体制改革问题

　　（1980年9月27日）　*1*

经济管理体制改革的若干重要问题

　　（1980年10月）　*24*

再论计划和市场关系的几个问题

　　（1980年11月）　*44*

中国如何实行计划调节与市场调节

　　（1980年）　*59*

日本的经济和经济学界

　　——访日札记　（1980年12月13日）　*62*

走出一条发展经济的新路子

　　（1981年1月26日）　*70*

再论经济调整与经济改革的关系

　　（1981年3月）　*76*

南斯拉夫的计划与市场

　　（1981年4月）　*82*

中国经济体制改革的一些情况和问题

　　——在英国牛津大学现代中国中心的讲演　（1981年5月）　*138*

英国的经济和经济学界

　　——访英札记　（1981年5月23日）　**151**

英国政府统计工作的一些情况

　　——参加中国经济学家代表团访问英国的情况汇报（1981年6月

　　4日）　**160**

关于《社会总资本的再生产和流通》

　　——《资本论》第2卷第三篇解析　（1981年7月）　**172**

经济建设的道路

　　——一次内部会议上的发言　（1981年8月7日）　**252**

匈牙利经济体制改革12年的评价

　　——成就·问题·经验·教训　（1981年8月）　**260**

我国现代化建设和经济体制改革问题*

（1980年9月27日）

一、现代化建设问题

（一）现代化建设的形势

社会主义现代化建设是我国现阶段第一位的中心任务，我们一切工作都要围绕这个中心，为这个中心服务。实现现代化是历史发展的必然趋势，是社会进步的客观要求，世界上无论哪个国家都要先后走上这条道路。一个国家只有实现现代化，才能增强国家的实力，提高人民物质和文化生活水平，才能自立于世界民族之林，对人类做出贡献，我国原是半殖民地半封建经济，本来很落后，解放后尽管前进了一大步，但在社会主义建设过程中经过了两次大的折腾，甚至后退，即第二个五年计划和十年浩劫。恰好在这一时期世界上许多国家，包括日本、西欧，东欧如南斯拉夫、罗马尼亚，以及东南亚一些小国家：南朝鲜、新加坡，此外还有我国香港地区和台湾地区，发展都非常快。差距越拉越大，耽误了很多时间，因此实现现代化对我们说来具有更加迫切的意义。什么叫现代化？现代化是一个世界性、历史性的概念，不是一个国家性的概念。它是一个不断发展的过程。现代化在20世纪初与现在的概念就不同，当时只要电气化、内燃化就算现代

---

* 本文系作者1980年9月27日在中国人民解放军后勤学院所作报告的摘要，原载后勤学院政治部宣传部《学习参考材料》第28期。

化，而现在更发展了，要实现电子化、化学化、自动化等，这说明现代化的概念在历史上也是变化的。资本主义手工工场对封建主义个体手工业，在17、18世纪时就是现代化，因为蒸汽机还没出现。后来发明了利用蒸汽推动的织布机，对手工织布机也是现代化。当前现代化的要求更高了，如果到了20世纪末，那时的现代化概念又不一样了，因为人类在不断前进。所以任何一个国家实现现代化都有一个从低级到高级的发展过程，要根据各国自己的实际情况，采取切合实际的步骤，才能一步步地实现现代化的目标。每个国家应该有自己实现现代化的道路，中国的现代化道路必须从中国的国情出发。中国是一个社会主义国家，这是最主要的特点。我们是社会主义的政治制度、经济制度，当然还不很完善，许多方面还不完全是社会主义的，还有旧的传统。在自然和经济方面的特点有以下几点：第一，国家大，幅员辽阔，资源比较丰富，但各省各地区的情况千差万别，经济发展很不平衡；第二，人口多，并且80%以上的人口在农村，人民是勤劳勇敢的，但是科学文化水平、技术水平比较低；第三，底子薄，去年平均每人国民生产总值223美元，在世界一百几十个国家和地区中排在一百位之后，工业虽然有了一定的规模，但各方面技术和管理都很落后；第四，商品经济不发达，农业在很大程度上还是自给自足，工业的社会化程度也不高。这是我们的国情，是我们进行现代化建设的出发点。

我国经济上的这些特点，一方面说明我国现代化建设潜力很大：国土面积大，人口多，资源丰富。同时也说明现代化建设是一个长期艰巨复杂的事业，困难和不利条件很多。生活水平提高很不容易，需要一个相当长的历史时期才能够完成现代化任务，不可能在二三十年内就赶上世界上经济发达国家当时的水平。由于我国与经济发达国家差距太大，力量太薄，人口太多，只能从我国实际的可能和需要出发，把工业、农业、科学和国防从落后的状况，有计划地、逐步地、扎扎实实地转向现代化，以前曾提出在20世纪末赶上发达国家，恐怕太乐观了一点。

到20世纪末叶，2000年我们的奋斗目标是什么？我认为，我们可以争取在一些产业部门和若干科学技术领域，达到或者超过一些发达国家80年代的水平（这也不容易），使人民在衣、食、住、行（包括交通旅游）、文化教育（现在受教育面很少，平均每万人的大学生还不如印度，平均每千户所拥有的电视机等差得更远）各个方面基本需要得到满足，使我国达到小康社会的水平。小康社会大体上说，平均每人国民生产总值一千美元左右，比现在增长三倍，这样看比较现实。达到这个水平，我们就在现代化道路上迈出了有决定意义的一大步。搞现代化建设必须实事求是，量力而行，不能提出我们达不到的目标，否则实现不了将会挫伤人民的积极性，我们过去一再犯这个毛病。要看到经济生活中存在的大量问题，这些问题不是一下子能解决的，特别要吸取过去在经济建设中欲速不达，搞高指标、高速度、高积累，想快实际上搞得很慢，反而退回来，"大跃进"带来"大跃退"的历史教训，不能急于求成，要稳步前进，稳中求快，防止急躁情绪。另一方面我们也要反对悲观失望，要树立我们可以搞现代化的信心，可以在20世纪末向现代化目标迈进一大步。要实事求是地看到我们的有利条件，特别是全国安定团结的局面已经形成，党的领导得到改善和加强，党中央在总结历史经验的基础上，提出来的一系列正确的方针政策显示出越来越大的作用，国际条件对我们也比较有利。只要我们艰苦奋斗、发奋图强，今后经济肯定会出现一个蓬勃发展的新局面。所以，任何无所作为、悲观失望的论点都是没有根据的。

（二）80年代的现代化目标

80年代是我国现代化建设当中一个非常重要的十年。这十年工作做好了，就为今后发展打下了基础，实现四化就有了真正的希望。我们现已进入了80年代，经济形势怎样？我们现代化建设的新长征是在过去30年经济建设基础上起步的。30年来我们在党的领导下经济建设取得了巨大成就，主要表现在：（1）经过社会主义改造，确立了社会主义公有制，在整个国民经济中占主要优势。（2）在工业建设上，奠定了一定的物质基础，国营企业拥有的固定资产现已达到五千亿元，流动资金三千亿元。（3）国民经济大体上形成了一个完整的体系，过去许多不能生产的产品，现已能生产了（如飞机、汽车等）。而且建立了一批新兴的产业部门，主要产品的生产能力和产量有显著增加，有些产品的产量在世界上也是排在前几位（如煤炭）。（4）建立了一支具有一定水平的技术干部、管理干部和熟练工人队伍，职工人数已扩大到了一亿人。（5）科学和文化教育事业有了一定的发展。30年来培养了三百万大专毕业生。并且从无到有地初步建立起一系列新兴的科学研究部门。（6）同解放初比，人民生活有了一些改善，城乡居民的平均消费水平，1952年为76元，1979年为200元（这里的主要因素是就业面比过去扩大了），这是30年来全党全国人民努力奋斗得来的成就，是我们进行现代化建设的基础，我们只能在这个基础上前进。必须看到，这个基础虽然摊子不小，但是很薄弱，还存在着重大缺陷。主要是产业结构不合理，经济体制管得太死，科学技术十分落后。在生产装备、工艺流程和产品性能等方面，只相当于世界上50年代、60年代的水平，有的甚至只有40年代的水平。管理水平很低，经济效果也很差，在生产、建设、流通领域浪费很大，总之，还没有真正形成强大的社会生产力，发挥它应有的作用。同时在人民生活方面欠债很多，30年来，除了恢复时期，第一个五年计划时期以及粉碎"四人帮"后近几年外，人民生活没有什么改善，有时甚至下降。全民所有制各部门的职工平均工资经过这两年调高后，1979

年为705元，扣除物价上涨的因素，实际工资比1957年还下降百分之一多一点。农民收入水平，1979年每人从集体分得的收入平均80多元（不包括自留地、副业），可是很不平衡，有的地区一二百元，但有相当大的地区很低，年收入在50元以下，缺吃少穿。困难户、困难的生产队在农村中占相当大的比重，从人数上来说，共约二亿人口。住宅问题也很严重，城市缺房或少房户占30%~40%，平均每人的住房面积比解放初（平均4平方米）减少。另外城镇待业人员比较多，城市建设、公用事业、生活服务、公路交通也比较紧张。党的三中全会以来由于贯彻执行了八字方针，做了大量工作，成效很大，国民经济主要比例正朝着比较协调的方向发展，已经开始采取了一些新的经济政策，在经济体制上实行了某些初步的改革，在所有制方面有了一些松动（过去认为越大越好，越公越好，越早过渡越好，看来这种办法不行），发挥了各个方面的力量。去年（1979年）开始扩大企业自主权试点，进行了一部分市场调节，经济生活逐步活跃起来了，过去死气沉沉的局面开始改变，经济效果有所提高，人民生活确有改善。尽管国民经济当中长期积累下来的许多重大问题还依然存在，但总的经济形势已开始有了一定的好转，为80年代的现代化建设奠定了良好的开端。

　　80年代经济发展的任务就是：在粮食生产稳定增长，全面提高经济效果的基础上，使人民的物质文化生活有明显改善，并且为90年代的进一步发展打下稳固的基础。争取在十年甚至多一点时间按人平均国民生产总值能增长一倍，翻一番，达到500美元，90年代再翻一番，就能达到目标。在80年代的生产任务中，要把改善人民生活作为一个重要目标，这不仅是由于社会主义生产的目的所决定，是我党为人民谋福利的宗旨所决定的，而且也由于多年来在这方面欠债太多。如果80年代这个问题不能得到很好解决，给人民以明显的利益，那么不但社会主义现代化失去了它的意义，而且也无法调动亿万人民的积极性进行现代化建设。要不断提高人民物质文化生活，就必须在生产建设上保持稳定的增长，并且讲求经济效果，决不能再干那种只追求一时的高速度，片面追求数量，造成国民经济大起大落、瞎折腾的蠢事。要瞻前顾后，把当前利益和长远利益结合起来，要扩大再生产，要有一定的积累，不能光搞消费。积累率保持在25%左右为宜。第一个五年计划的积累率是24%，第二个五年计划上去了，达到百分之三十几，1959年是百分之四十几，积累很多，挤掉了生产和人民生活，最后不得不掉下来。70年代积累率也很高，在30%以上。周期长的一些事业：矿山、地质、教育等，以及重大建设项目，搞得太多，没有那么大的力量，完全不搞也不行。要保持一定速度，每年平均增长6%，这个速度也不低，世界上没有哪个国家能够持续保持这么高的速度。要在2000年实现小康社会水平，还要进行一系列工作，克服一系列困难，特别要使经济各个方面的管理、制度适应生产力发展的需要，要进行一系列的改革，其中包括经济结构改革。我们的重工业过高，农业太低，商业服务行业不够，重工业内部能源工业不足，加工工业又太多了，这种状况不适应现代化的需要。要对现有企业进行技术改造，对经济管理体制进行改革，如果不改革，现代化建设也是不可能的。

二、关于经济体制改革的问题

（一）我国经济体制的特点、弊病和改革的方向

经济体制涉及国家、企业和劳动者个人，还有中央和地方之间的经济利益关系。这三者关系处理好，就可以调动各方面的积极性，促进经济发展，反之，积极性就要受到挫伤，经济发展就会遇到阻碍。80年代经济发展主要依靠挖掘现有潜力。因为底子很薄、资金有限，不能搞很多很大的建设，像宝钢这么大规模的

项目，也只能搞一个，再多实在搞不起，一下子几百亿元，挤得其他都不能搞了。我们潜力不小，因为管理不善，人力物力财力浪费非常大，浪费与体制有关系。改革体制的目的，就是通过调整国家、企业和个人的经济利益关系，发挥各方面的积极性，把我们的经济潜力挖掘出来，减少浪费，来搞现代化建设。

要改革，首先要认识现行经济体制的特点和毛病在什么地方。我国现行体制概括起来讲就是高度集中的以行政管理为主的体制，有三个方面的特点：

1. 单一的国家决策机制。我国现有近四十万个企业，上亿个职工，还有农村社员，都是经济活动的主体。个人也有经济活动：从事什么职业，购买什么东西，都要有决策。企业决策的范围更多：购买什么原材料，生产什么，采用什么设备、生产工艺，产品销售给谁，资金、收入怎么分配等。过去经济活动的决策权都在国家，企业没有什么决策权，个人更谈不上。企业盖个厕所，搞个技术改造、职工福利都要向上级申请，搞得很死，中央和地方之间也有很多扯皮的事情。

2. 单一的计划调节。不注意利用或排斥市场调节，不是按价值规律来调节，而是通过国家自上而下地下达指令性计划。企业不能根据市场的需要、用户的需要调节生产，而是单纯服从国家单一的计划。

3. 在经济管理的组织和方法上，主要是通过行政组织，用行政办法来管理经济。什么都是官办的，官工、官商、官农，公社变成了行政机构，"政社合一"，实际上生产很少管。企业基本上按照国家机构，行政区划、系统来管理，而不是按照经济的内在联系来管理，按行政命令和"长官意志"，而不是按经济利益和价值规律办事。

这样就造成了很多弊病。第一，把企业作为各级行政机构的附属物。企业应该是具有相对独立性的商品生产单位，但现在不能发挥它应有的积极性。第二，按行政系统、行政区划自成体系。每个行政区划、每个部或省甚至每个工厂都要搞一套体系，搞"大而全""小而全"，万事不求人，切断了经济体系的内在联系和相互之间的分工合作，造成很多的重复和浪费；第三，自上而下的指令性计划。计划指标过多，管得很死，什么都听上面的，下面不能因地制宜、因时制宜，往往错过了时机。而且相互之间不能进行横向联系，生产与需要不能直接见面，分配和生产指标都由上面安排，因此造成浪费。第四，统收统支。企业生产出来的产品，所得到的收入利润完全上缴，由国家统收。然后需要什么再向上级伸手要，由国家统支。企业实际上吃国家的"大锅饭"，可以不负什么经济责任，搞平均主义，对个人来讲是"铁饭碗"。所有这些都不符合客观经济规律，与发展商品经济和社会化大生产的要求不相适应，不利于国家对经济生活进行有效的管理，严重阻碍着经济的发展。当然在过去二十多年间，这套体制曾经过几次改革，但主要还是在国家行政机构内部是由条条（中央各部）来管，还是由块块（各省市）来管这个圈子里打转。改来改去，体制的基本方面没有什么改变，国家和企业的关系问题一直没得到解决。我们这套体制的来源很多，主要是解决初期由于我们没有经验，机械地搬来了苏联那一套高度集中的管理体制，还有一些旧社会的封建残余：家长制、自然经济等，另外就是解放区供给制的传统。这在当时是必要的，但经济形势改变了，我们的思想习惯并没有完全变过来，加上若干年来"左"倾思想的干扰，也没能找到我国经济体制的症结。

对社会主义经济究竟怎么认识？我们过去习惯把它看成就是一个计划经济，就像一个大工厂实行一个自上而下的统一计划管理，有的像一个大庄园、一个家庭一样进行管理，如公社。没有看到我们现在是社会化大生产，不但是计划经济，还有商品经济。不但由于所有制的不同而有各自不同的经济利益，而且在全民所有制内部的每个单位也有各自的经济利益。我们在根本利益一致（因为是公有制占优势）的基础上，还有很多不一致的利益。现在还是按劳分配，每个人能力不一样，贡献不一样，利益也不一样。企业也是如此，贡献大小应该和利益结合起来，否则，干不干一个样，积极性也调动不起来，至少在我们这个社会是这样。因为生产力还没有高度发展，还没实行共产主义，在这种情况下就要实行商品交换、等价交换，要按劳分配。在这些方面过去认识不足。总的根源，是排斥价值规律。过去一谈到价值规律，就认为它不是调节者，没有调节作用，或者把它限制在某一个领域里。这是与过去受经济理论和思想上一些框框的束缚分不开的。

进行体制改革，首先要认识到社会主义经济不但是计划经济，而且是商品经济，价值规律还起一定的调节作用。同时，社会主义经济是社会化大生产，不是一个像农民那样自给自足的自然经济的小生产，或者像一个企业内部由厂长、经理、总工程师通过车间来管理（它没有商品交换和货币）。从这点出发，针对体制上存在的问题和弊病，经济体制改革的方向应该是：在生产资料公有制占优势的条件下，按照商品经济和社会化大生产的要求，自觉地运用客观经济规律，特别是价值规律，打破行政框框和自然经济思想的束缚，把高度集中的、单一国家决策体制，改变为多层次的，国家、经济单位和劳动者个人相结合的决策体制（经济活动该由什么人，哪一级去决定，就由哪一级决定）。在调节制度上把单一的计划调节改变为计划调节与市场调节相结合，在国家计划指导下，充分发挥市场调节的作用。在经济管理的组织和方法上，要把过去单一依靠党政机构，用行政组织、行政办法管理经济改变为主要依靠经济组织，用经济办法、经济法规管理经济。通过以上这样办法来调节各个方面的利益，调动各个方面的积极性，合理地组织各种经济活动，以最少的劳动消耗，取得最大的经济效果。

（二）关于决策体制的改革

1. 国家决策体制。过去我们的经济决策是单一的国家决策体制，即由行政机构决定经济单位的活动方式、内容。而企业在人力、物力、财力支配上，在生产什么，生产多少，同消费者、市场用户、产需双方的联系上却没有什么权。这种体制不利于调动企业积极性，也不利于资源（人、财、物）有效的作用。所以要把一切经济活动都由国家决策，企业无权以及劳动者个人在经济活动中也很少有权的状况，改变为按照客观经济规律办事，经济活动该由什么人，由哪些单位决策的就由哪些经济组织和个人决策。

国家决策的经济活动，叫作宏观经济活动，它涉及整个国民经济范围带全局性、战略性的问题，不是一个企业或劳动者个人所能解决或不大容易考虑到的。当然我们要教育每个公民、每个单位都从全局出发，这是对的，但实际上企业和个人所涉及的往往是有限的、局部的经济利益。所以国家要管总体的、全局的、宏观的事情。包括：确定国民经济的发展方向，主要的比例关系（比如消费与积累的比例关系，决定国民收入多少用于扩大再生产和积累，多少用于改善人民生活等），积累的规模，基本建设的投资规模等。基建投资到底搞多大，企业决定不了，基本建设规模不能搞得太大，也不能太小，一点没有也不行，怎样才合适，国家要考虑。而且有些基本建设的项目，即使搞联合也很难解决的一些问题，国家也要考虑，人民生活在每一个时期的提高幅度有多大，也要由国家控制。因为消费品有限，满足不了需求，所以不能让企业滥发奖金的现象自然形成。在主要的比例关系当中，农、轻、重的比例，重工业内部能源工业、材料工业大体是怎样的比例，商业服务性事业、住宅事业应该是什么比例，这些就要通过国家中期（五年计划）或者长期规划来确定。国家还要通过经济立法，通过制定各种经济政策，包括物价、税收、信贷等政策来指导整个国民经济的发展，保持国民经济发展的平衡，稳定地增长。

2. 国家宏观经济的决策要贯彻到企业的微观经济活动当中去。企业的微观经济活动是：生产什么，生产多少，从什么地方取得什么原材料，产品如何销售，销售给谁，销售多少，需要多少劳动力，需要什么素质的劳动力（如技术人员），需要什么物资、技术设备，采取什么样的工艺，需要多少投资资金，利润留成，收入里面有多少用于生产，多少用于改善职工生活等。此外还有个人的就业，消费品的购买问题。国家的宏观决策和企业以及个人的微观经济活动是密切不可分的，都要通过企业的活动、个人的活动来实现。应该给企业以决策权。个人也应该有决策权。国家的宏观决策要与千千万万个企业和劳动者个人的经济活动互相联结起来，使国家宏观计划目标通过千千万万个企业和个人的经济活动能够贯彻下去，得以实现。如果实现不了，应及时修正国家计划。这中间要通过什么渠道或杠杆？首先，国家不要过多干预企业的具体活动；其次，产供销、人财物的决策权，应基本由企业自己根据国家和市场的需要来决定。现在要通过逐步扩大企业自主权的做法来解决企业即经济组织决策权问题。1978年在四川开始试点，1979年各省市逐步扩大，到最近为止，有六千多个企业已经搞了扩大企业自主权的试点，当然现在扩权范围还很小，主要是一部分财权，即一部分利润按照一定比例可以留给企业发展生产，改进福利或者搞奖金。过去是统收统支，收入完全上缴给国家财政，然后企业需要什么再向上申请，由国家拨下来。至于企业其他方面的权力还没能够很好解决，比如计划权、物资权、销售权，有一部分还有人事权。一部分企业在市场调节上，有些产品可以有自产自销的权力，但主要的、大部分还是由国家计划来管。国务院现已提出，1981年扩大企业自主权试点要全面进行。一方面企业的面要大，另一方面除扩大财权外，计划权、物资权、用人权也要逐步配套。关键问题就是要使企业成为真正的、相对独立的商品生产者，能够在市场上进行独立的活动。企业决策权发展改革的方向是实行独立核算，国家征税，自负盈亏。中心问题则是把上缴利润改为上缴税款。过去不论地方和中央的企业上缴国家的资金有两部分，一部分是工商税等。第二部分是将扣除企业的各种基金以后的利润上缴给国家。因此各级地方政府对这一部分利润很关心。1979年实行了中央地方两级财政，"分灶吃饭"，有的省，省与县又再分，企业分属于某一级。既然地方政府对企业的利润很关心，他们就要干涉企业的活动，这样很难割断行政干预，企业自主权很难实现。现在用税收代替利润上缴，按照一定比例缴税，有的缴中央，有的缴地方，中央保证地方的财政来源。剩下的利润全部给企业，数量多少与各级政府不挂钩。这样就可以避免行政干预经济组织，使经济组织能够真正保持相对独立性。企业利润多了就可以多搞福利、奖金和更新改造，如果利润少甚至亏本，就由企业自己承担责任，职工的工资、奖金以及企业的发展也要受到影响。这种办法，能增强企业的责任心，加强责任感。

税率高低是处理国家和企业关系的一个关键问题。企业的权力到底应该有多大？著名经济学家孙冶方同志曾提出一个意见。他认为，企业和国家的权力应以简单再生产的资金为分界线。即企业一部分固定资产每年的折旧资金完全交给企业，由企业自己去更新改造磨损陈旧的设备，在这个范围里可以扩大生产规模。而过去企业没有这些权力，改造一个零部件、修理或更新一种产品，各种资金渠道已经规定死了。现在企业的生产、供应、销售由企业自己去打交道，国家不要管。而扩大再生产的投资，要由国家财政计划平衡和支付，并决定向什么地方投资。现在看来这个界限还不够，因为仅仅把折旧资金给企业，如果企业根据技术改革和市场行情的变化，要进行一些调整扩大，这样的自主权还是受到限制。所以，我们现在事实上已经突破了孙冶方同志提出的界限，除折旧基金外，也有一部分利润给企业用以扩大再生产。这就出现了另一个问题，给企业一部分扩大再生产的权力留多大？税率的高低很重要。可以设想两个极端的情况，一个是税率很高，国家所得税高到把企业的利润全部拿走，企业只留下折旧基金。而我们现在折旧率很低，只能搞简单再生产的一些更新改造，这样企业的权力仅仅限于折旧基金里，使企业在经济活动中的灵活性、积极性的发挥受到一定限制。另外一个设想税率定得很低，留给企业的利润很多，扩大再生产主要让企业来搞。因为企业有钱，国家手中没有多少税，并且还要支付行政费用、文教费用和国防等开支，扩大再生产完全拿在企业手里。但国家宏观经济决策要调整比例关系，掌握发展方向，手里一点东西没有也不行，所以税率不能过高也不能过低，那么国家征税后，留给企业的平均资金利润率到底有多高才合适呢？我个人看法，能保证企业结合它本身的挖潜、革新、改造，进行有关扩大再生产所需要的资金。扩大再生产的这种需要的伸缩性也可大可小，怎样进一步确定这个界限，还需要从理论上研究解决。

3. 劳动者个人的经济决策权。劳动者个人有两个方面的经济活动：一是作为消费者。在购买商品上，衣、食、住、行，愿意买什么，买多少，都有选择权；二是作为劳动力的提供者。在社会主义制度下，劳动力不是商品，但是我们还实行了社会主义按劳分配的原则，同时劳动者个人以及他家庭劳动力的再生产，主要是依赖个人和家庭的收入。我国在劳动人民的生活福利上有很大的公共福利性开支，但劳动者个人的生活支出，一般是从个人劳动收入中取得。因为，作为劳动力的提供者，他的就业，以及在什么地方就业最适合自己的能力特长，个人应该有选择权。这两个问题在其他一些国家已经得到不同程度的解决。在消费品的选择权上，一些社会主义国家过去毫无例外都是实行主要消费品凭票证供应制度。苏联在列宁、斯大林时期几次实行了消费品凭证限量、配给供应，曾在新经济政策时期取消了，后来在第一个五年计划期间，由于大规模建设，经济生活搞得紧张起来，又实行了凭证供应。到了第二个五年计划时又取消了，因为农业上去了，对轻工业比较注意，调整了比例关系。卫国战争时期由于战争需要，又实行对消费品的限制，到1947年后逐步取消。这并不是说它消费品的供应就解决了，实际上常常还有排队的现象，只是凭票证供应从形式上取消了。其他东欧国家战后最初也实行过这个制度，到20世纪50年代后也取消了。在劳动力的分配，即就业问题上，苏联基本上取消了它曾在卫国战争、军事共产主义时期实行过的劳动力统配统包的制度，劳动者个人在一定程度上可以选择地区和职业。这是我们30年来未解决的问题。没有解决当然有一定的原因：人口多、东西少，就业是个大问题，所以拖的时间比较长。但问题在于我们观念上把这种限制消费者权利的凭票证的配给制，叫作"计划供应，计划分配"，这就与计划经济的制度连起来了，好像社会主义经济就要这么搞，似乎这就是社会主义优越性，并把它固定化下来了。实际上这个办法是在物资供应不足时一个临时措施（比如粮食还不能开放，肉前几年也比较紧张，限量供应），并不是社会主义计划经济所必需的，社会主义就是要使物资丰富，逐步敞开、自由选购。在就业问题上也应该充分发挥每一个人的特长。过去是统一分配统一包下来的制度，往往是企业所需要一定质量、数量的人才要不到，分配来的硬塞给企业的人又不一定合适。尤其为了解决就业问题，实行男女搭配、年龄搭配等各种搭配，弄到企业中来，人浮于事，劳动者个人也不能按自己的专长发挥作用。尽管解决这些问题只能逐步来，但是在改革方向上应该明确，属于劳动者的经济活动，应由个人决策。比如在劳动就业上，就要考虑两种选择相结合：一方面企业用招考办法可以择优录用，适合企业需要的就招；另一方面应招职工也可以择优就业，适合个人能力特点的就去，干不了的就不去应招。尽量用这种制度逐步代替国家统包统配制度。个人的经济决策权，关系着隐藏在每个劳动者身上的才能、活力的彻底解放，关系着每一个人积极性的充分发挥。这在体制改革中不是一个小问题，但也不是很容易解决的，现在只能逐步来。首先在一些技术人员里面实行择优的办法，允许一定程度的自由的流动。从整个讲，因为就业问题还很大，不能一下子都实行。在国家计划指导下逐步实行两种择优相结合的办法，是我们长远的改革方向，是体制改革的一个重要方面。华主席的报告也讲到这个问题，即在扩大企业自主权的同时扩大劳动者当家做主的权利。

（三）关于计划调节和市场调节相结合的问题

首先讲市场调节的意义。市场调节是克服经济体制高度集权、管得过死的一个重要手段。所谓市场调节，就是企业根据市场的行情和需要来确定生产什么，生产多少。所谓计划调节，就是国家根据所了解的需要，向企业下达指标，指挥企业生产什么，生产多少。我们过去主要是国家计划调节，而没有市场调节。这种中央高度集中的管理体制有两个要害的弊病：一个是经济生活中横向联系很弱。横向联系就是水平的联系，即企业与企业之间，生产与需要，产、供、销之间的联系。本来企业之间直接打交道就很容易解决的事情（企业需要的原材料、配件等），如果不先层层请示、审批，由上面决定，然后层层下达，就办不成。因为我们是行政管理的纵向垂直的联系，企业之间横向联系是从属于自上而下的纵向的行政关系。上面批准决定后，下面再联系，否则就联系不上。一件事情盖好多图章，从上到下经过许多机关，结果拖延时间，影响效率，造成损失。第二个弊病是以实物的联系代替价值的联系。前者就是产品的直接分配，商品货币关系只起从属、被动的作用。企业之间比如钢铁厂把钢材卖给机械厂（不是无偿的调拨，对方要付钱，通过银行转账），但不是企业有钱就可以买，必须由国家分配下来，然后企业才能拿钱去买。现在实行的统购包销、派购，统一分配、计划调拨、计划供应等一系列的方法，都是由上面规定实物数量，如粮食按定额要统购多少，钢材、煤炭的分配也是如此。这当中也利用货币来支付，要花钱记账，但货币、价格只能起一个计算的、反映的作用。每个生产单位或每个人不能按照自己拥有的货币量和自己的意志去取得生产消费和个人消费所需要的产品。比如企业愿意花钱买某种对生产有利的原材料或零部件，尽管有钱也不能自己选择，必须由上面规定是否把实物分配给企业。个人也不是有钱就可以随便买任何东西，一部分不敞开供应就买不到。另外分配到实物的单位或个人往往没有或缺少资金。比如分配一批钢材给机械厂，但财政上并没分配给企业这笔钱，分配来的钢材也买不了。个人也有这种情况，农村和部分城镇收入低的人，分配给布票（属于实物分配），但没有货币，买不起布，只好把布票转卖给别人，结果就发生各种黑市、地下买卖。企业之间也出现通过所谓协作、走后门的方式，以物易物，进行各种非法活动。由于生产什么基本上都是上级定的，企业不能按照价格的高低选择合理的材料，谈不上人力、物力、资源合理有效的利用。这两个弊病都是由于缺乏市场调节造成的，使经济生活中出现许多不正常现象和浪费。

要改变以上两种情况，第一，要发展生产单位之间横向的联系，产、供、销直接见面，减少和代替行政领导纵向的联系。第二，发展生产单位之间真正的商品货币关系，逐步代替自上而下的实物限额分配的关系（在目前条件下，由于物资缺乏，我们不可能取消有些产品的统配制度）。要做到这一点，就要开展市场调节，充分利用市场的联系。市场的作用主要是横向的联系，使企业之间产、供、销直接通过市场接触来解决。同时又是商品货币的买卖关系，而不是行政命令的关系。

发挥市场调节作用，至少有三个条件。第一，企业要以商品消费者的相对独立的身份，自主地参加市场活动。企业要有自主权。第二，价格要有一定的浮动。不能定死，也不能一下子完全做到自由价格，只能逐步实行国家计划价格和企业可以在一定幅度里面实行浮动价格相结合。价格定死了，如果价格很高，企业又不能调下来，多余的商品没人要，推销不出去造成积压。因此给企业一点权力，使它可以把价格调下来，把东西卖出去。价格的自主权要慎重对待。生产资料的价格只涉及企业之间的关系，还不要紧，消费资料的价格就涉及千家万户的生活问题。现在名义上是八种副食品提价，补贴五元钱，实际很多商品价格都上去了，群众反映很多。物价制度上还有很多缺陷，要研究改进。第三，要有一定的竞争。企业与企业之间不能搞垄断，一搞垄断就不可能有市场调节。一年来经济的发展说明竞争在我们经济生活里面起了很好的作用。有了竞争以后，企业就有了外部压力，大家就想方设法改良品种，改进质量，降低成本，这样才能推销出去，不然就竞争不过别人。凡有竞争的地方，服务态度就好，没有竞争，独家经营，服务态度就明显不好，改进服务质量也有困难。国内外对我国民航批评很多，原因就是独家经营。市场调节在我们国家里不是自由市场，社会主义经济下面的市场调节，是同计划调节相结合，在国家计划指导下的市场调节。

计划调节和市场调节怎样结合？我们过去没有经验，解放以前完全是市场调节，没有计划。解放初期还有一些市场，在对资本主义工商业进行改造时，我们利用了价格、市场和竞争把私有经济压倒了。后来就是单一的计划经济。但二者怎样结合，没有经验，现在正在创造。首先要在认识上解决二者能否结合的问题。在过去30年的相当长一段时间里，大家都认为这两个调节结合不起来。社会主义经济是有计划按比例发展的，就要按计划调节，不能让市场来调节，不能让价值规律来调节。市场调节就变成了资本主义，就是私人商品经济。这是过去长期的观念。但实践证明，单纯的计划调节毛病很大，而且我们又不能取消商品经济。企业之间、不同所有制之间要实行商品交换。那么有商品经济、商品交换，就不能排除市场调节。关于中央提出两个调节相结合的问题，经济理论界经过讨论认为，这两者在社会主义经济中是可以结合起来的。因为我们一方面是公有制，大家的根本利益是一致的，可以搞统一的计划；另一方面公有制还不很发达，公有制内部还有各种差别，有不同的公有制，全民所有制内部每个单位相互之间还有利益的差别，国家与企业的利益，不同企业相互之间的利益，都要通过商品和市场关系来调节，解决这些矛盾。达到这个认识是一个进步。但对二者怎样结合又有不同理解。有的同志认为，整个国民经济分两个部分（两块）：一块由计划调节，部分产品由国家计划来管；一块由市场调节，部分产品企业根据市场需要搞自产自销。这两块结合还只是国民经济总体中的外部结合，这是"板块式"的结合。第二种理解，认为应该是"互相渗透式"的结合，你中有我，我中有你。要把计划调节搞活一点，就加进一些市场调节的因素，利用价值规律，市场调节也要加强国家计划指导。经济学界大多数同志以及实际工作的业务部门接受了第二种观点。

如果进一步去分析，"互相渗透式"的结合也有两种情况。一种情况是，国民经济的整体仍分为两块，一部分如钢材、粮食、煤炭等，由国家计划调节；另一部分如小百货、五金和一些比较次要的产品，由市场调节。同时每一种调节都渗透有另一种调节的因素。我们要利用价值规律来调整价格，不能单纯地根据国家指令性计划，国家定计划的同时要考虑价格的因素，就业的因素。如煤炭、生铁、矿石价格比较低，采掘工业的发展就赶不上加工工业，因为加工机械产品价格比较高，对企业有利。要改变这种情况，使加工工业和采掘工业、原料工业协调起来，就应加强后者的发展。但过去只用计划调节，每年先定一个计划，然后下达命令指标。由于搞原料、采掘的企业没有利，甚至亏本，所以长期不能改变采掘工业落后于加工工业的局面。要改变这个局面就应考虑市场价格的因素，价值规律的因素，要调价。另外，今年逐步开放了一些市场调节，特别是机电产品和一些轻工业产品，允许企业在国家计划之外，根据市场用户订货的需求，找对象来安排生产，自己想办法推销。一年来的实践证明，这样搞就使经济开始活跃起来，特别是一些竞争，对于改进质量、品种、服务态度等都有好处。另外也出现重复生产、重复建设，什么产品赚钱就生产什么。现在"热门"是电风扇、洗衣机等，大家都生产，如果不控制，就会盲目生产、造成浪费。所以应当加强国家计划指导，国家计划要提供各种情报预测，在价格等各种政策上作指导。市场调节要加进国家计划指导的因素，互相渗透，这两块里面都有对方的因素。

第二种情况是，计划调节和市场调节不再分为两块，经济体制改革最后应使二者胶合成为一体，在统一的胶合体内互相渗透。前一种理解反映了我们现实生活的情况，现在国民经济确有两块，一块由国家计划指导，在指令性计划调节的旁边又出现一块市场调节，企业自产自销，我们要加强两种调节的渗透。只搞国家计划调节确定比较死，不能适应市场需要。比如，过去机电产品完全由国家计划调节，造成一部分产品滞销，库存大量积压，而市场需要的产品又不够。因此要加进市场价格调节的因素。对企业自产自销，也要加强国家计划指导，避免重复生产，盲目生产。这对于原来单一的计划调节是一个进步。一年来开展了市场调节后，经济就搞活了。我们要加强两块里面对方的因素，逐步向胶体的方向发展，逐渐减少国家指令性的计划调节，把指令性计划改为指导性或参考性的计划，以扩大计划调节内部市场调节的成分。国家宏观计划带有比较大的框框，给企业提出指导性、方向性的计划，企业则基本上按照市场的情况调节生产，相互渗透，成为一个整块，这种在国家计划指导下的市场调节的体制，应该是体制改革的模式。总括起来讲，计划调节和市场调节的关系经过三段。第一段，单一的计划调节，比较死的一个板块；第二段，出现了市场调节，一部分生产资料进入市场，两个板块经过相互结合、渗透，作为一个过渡，然后逐步增加国家计划指导下的市场调节分量，减少国家指令性的、行政命令式的计划办法，最后成为国家宏观计划指导下的市场调节，从原则上讲这是体制改革希望达到的一个方向。做到这一点，就把经济生活搞活了，而且活而不乱，同时又能管住，但管而不死。就我们具体经济生活来说，在体制改革全面完成以后，是否就这么一块？我个人看，不能看得这么死，因为经济生活比我们理论上设想的模式要复杂。经济生活里除了上述情况外还不排除两种情况，第一是必要的国家指令性计划还要保留，特别是对于一些供不应求的短期内又难以解决，关系国计民生的供应紧张的重要产品，或者在发生一些紧急情况（战争、灾荒）时，还需要国家指令性计划的直接调节，因为它比通过市场、价格调节来得快，便于国家掌握。当然使用这种强制性的手段是例外的、过渡性的，只限于个别、暂时场合，随着需要这种行政指令手段的政治经济形势的消失，我们仍要恢复到正常的国家非指令性计划指导下的市场调节的轨道上去。第二也不排除在国家计划指导之外的自由市场，如现在农村和城镇中的集市贸易，少量的可以存在，也将只存在上述统一胶体的缝隙之中。经济生活中最大量、最主要的部分还是国家计划指导下的市场调节。

（四）国家宏观经济决策和企业微观经济活动的衔接

国家计划调节一般是从宏观经济的角度，从整个国民经济发展的利益考虑制定大的主要的带方向性的比例、速度和规模等问题，并通过中、长期计划确定下来。而千千万万的企业和劳动者则主要是根据市场行情（价格）和用户的需求（供需关系的变动）来选择自己的活动目标和行动方式，一般是从自身的局部利益来考虑。那么通过什么手段和渠道，使国家宏观决策（体现在中、长期计划中）的意图贯彻到企业与个人的微观经济活动中去，并使这种决策得以实现，如果国家计划不完全正确或不符合实际情况，又可以通过企业与个人经济活动的反映，反过来调整校正国家决策计划（国家计划是人定的，不是千真万确的真理，过去也有按国家计划搞得很糟的情况）。途径很多，主要有两个。一个就是自觉运用与价值规律有关的经济杠杆或经济工具（价格、税收、信贷、工资、利率等）来调整不同企业、部门各个方面的利益。比如国家要着重发展什么产品，就把那一部分产品的价格提高，使企业有利，允许那一部分企业职工工资福利高一点，或者在税收上低一些，银行发放贷款的利率放宽一点，如果要限制发展，就向相反的方向调整。这些都涉及每一个企业与个人的利益，国家通过对价格、工资、税收等进行灵活有效的控制，使国家计划宏观目标同企业与个人的微观经济活动沟通，引导影响企业和个人的经济活动使之符合国家宏观决策的要求，把企业与个人的经济活动纳入国家所需要的方向。单有对经济杠杆的某些控制还不够，因为有些资本主义国家（如日本、法国等）也有宏观计划，也通过价格、税收政策对企业经济活动进行干预（由于是私有制，企业不完全听话，但多少还有点效）。仅仅这一条同资本主义没有多大区别，同自由市场的调节也没有多大区别。所以还有一个很重要的途径，就是有组织的计划协调，这只有在公有制条件下才能做到。现在我们正在着手这样做，即企业从下而上组织各种形式的经济联合体。集体所有制可以和全民所有制企业联合办工厂，全民所有制内部企业之间也可以联合；国家从上而下的行政管理机构也要改成经济管理机构（委员会或其他形式），从而把上下之间沟通起来。凡是企业之间，经济联合体内部或它们之间，经过市场横向联系，通过协议能够自己解决的产、供、销（产需平衡）问题，资金联合问题和劳动协作问题，只要不妨碍、不违背国家宏观决策的实行，可以让它们自己去搞，国家不必管。只有当它们自己实在解决不了的问题，才逐级通过社会协调机构和经济管理机构去平衡解决。联合组织或工商联合会能协调解决的，就不必再往政府机构推。这种计划协调工作主要采取自下而上，上下结合，逐级平衡，层层协调的方式，一般的经济活动，凡是符合国家宏观决策的就由企业自己去搞，要协调的部分按国家计划要求来协调。另一方面某些关系国民经济发展全局的重大投资项目和任务，比如大的发电厂、冶炼厂、大型水库等，企业自己提不出来，就要由国家中、长期计划提出来，然后从上而下，层层协调，通过协商、协议等方式而不是用瞎指挥，下达到地方各有关企业有组织地进行，就是使参加的各方面经济上都要有利，从而把任务落实下去。这样，既可以减少国家经济领导机构对基层企业的活动进行不必要的行政干扰，又可以使国家经济领导机构摆脱一天到晚具体烦琐的行政事务，用更多的时间致力于研究和制定全局性战略性的方针政策，更好地掌握和解决国民经济发展的方向和综合平衡等战略问题。所以说，有组织的计划协调和自觉地运用价值杠杆，是把国家在中、长期计划中的宏观决策同企业、个人通过市场进行的微观经济活动衔接起来的两个最主要的途径。两个途径不能偏废，如果单有计划协调而不自觉运用经济杠杆，就不能从利益上协调各个方面的关系，计划协调将成为空话。另一方面仅仅有对价格、税收等经济杠杆的某些控制，而忽视有组织的计划协调，那就同资本主义差不多了。有组织的计划协调在一般情况下是利用经济手段调整各方面的利益关系，但也不排除在必要时使用行政命令手段。当然使国家宏观决策的意图贯彻到企业与个人的经济活动中去，并使前者受到后者的检验和校正，以及企业的行动如何接受国家的指导，还有很多办法，如掌握经济立法司法，提供经济信息情报预测系统，以及经济社会监督机构包括劳动群众的监督等制度措施，要尽可能配合成套，协同解决。就可以保证社会主义经济生活，一方面沿着社会主义公有制的方向发展，另一方面做到整个经济体制管而不死，活而不乱，各个方面能够综合平衡地、协调地发展。关于经济体制改革的问题很多，今天主要是讲：经济体制为什么要改革，现行经济体制存在什么问题，针对这些问题，我们今后向什么方向改革。

经济管理体制改革的若干重要问题*

（1980年10月）

我国现行的经济管理体制，存在着许多问题，需要有步骤地进行认真的改革。党的十一届三中全会和五届人大二次会议，都提出了改革我国经济管理体制的重大任务。并且，在为打好实现四个现代化的第一个战役而提出的"调整、改革、整顿、提高"新八字方针中，改革这一项任务也占有十分重要的地位。经济管理体制的改革，关系着各个方面权利和责任的调整，关系着中央部门、地方、企业和劳动者个人四者积极性的发挥，因此，它不仅是经济工作人员和经济理论界关心的问题，而且也是全国上下都关心的大问题。现在大家逐渐认识到，不改革我国现行的经济管理体制，不调整我们的上层建筑和经济基础的各个环节，使之适应生产力发展的需要，我们就难以在20世纪内实现四个现代化的宏伟目标。事实上，局部的、试验性的改革已经开始。一些省市在扩大企业自主权方面的试点，在调整中央与地方权限上的试验，都是局部改革的起步。同时，对于如何进行全面的改革，各方面都在进行探索性的研究。这本书的各篇文章，就是从不同侧面，对我国经济管理体制改革问题进行理论上的探讨。在这篇代序中，我想从总体上，对经济管理体制改革的几个根本性问题，谈谈个人的一些看法。

---

* 本文原载《国民经济管理体制改革的若干理论问题》，中国社会科学出版社1980年版，作为代序。

一、关于经济体制模型的选择

在我国的经济管理体制改革中，有三个相互联系的关系问题要解决：一是集权与分权的关系；二是计划与市场的关系；三是行政办法与经济办法的关系。我觉得，这三个关系是体制改革中的关键性问题。

大家知道，我国的经济管理体制，基本上是20世纪50年代初期从苏联学来的高度中央集权的管理体制。这套体制在我国建国初期的条件下，对于集中全国力量进行重点建设，起了一定的作用。但是，由于不重视地方的自主权，更不重视企业的自主权，国家计划管得过细过死，主要用行政办法而不是用经济办法来管理，等等，这套体制不利于调动各个方面建设社会主义的积极性，不能适应经济进一步发展的需要。这不仅是我国经济管理体制中存在的问题，也是所有采用过苏联过去那种高度集权型管理体制的国家都碰到的问题。这些国家原来的经济体制中，都存在着分权不够，发挥市场作用不够，利用经济方法不够的问题。改革经济体制，就是要在集权和分权关系上，扩大分权的范围；在计划和市场的关系上，更多地发挥市场的作用；在行政方法和经济方法的关系上，更多地利用经济方法来管理经济。虽然这些国家改革的程度、方式、步骤、速度都不相同，有的国家在体制改革上进进退退，但上述总的趋势几乎是相同的。

现在要研究的是，分权分到什么程度，而不致影响到必要的集权；市场调节的作用发挥到什么程度，而不致影响到必要的计划调节；经济方法如何利用，方能同行政方法较好地结合。这就涉及我们在体制改革中选择什么样的模式的问题。我觉得，模式的选择是大改的前提，是确定大改的方向的问题。大改的方案、步骤以及当前的小改，都是应当服从这个方向的。

现在，有各式各样的社会主义经济体制的模式。我们现行的经济体制，或者苏联在20世纪50年代以前实行的体制，也是一种模式。过去我们思想闭塞，以为社会主义经济体制只能有这么一种模式，背离了它就是修正主义、资本主义，或者别的什么异端。近两年来，我们眼界开阔了一点，看到了除了列宁、斯大林领导下的苏联的经济模式外，还有南斯拉夫的模式，匈牙利的模式，罗马尼亚的模式，等等。这些模式在集权与分权，计划与市场，行政方法与经济方法关系的处理上，各有千秋。大体说来，有两大类模型：一类仍偏于集权，偏于集中的计划和行政的管理方法。另一类则偏于分权，偏于分散的市场体制和用经济办法管理经济。历史上还有苏联军事共产主义时期更纯粹的集中式的经济模式。总之，无非这么几种模式，细节上可能有出入，但可供选择的模式，逃不出这个范围。在选择模式的时候，我认为也要解放思想，按照实践是检验真理的唯一标准来决定我们的取舍。不管什么模式，只要坚持社会主义公有制，坚持消灭剥削，也就是说，不允许劳动人民创造的剩余产品被少数人和特权阶层占有，只要有利于经济的发展和人民生活的提高，都是可以采取的，没有带什么政治帽子的问题，只有适不适合一个国家各个时期的具体历史条件和经济发展条件的问题，也就是适不适合一国国情的问题。我们的国家现在处在什么样的历史条件？什么样的经济发展条件？从而应当选择什么样的经济模式？我认为，这是在提出具体的改革方案以前首先要研究解决的问题。这个问题不弄清楚，方向不明，就匆忙提出具体的改革方案，可能会走弯路，这是我们要力求避免的。

二、集权与分权关系问题的症结在哪里

我国现行的经济计划管理制度，不是一下子形成的，也不

是一成不变的，而是经历了几次较大的变化，主要是两"收"两"放"。简单来说，1954年以前，实行在中央统一领导下以各大行政区为主进行管理的体制。1954年起，撤销各大行政区，将各项经济管理权力上收到中央，形成一套中央集权的管理体制。这是一"收"。1958年对经济体制进行了一次改革，改革的中心是扩大地方权力，绝大部分中央直属企业下放地方管理。这是一"放"。1960年到1963年中央重新强调集中统一，收回下放给地方的权力，这又是一"收"。从1964年起，又陆续下放给地方一些权限，1970年又把绝大部分中央直属企业下放给省、直辖市、自治区管理，这又是一"放"。粉碎"四人帮"后，一部分企业和物资的管理权又开始上收。经过几次改革，虽然取得了一些成绩，积累了一些经验，但并没有解决根本问题。经济管理体制中的许多弊病依然严重地妨碍着社会主义优越性的发挥。为什么呢？

过去研究体制改革时，在集权分权的问题上，我们往往只注意到中央与地方权力的划分，而中央的管理权，又是通过各部即"条条"来实行的。中央与地方的关系，就表现为条条与块块的关系。我们过去讨论来讨论去，改来改去，无非是条条管多少，块块管多少；是条条多管一点，还是块块多管一点。但是，不论条条管，还是块块管，都是按行政系统，行政层次，用行政办法来管，而不是按照客观经济的内在联系，用经济办法来管。让条条管，就割断了各个行业之间的联系；让块块管，就割断了地区之间的联系。这样在条条块块权限划分上兜圈子，不能从根本上解决体制问题。因为不管是条条管还是块块管，都是国家机关来管，就是不让企业自己管，更不让企业里直接参加劳动的工农群众管，这样怎么能调动企业和群众的积极性呢？过去在体制改革中集权分权的关系老是得不到妥善解决，原因就在于局限于上层建筑内部的权力划分，局限于国家政权机构内部权力的划分，而忽视了直接经济过程本身管理权责的划分，忽视了国家与企业、劳动者个人之间的权责关系问题。

当然，我国是一个大国，一个省的面积等于欧洲一个国家甚至几个国家，中央与地方权限的划分必须处理妥当，才有利于发挥各省市发展本地区经济的积极性。同时，正是由于我们国家大、人口多，无论中央和地方，都难以把全部经济活动管起来。并且，当前讨论的问题是经济过程本身的管理体制问题，而经济过程本身，也就是社会财富的生产、交换、分配和消费过程本身，又主要不是通过国家机构的活动，而是通过千百万企业和亿万劳动者的经济活动进行的。因此，对这个经济过程进行管理当中的集权与分权的问题，就不能局限在而且主要不是在于国家政权机构内部权力的划分，而是在于各种经济活动的决策权如何在国家和企业、劳动者个人之间划分的问题，首先要解决国家与企业的权责关系问题。目前我国经济管理体制的最大弊病和集权分权关系问题的症结，正是在于没有把国家与企业的关系处理好，国家把本来应该由企业管的事情包揽起来，既管不好，又管不了，陷于烦琐的行政事务之中，不能把主要精力放在应该由国家管的统一计划、综合平衡以及重大经济战略问题的研究和决策上；而作为社会生产基本单位的企业，在产供销、人财物等应由企业自主管理的问题上，又无权根据实际情况做出处理，严重地束缚了生产力。这是我国国民经济长时期发展缓慢的一个重要原因。所以，这次经济体制的改革，在处理好中央与地方的关系的同时，应当着重研究和解决国家（包括中央与地方）与企业的关系问题。

在集权与分权的关系问题中，还有一个如何划分集权型体制和分权型体制的问题。在这方面，一位波兰经济学者①提出的一

---

① W.Brus.*The Economics and Politics of Socialism*,London,Routledge & Ke gan Paul，1973年版，第6—8页。

个理论是值得注意的。他把一切经济活动的决策分为三种：第一种是宏观经济活动的决策，即有关整个国民经济的发展方向、增长速度、产业结构的变化、国民收入在积累与消费之间的分配、投资总额、重要投资项目、价格形成准则、主要产品价格等；第二种是企业经常性经济活动的决策，如生产什么、生产多少、选择什么原材料和从哪里取得原材料、产品销售出路、大修理和小型投资、工资支付形式和职工构成等；第三种是个人经济活动的决策，主要是指职业和就业场地的选择，消费品和劳务购买的选择。这位经济学者认为，在社会主义条件下，不论在中央集权型的经济体制下，还是在分权型的经济体制下，第一种经济活动的决策权只能由中央做出，第三种经济活动的决策权除了军事共产主义时期等个别特殊情况外，只应由个人做出。只有第二种经济活动即企业经常性的经济活动的决策权，可以采用两种不同的掌握方式：一种是由国家机关掌握；一种是交企业自己掌握。他认为这是把一国经济体制划分为集权型体制或分权型体制的关键。企业经常性经济活动的决策权由国家来掌握的，就叫集权型的体制；企业经常性经济活动决策权（产供销、人财物等）由企业自己掌握的叫作分权型的体制。所以集权型分权型体制的关键，在于企业中间这层经济活动的决策权由谁来掌握，而不是在两头。

把企业经常性经济活动决策权的归属作为划分集权型体制和分权型体制的关键，这同我们最近在讨论体制问题时把调整国家与企业的关系、扩大企业自主权作为体制改革的中心环节的精神是一致的。当然，以扩大企业自主权为核心的分权型体制，并不意味着取消国家各级管理机关对企业的领导，问题在于领导的方式，用什么方式来领导。在集权型体制下，中央或者它所属的中间机关主要是用行政命令方式，对生产单位进行直接的干预，把中央计划加以具体化作为指令下达。而在分权型体制下，国家机关对企业经济活动的领导主要是靠间接的经济方法，由国家规定生产单位活动的基准、规范、范围，并运用这些规定来引导生产单位向着国家计划所指定的目标前进。

参考上述关于划分集权型体制和分权型体制的分析，我们现在体制改革中除了要解决国家与企业的关系、扩大企业的自主权问题外，我觉得我们这里还有一个个人经济活动的决策权的归属问题也要解决。我国消费品的配给制、票证制实行了将近30年，至今没有取消的可能。另外，我们的劳动力分配制度至今管得很死，企业和个人都没有什么选择余地；企业需要的不给，不需要的硬塞给你；个人想干的不让干，不愿干的硬分配你去干，这样怎么能够真正贯彻按劳分配原则，调动大家的积极性，做到人尽其才呢。所以，这次体制改革，除了解决企业经济活动的自主权问题外，我认为还要逐步创造条件来解决劳动人民个人经济活动的自主权问题。

三、企业自主权的界限问题

现在，扩大企业的自主权，是上下一致的呼声。在社会主义制度下，企业自主权的界限究竟在哪里？大家的理解，各国的实践都不一样。对这个问题，孙冶方同志提出了一个主张[①]，就是把资金价值量的简单再生产作为划分企业和国家经济管理权的理论界限；资金价值量简单再生产范围内的事，让企业管；资金价值量扩大再生产范围内的事，由国家管。过去，在苏联和我国集权型管理体制下，企业的确不仅没有扩大再生产的权力，而且连维持简单再生产权力也没有，因为基本折旧基金全部或者大部上缴嘛！虽然大修理基金留在企业，有时也留一定的利润留成，但

---

① 孙冶方：《社会主义经济的若干理论问题》，人民出版社1979年版，第239—245页。

限制很死，企业自己办不了多少事。按照孙冶方同志的主张，基本折旧基金全部下放给企业，企业在保持国家交给它的资金价值量范围内，可以自主地搞技术革新，进行实物量的扩大再生产，在此范围内的产供销，完全由企业自主地相互签订合同来解决，国家不加干预，国家计划由下而上，在企业产供销合同和企业计划的基础上制定。但是，资金价值量的扩大再生产之权，也就是新的投资权则由国家来管。这种主张，在理论上有它的简明性，实行起来好像也比较便当，特别是孙冶方同志提出的企业所管范围内的产供销，国家不要插手，让企业自己相互签订合同来解决，计划由下而上制定等主张，我觉得是有道理的。但是，能不能用资金价值量简单再生产作为划分企业和国家权限的杠子呢？孙冶方同志独立地提出这个主张时，他自己也没有来得及注意到，简单再生产这个杠子，实际上南斯拉夫在20世纪50年代就实行了的。南斯拉夫那时在企业自主权上，也限于把基本折旧基金下放给企业，让企业自己管简单再生产范围内的产供销，而扩大再生产的投资权则仍保留在国家手中。但是60年代南斯拉夫进一步改革体制，进一步扩大企业权限，把大部分扩大再生产的投资权也下放给企业和银行来管，国家自己只管最关键的重点项目，到后来连重点项目的建设也交给下面的经济组织去协商，由它们集资来解决，国家一般不再投资。我们再看匈牙利的经济改革，它不像南斯拉夫走得那么远，最重要的新投资项目虽然资金由银行来投放，决策权仍掌握在国家手中。但企业从利润中提取生产发展基金，加上银行贷款，在扩大再生产的投资上拥有相当大的自主权。罗马尼亚也有经济发展基金的设置，企业（工业中心等）有权决定一定限额以下的扩大再生产的投资。看来，把企业自主权局限于资金量的简单再生产，限于基本折旧基金的下放，不给点扩大再生产的权力，这是不利于企业在技术革新改造和适应市场需要变化方面采取自主行动的。所以要给企业一定程度的扩大再生产的权限，不能用资金价值量简单再生产来限制企业的自主权。那么，企业自主权的界限究竟放在哪里呢？不少同志提出自负盈亏、财务自理，但什么是自负盈亏、财务自理，大家的理解还很不一致，不管怎样这毕竟只是从财政资金的角度来谈的，还不是一个全面的杠子。我考虑，是否可以从宏观经济活动与微观经济活动的区别得到启发借用它来作为划分国家经济权限与企业经济权限的界限。涉及整个国民经济发展的方向、速度、结构变化等重大问题，由国家来管；只与企业以及同企业周围局部有关的经济活动由企业自己来管。当然，这种宏观、微观经济活动的划分，有的清楚，有的也不大清楚。清楚的如积累与消费的比例、总的投资规模、总的物价、工资水平等应由国家管，而企业的产供销的衔接等，则由企业自己来管。不清楚的如重大投资和一般投资的杠杠划在哪里？实行价格控制的主要产品和一般产品的杠杠划在哪里？等等。这些具体问题要随着当时具体的经济情况来决定，不能说死。

四、关于市场调节和计划调节

市场机制是实行分权的管理体制的一个重要手段，它对纠正集权型体制的一些弊病，是非常必要的。我以为集权型体制有两条要害的弊病，一是经济生活中横的联系很弱，它从属于竖的联系。本来企业与企业之间很容易直接解决的事情，在我们这里，不先由上面决定了再层层下达，或者不先层层请示审批，就办不成，因而拖延时日，影响效率，造成损失。集权型体制第二个要害的弊病是，以实物联系代替价值联系，商品货币关系只起从属的、被动的作用。在集权型体制下面实行的统购派购、统购包销、统一分配、计划调拨、计划供应等办法，都是由上面规定实物限量的自然经济的联系办法。这当中虽然也利用货币来计算和支付，但这里货币、价格等价值范畴只起被动的计算和反映的作用，生产单位和个人不能按自己拥有的货币量和自己的意愿取得生产消费和个人消费所需的商品；分配到实物限额的生产单位和个人也可能因缺乏货币而不能实现其实物分配权利；企业也不能够按照价格高低挑选合理的投入（各种进料等）和产出（各种产品）的构成，因为什么都是基本上由上面定死了的。这样当然谈不到人财物资源的合理有效利用。要改变这种情况，就要：第一，发展生产单位之间的横的联系以逐步代替或减少行政领导的竖的联系；第二，发展生产单位之间真正的商品货币关系以逐步代替从上面下来的实物限额指标所建立的联系，发挥货币、价格等价值范畴的主动作用。所有这些，只有充分利用市场机制，才能办到。而要做到这一点，首先要克服理论上的一系列障碍，打破一系列传统迷信，例如，把社会主义计划经济看成是自然经济，把市场经济看成是与资本主义等同的东西，否认全民所有制的内部经济联系的商品性，否认价值规律的调节作用，把限额限价的收购供应看成是计划经济本质和优越性的表现，等等。不打破这些传统思想，是不可能在利用市场机制，实行市场调节与计划调节相结合的道路上，迈开改革的步子的。

至于如何发挥市场调节的作用，至少有三个条件：第一是企业要以相对独立的商品生产者的身份，自主地参加市场活动；第二是要有一定的价格浮动；第三是要有一定的竞争。没有这三条起码的条件，就谈不上利用市场机制，谈不上发挥市场调节的作用。

关于计划调节，讲一个自下而上和自上而下的结合问题。

现在大家都在谈论市场调节，强调计划要以合同为基础。与此相联系，在讲到计划体制的改革时，大家比较强调制定计划要自下而上。针对过去集权型体制中光有自上而下的指令性计划的毛病，在计划体制改革中，强调自下而上是必要的。但我认为光提自下而上，不提自上而下，不好，因为这样就取消了国家计划的指导作用，把国家计划变成为企业计划的单纯的汇总、加总的东西，所以我认为还是提自下而上，上下结合，不排除必要的自上而下为好。计划工作的上下结合，同整个经济体制中集中与分散的结合、计划与市场的结合，道理上是相通的。有人打比方说，集中计划的决策，好比站在山顶上看风景，能看到全局，但看不到细处，所以集中计划的决策不能因地制宜；而分散的市场上一个个商品生产者购买者的决策，好比在山谷里看景致，对近处、对自己看得细，但看不到全局，所以市场上一个个商品生产者、消费者的决策，往往不一定符合全局的利益。为了搞好全局利益与局部利益的结合，在整个经济体制上就要搞好计划调节与市场调节的结合，在计划体制上就要搞好自下而上和自上而下的结合。光有自下而上，各个商品生产者和消费者的局部利益是照顾到了，但可能破坏总体利益，反过来，局部利益也实现不了。光有自上而下，强迫地把上面的任务贯下去，即使上面的计划是从整体利益出发的，但由于不能因地制宜，损害了局部的利益，到头来全局目标和整体利益也实现不了。所以，不能光讲自下而上。自上而下的计划包括两个方面：一是客观经济目标的设定，以作为下边拟订计划的指导；二是有关全局利益的重大生产建设任务的提出，通过协商方式来逐层落实。自下而上的计划，也不是机械加总，需要根据较大范围乃至全国的共同利益来进行协调，逐级平衡，最后才能订下来。自上而下的和自下而上的计划协调，都需要同时配合以各项经济政策的调整，才能促使企业按照国家计划的目标来调整自己的行动。所以，计划协调和政策调整应当是计划调节的两个基本手段。当然必要时还要辅以行政命令的手段，但这不应当是主要的手段，而只能是辅助的手段。

五、关于用经济办法管理经济

这里有两个问题：一是能不能用这个提法？二是如果能用这个提法，那么，它的含义是什么？

关于能不能用"经济办法"的提法，有的同志反对用这个提法，而主张用"按客观经济规律办事"的提法，我觉得这两个提法并不矛盾，前一提法是后一提法在管理方法上的具体化。就整个经济领导工作来说，按客观经济规律办事是个根本性的问题。但是具体到经济管理工作，这个提法就比较概括、笼统。例如，按照国民经济有计划按比例发展规律办事，这个客观规律的要求，就可以用不同方法来实现。可以用行政命令的办法，规定各部门的计划指标，作为指令，层层下达；也可以用经济办法，如用调整价格以及其他经济政策的办法来达到；还可以两种办法并用。所以，在讲到具体的管理方法时，光讲"按客观经济规律办事"就不够了，还要具体讲用什么办法来实现客观经济规律的要求。有的同志说，"经济办法"和"行政办法"这两个概念并提，事实上是贬低行政办法，而行政办法在任何社会的经济管理中都是不可缺少的。当然，把经济办法同行政办法对立起来是不对的，片面地强调经济办法否定行政办法更是不对的。我们不能笼统地反对行政办法，也不能笼统地反对"长官意志"。我们反对的是片面的行政办法和违反客观规律的"长官意志"。同经济办法相结合的行政办法，符合客观规律和客观实际的"长官意志"，则是我们的经济管理工作所需要的。所以，"经济办法"和"行政办法"这一对概念，在它们相互结合的意义上，不是不可以使用的。我认为，我们在体制改革中需要建立的，正是经济办法和行政办法相结合而以经济办法为主的经济管理体制。这同按客观经济规律办事的提法并不矛盾，而是更为具体的提法。

所以，我一直不同意有的同志把"经济办法"这一概念枪毙掉的主张。事实上，早在1962年党的八届十中全会《关于进一步巩固人民公社集体经济、发展农业生产的决定》中，就已明确提出，我们应该主要地通过经济办法，而不是主要地通过行政办法，来取得农产品。目前，经济办法这个概念在我们经济生活中，在经济理论和政策文献中正在得到越来越广泛的使用。但它的确切含义是什么还要进一步弄清楚。有的同志认为，所谓经济办法就是照顾各方面经济利益关系的办法。但是，照顾各方面的经济利益，可以用行政命令的办法，给你一点好处、给他一点好处；也可以用非行政命令也就是经济办法，即利用价格、利润、工资、信贷、利息、税收等价值范畴作为杠杆或者工具，来调节各方面的经济利益关系，调动企业集体和劳动者个人的生产积极性。我以为经济办法的实质、特征就在于利用与商品生产的价值规律和按劳分配原则有关的经济杠杆这一点上。诚如华国锋同志不久前指出的，在生产和流通领域忽视商品生产的价值法则，在分配领域不能很好地体现按劳分配原则，这是目前我们的经济管理体制的要害问题。[①]这个要害问题在管理方法上表现为忽视对于各种价值范畴和经济杠杆的利用，也就是忽视用经济办法来管理经济。当然，对"经济办法"的这个理解是有争论的。有些同志把用经济办法管理经济理解为打破行政区划、行政部门、行政层次，按客观经济联系建立跨地区、跨行业的托拉斯之类的专业化联合化的经济组织以代替行政组织的办法来管理经济。这个理解也是有一定道理的。所以，所谓"用经济办法管理经济"，看来至少包含这两层意思：一层意思是按客观经济联系建立经济组织以代替行政组织来管理经济；另一层意思是广泛利用价值范畴作为经济杠杆来调整各方面的经济利益关系，以调动各方面的积

---

① 《中华人民共和国第五届全国人民代表大会第二次会议文件》，人民出版社1979年版，第14页。

极性。我认为用经济办法管理经济的这两个内容，正是当前体制改革中要解决的两大问题。

六、关于经济改革的条件

开头我已讲过，苏联和东欧几个国家改革体制的总的趋势，是从中央集权计划的模式过渡到计划与市场相结合的分权型模式。但是，经济模式或者经济类型的改变，不是任意可以挑选的，而要受到一系列主观客观因素的制约，要有一定的条件。综合各国体制改革的经验、综合各国经济学者的研究，经济模式或类型的选择，是采取以中央集权计划为主的模式，还是采取计划与市场相结合的分权型模式，要受到以下一些因素的约束：

一是生产力发展水平和社会生产结构的复杂化程度。在生产力水平较低、社会生产结构较简单时，集权型的体制是适宜的；水平提高、结构复杂化以后，分权型体制则较合适。

二是经济发展的途径主要是外延的还是内涵的。所谓外延的就是靠增加投资和增加劳动力而不是靠提高资金效率和劳动生产率来发展经济，并且发展的目标以数量为主，在这种情况下集权型的经济体制是适宜的。但在以内涵的办法为主即主要不是靠增人增资而是靠提高效率来发展经济，并且发展的目标是质量和数量并重或者以质量为主时，分权型的体制就比较适宜。

三是工业化道路如果是重、轻、农的道路，不大注意改善人民生活，这时集权型体制是合适的，但如果真正走农、轻、重的道路，把改善人民生活放在比较重要的地位，那就以采取分权型体制为宜。

四是外贸占国民经济的比重和外贸构成。外贸在国民经济中地位越高，出口构成中加工制品、高级制品比重越高、品类越多，集权型体制就越是需要过渡到分权型体制。

就我国的情况来说，目前上述四个因素的情况，都是有利于我们从中央集权型的经济体制过渡到计划与市场相结合的分权型体制的。我国现在生产力水平比20世纪50年代已大为提高，随着新部门的不断出现和分化、企业数量的大大增长，我国目前的经济结构也远比过去复杂。过去的发展主要靠增人增资增投料，而效率反而有所下降；今后虽然不排除外延的发展，但主要靠提高效率。过去长时期实际上实行了重、轻、农的方针，不大注意人民生活的改善。现在要转到真正的农、轻、重次序的轨道上来，把改善人民生活摆到应有的地位。还有对外经济联系的大发展，等等。所有这些，都为我国经济管理体制的改革，提供了需要和可能。

但以上都是从经济本身的条件来说的。体制改革，单有经济条件是不够的，必须有相应的政治社会条件。即使经济上的需要程度相当强烈，如果政治社会条件不具备，实行上述的过渡是困难的。例如20世纪60年代中、后期的捷克斯洛伐克，以著名经济学者奥塔·锡克[①]为代表提出来的计划与市场相结合的分权型体制，就当时捷克斯洛伐克经济发展的需要与可能来说，是具备了逐步实行的条件的。然而因外国的政治干涉和军事镇压而未能成功。相反地，即使经济上的需要程度比较小，如果政治上的需要程度大，也可能向计划与市场相结合的分权型过渡。南斯拉夫50年代初期的情况就是这样。当时南斯拉夫经济发展水平并不高，但是为了动员群众对付从1948年以来强加给它的外来压力，再加上南斯拉夫在过去解放战争时期就有自治的传统，所以能够比较早地实现经济体制向分权型过渡。1968年的匈牙利，既具备了经济上的条件，当时的政治社会条件也比较有利，所以能够比较顺利地实行新的体制。

---

① Ota sik, *Plan and Market under socialism*，布拉格，捷克斯洛伐克科学院出版社1967年版。

我们国家现在不但经济上具备了改革的条件，粉碎"四人帮"后，政治上也逐渐具备了改革的条件。我们的党中央已经下了改革经济体制的决心。同时我们要看到，经济体制的改革必须与政治体制的改革相辅而行，否则不可能收到成效。这里，从下到上的政治民主化是很重要的一条。如果下面没有民主化，那么扩大企业、地方权限，就会发生相反的作用。如果上面没有民主化，那么分权化的改革措施将会因为触及上面某些官僚机构或某些当权人物的既得利益而被否决、被抵制，或者改头换面地把旧集权体制保存下来。这是某些国家经济改革的经验所证明了的。所以，我们的经济体制的改革，必须和政治体制、干部体制的改革相辅而行、相互配合，才能收到有效的成果。现在，我们党正是从这些方面同时着手进行改革的，所以我们的体制改革的前景是光明的。

七、调整与改革的关系

经济管理体制的改革，牵涉面广，十分复杂，是一个需要比较长的时间才能解决得好的问题。同时，为了不致拖延时日，贻误国民经济的发展，体制改革又是一项现在就应该着手进行的任务。当前，体制改革是国民经济的新八字方针的组成部分。大家知道，新的八字方针的中心任务是调整。因此，这里就产生一个问题，即改革与调整的相互关系问题。

所谓调整，就是要针对林彪、"四人帮"长期干扰破坏所造成的比例严重失调的状况，自觉地调整比例关系。国民经济中一些重大比例失调，不是短期内形成的，要把比例关系完全调整好，显然不可能在短期内完成。但是，使积累和消费之间、农轻重之间、燃料动力原材料工业和加工工业之间的关系逐年有显著改善，使各种计划指标之间互相衔接，以求得社会需要和社会生产之间的相对平衡，并且留有余地，这是应该而且可以做到的。如果我们做不到这一点，不把严重失调的比例关系逐步调整过来，搞好综合平衡，我们就不能克服经济生活中的无政府半无政府状态，在这种情况下，经济管理体制的改革也就无从着手。

经济管理体制的改革，要求使工业、农业、交通运输业和商业等企业单位拥有必要的自主权，建立和健全经济核算制、合同制、考核制、奖惩制，实行物质利益原则，使企业对自己的经营成果承担经济责任。但是，在国民经济比例失调，各个部门七长八短，各个企业之间的产供销难以很好地衔接的情况下，许多企业生产所需的原材料、燃料、电力供应不足，或者供应的东西不符合要求，以致不能正常生产，有时甚至不得不停工停产，许多企业不能按时按质按量完成产销合同。这种由于外部原因造成的不能完成生产计划、经济效果下降、减少盈利乃至发生亏损，显然是不能叫企业自己来负担这个责任的。由此而使企业和职工的物质利益蒙受损失，甚至受到经济法律的制裁，那显然是不公平的。所以，不调整比例关系，不搞好产供销的平衡，不解决原材料、燃料、电力等的供应问题，我们就很难对企业的经营成果进行考核，并根据它的生产成绩、盈利多少实行物质奖励。在这种情况下，所谓考核优劣、追究责任、严明赏罚等，都要成为空话。并且，比例失调、产供销不平衡的问题不解决，简单地把权力下放给企业，只能使企业增加自己难以克服的困难，经济管理体制的改革，是不能收到预期的成效的。

经济管理体制改革的一个重要方面，是实行计划调节与市场调节的结合，在国家计划的指导下，充分发挥市场的作用。这就要求在流通领域，不论是消费资料的流通还是生产资料的流通，逐步改变那种统购包销、限价限额的收购和供应的方法，逐步实行商业化的以销定产、按产定供的办法，允许企业在原料采购、生产安排和成品销售上有较大的自主权，逐步实行有限制的浮动价格、协议价格的办法。但是，在国民经济比例关系严重失调，粮食、棉布、食油等主要消费品和许多原材料、燃料、电力等生产资料的供应都十分紧张的情况下，国家不可能取消统购、派购和定量供应的制度，不可能取消统一分配和计划调拨的制度，也不可能放松对一些主要消费品和生产资料价格的统一的计划控制的。否则就要增加经济生活的紧张和混乱，调整和改革都要遇到障碍。所以，流通领域的体制，包括物资体制、商业体制、物价体制等，只能随着经济的调整和生产的发展而逐步进行改革。例如，改革消费品的供应制度，要随着农业生产的发展，允许公社、大队、生产队在完成征购派购任务后自销多余的产品，以促进他们迅速增加农副产品的生产，这样才能为减少以致将来取消征购、派购和定量供应创造条件。

经济管理体制改革的若干重要问题

总之，经济的调整对于体制改革来说，是一个必要的前提条件。那么，这是不是说，我们只有等到调整任务完成、综合平衡工作走上了轨道、比例关系完全协调之后，才能够着手进行经济管理体制的改革呢？不是的。因为，当前国民经济比例关系失调，综合平衡工作没有搞好，除了林彪、"四人帮"的干扰破坏外，从我们的工作上说，也有管理体制上的原因。本来，要搞好综合平衡，安排好比例关系，就要通过增产节约等措施，增加资源，控制需要。但是我们现在的经济管理体制，却一方面鼓励膨胀需要，一方面又妨碍增加资源，而且不利于按农、轻、重次序安排计划，这样的经济管理体制如果不进行适当的改革，那是不利于搞好综合平衡，不利于比例关系调整的。

例如，财政上的统收统支、物资上的统购包销、分配上的供给制等，这种经济管理体制，促使各个部门、地方、企业，在每年制定计划时，不是把主要精力放在研究如何挖潜、革新、改造、增产、节约上，而是放在争投资、争物资、争外汇上，反正争到之后，可以不负什么经济责任。这样一种以吃"大锅饭"为特征的经济管理体制不改，战线长、缺口大的问题就难以解决，失调的比例关系也就难以顺利地调整过来。

又如，指令性的计划体制，企业的生产计划都按上级下达的指令性指标安排，这种办法，促使企业片面追求产值产量，忽视品种、质量，忽视按需生产，因此往往出现货不对路、产销脱节的现象，消费者需要的东西供不应求，不需要的东西却在那里大量积压。这种计划体制不改，只能扩大产需矛盾，加重调整的困难。

在产品价格的制定上，由于忽视价值规律的要求，忽视供求关系等影响价格的其他因素的变化，许多产品价格远远背离价值，并且长期冻结不变，社会急需的产品（如粮食、煤炭、某些原材料）价格低，而不急需的产品（如某些加工工业产品）往往价格很高。这种脱离实际的价格体系如不加以改革，既不利于企业的经济核算，又不利于调整农轻重比例，调整原材料、燃料工业等加工工业的比例，而只能使比例失调的现象更趋严重。

目前的经济管理体制中，虽然由于林彪、"四人帮"长期干扰破坏的严重影响，国民经济中存在着不少过分分散的现象，但主要的仍然是权力过分集中，管得过死。当然，经济管理过于分散，让计划外的东西到处冲击计划内的任务，这是不利于经济调整工作进行的，所以在调整过程中，适当强调中央对经济的集中统一管理，这是非常必要的，也是比较容易理解的。但是，有的同志认为，在调整中只应该强调集中，只要能够回复到过去那一套集中管理的体制就行了，不必讲什么权力下放、体制改革。这种看法是不对的。应该看到，片面强调集中统一的计划管理这一面，把什么都收上来，管得死死的，而不注意通过管理权力的下放和利用市场机制来调动各方面的积极性，这同样不利于搞好综合平衡，不利于调整比例关系。这一方面，往往为人们所忽视。实际上，管理权力太集中，束缚了地方和企业的手脚，他们无权自己动手解决问题，只得向着中央等、靠、要，加重中央综合平衡的负担。还要看到，所谓中央集中统一的管理体制，在相当大的成分上是以中央各部为主进行的管理体制。中央各部对于农业、对于轻工业市场、对于人民生活，以及对于其他的地方需要，一般总不如地方和企业感受深切；对于具体的经济情况和增产节约的潜力，也不如地方和企业了解详细。因此安排计划，往往偏于重工业、偏于铺新摊子，布局上偏于大中城市、铁路沿线，结果使农轻重关系、"骨头""肉"关系以及地区布局中不协调不合理的状况难以得到解决，使挖潜革新改造的方针，难以得到贯彻。所以，只有克服权力过于集中的状况，把经营管理的自主权大胆下放，使地方和工农业企业在国家统一计划的指导下有更多的经营管理的自主权，这不仅关系到经济民主能不能实现，而且也是关系到国民经济比例关系能不能顺利地调整好的大问题。

　　总之，在当前实行新的八字方针的过程中，我们决不能简单地回复到过去那套管理体制。当然，经济管理体制的大改或全面改革，是需要一个比较协调的经济环境，因此不是当前所能即办的事，而要通过八字方针的贯彻、具备了必要的条件之后才能全面实行。但是，为了顺利地实现调整的任务，为了摸索将来实行大改或全面改革的方向，我们都必须在当前的调整中进行一些必要的和可能的改革的试验。华国锋同志在五届人大第二次会议上作的政府工作报告中指出，我们要在三年调整中经过坚持不懈的探索、试验和实践，制订一套全面改革的办法和方案。经济理论工作者和经济业务部门的同志，应当为完成此项光荣而重大的任务而共同努力。

再论计划和市场关系的几个问题*

（1980年11月）

市场调节不是权宜之计

党的十一届三中全会以来，许多地方和部门认真贯彻中央关于按经济规律办事的指示精神，对现行经济体制进行了一些初步的改革。其中一项重要改革，是在坚持社会主义计划经济的前提下，对部分产品的生产和流通开展了市场调节。这项改革同其他改革如扩大企业自主权等结合在一起，对于搞活我们的经济，开始显示了其重要作用。

本来，市场活动并不是一个新的现象。由于国家计划不可能包罗万象，一些产品的生产和流通，实际上多年来总有一部分不是由国家计划直接安排，而是在计划外由企业通过各种方式的市场购销活动来进行的。但是由于思想上理论上的禁锢，这一部分"市场调节"在社会主义经济中一直没有取得合法的地位，整个经济活动仍然受着传统的单一的计划调节框框的束缚，经济生活中的官僚主义逐渐滋长，使我们的经济体制逐渐僵化，各方面都搞得很死。去年（1979年）春天经济理论界开始在这方面突破了些禁区；同时，实际工作中提出了计划调节与市场调节相结合，以计划调节为主，注意充分发挥市场调节的作用的方针。在

---

* 原载《经济研究》1980年第11期，原标题是《略论计划调节与市场调节的几个问题》。

这以后，市场调节活动有了新的开展。一年多的时间中，我们开始在计划分配（生产资料）和统购包销（生活资料）制度上打开一些缺口，开始自觉利用市场机制对于流通和生产的调节作用。

开展市场调节活动所带来的积极后果，除了弥补国民经济调整中某些产品计划任务的不足外，最重要的是开始改变长期以来无法解决的产需脱节问题。开展市场调节以后，生产和需要脱节的现象开始有所改善。同时，由于出现了竞争，对企业形成一种外在的压力，加上企业从扩大自主权中得到的内在动力，有力地促进了企业经营管理的改善，在提高产品质量、增加品种花色、降低成本消耗，改善服务态度等方面，都出现了一些可喜的进步，一扫过去那种靠行政号召推一下动一下，甚至推而不动的沉滞局面。这些新情况还刚刚开始。随着市场调节的继续发展，它的效果将会更加显示出来。

市场调节以合法的身份走上我国经济生活的舞台，毕竟是冲破多年来老框框的一个新事物。迎接它的，并不完全是一片欢呼，中间也夹杂着怀疑和犹豫。有的人习惯企业靠上级命令办事的老路，一旦不给计划任务而让企业自己在市场上找门路，总感到别扭："在工厂干了30年，没听说工厂要自己找活干。"有的人认为，搞点市场调节是国民经济调整时期为了弥补计划任务不足而不得不采取的"权宜之计"，指望在苦熬它三五年之后，随着经济调整的结束，计划任务饱满了，市场调节也将取消。还有的人因为看到在实行市场调节和竞争的过程中，行业之间、企业之间的利润留成出现了过分悬殊、苦乐不均的现象，一些地区和部门为了保护本地区本部门的利益而采取了某些封锁性的措施，某些不合理的重复生产重复建设有所发展，一些企业为了保持自己的竞争地位而搞技术封锁，以及竞争中的某些不正之风等等，就认为市场调节特别是竞争是"造成浪费、造成无政府状态"①的东西，不如早日回头，取消市场调节。

应该承认，在实行市场调节的过程中，上述一些现象确实是有的，但它们并不是市场调节本身必然带来的，其中不少是实行市场调节以前就有的。存在这些问题的主要原因，是由于老的以部门和地区的行政管理为主的经济体制，特别是不合理的价格体系没有根本改变，与新的改革发生矛盾，同时由于改革的指导工作没有及时跟上去的结果。这些问题是前进中的问题。只要我们一步一步地把各项改革推向前进，在总结经验的基础上加强指导，问题是不难解决的。

因此，对市场调节的种种疑虑，是不必要的。初步改革的实践证明，尽管有这样那样的问题，计划指导下的市场调节比单一的指令性的计划调节具有明显的优越性。拿机电产品的生产与流通来说，实行市场调节的那一部分，由于产需衔接较好，基本上未发生什么产品滞销、库存大量积压的现象（相反地，市场调节有助于消除原来指令性计划调节造成的库存积压现象），供货合同完成得也比较好；而仍然纳入国家机电产品生产和分配计划的许多产品，据1980年上半年的统计，则库存积压继续增加，供货合同完成的情况也不及企业自销合同的完成情况。如果我们放弃市场调节，回到单一的计划调节的老路上去，那么，产需脱节以及与之相伴随的效率低下、人财物资源的大量浪费的现象就将长期得不到解决，我国现代化的进程将遇到极大的障碍。所以，在国家计划指导下开展市场调节，决不仅仅是调整时期的权宜之计，而应该是我们今后体制改革的一个十分重要的组成部分，是应该长期坚持的。归根结底，这是由于现阶段的社会主义经济不仅是计划经济，而且同时具有商品经济的特征所决定的。

① 《经济辩学》1980年第1期，第78页。

刘国光

经济论著全集

第
3
卷

要有一个买方的市场

如何使市场机制和市场调节不只是在调整时期发挥其作用，而且能够成为我们今后较长时期的新的计划经济体制的不可分割的部分呢？从初步改革的经验看，利用市场机制，实行市场调节，是需要一定的思想条件和物质条件的。如果思想上不突破一系列禁区（诸如生产资料不是商品、价值规律不起调节作用、计划与市场是互相排斥的等传统观念），市场调节是不可能顺利开展的。为了扫清各种疑虑，进一步开展计划指导下的市场调节，我们要继续深入探讨有关社会主义经济中计划与市场的理论问题，在此基础上结合改革成功的实践，广泛进行有说服力的宣传教育，这是一方面。另一方面，一年多改革的经验还告诉我们，如果我们不讲综合平衡，计划不留余地，经济生活继续处于紧张状态，那么市场调节也是很难开展的。现在我们来看看这方面的情况。

这段时期一些行业的市场调节是在什么样的经济背景下开展起来的呢？简单地说，是在国民经济的调整过程中，计划任务不足的背景之下开展起来的。仍以机电行业为例，由于贯彻调整的方针，1979年机电行业面临的情况是：国家计划大幅度削减，用户纷纷退货，许多企业任务严重不足，他们不能不面向市场，向市场要任务，这样很快改变了产品销不出、任务"吃不饱"的局面。许多产品与市场需要对了路，生产很快就上去了。如四川宁江机床厂年产仪表机床的能力是500台，1979年，国家计划任务只有260台。该厂解放思想，大胆主动地开展市场活动，结果年产量达到六百多台。不仅机电行业如此，其他一些通过市场购销活动来开展其业务的行业都有类似的情况。例如纺织工业，1979年年初发生许多地区纺织企业产品积压、商业收购减少、资金短缺，不少企业停工减产、生产下降的情况，后来开展了各种方式的市场调节，企业停产减产的现象才缓和下来。又如冶金工业，像钢材这样一直是统购包销的一类物资，现在也有一部分进入了市场，就是由于有些钢材计划分配不出去，物资部门又不收购，企业只好自找出路。这一来，打破了物资部门的一统天下，从而出现了某些钢材供销两旺的局面。

上述一些例子的共同点，就是这些行业的市场调节，都是国民经济的调整"逼出来的"。所谓国民经济的调整主要是解决比例严重失调的问题。为了做到这一点，就必须把过去那种不切实际的速度调下来，把以基建投资为枢纽的社会需求压下来。这样，一些行业和企业由于压缩社会需求而形成的长线产品和多余的生产能力，就不能不在计划任务以外从市场上自寻出路，否则不但利润留成要受到影响，而且连工资都发不出，不能适应扩大企业自主权试点的新局面。这恰好为开展市场调节创造了一个有利的条件。这种情况给我们以启示，就是要把市场调节坚持下去。我们不仅在调整时期，而且在今后长时期的计划平衡工作中，都要注意不要搞不切实际的高指标，给国民经济造成各种缺口，把各种关系绷得十分紧张，而要量力而行，留有余地，留有后备，使国民经济能够在一个比较宽松的状态中稳步地前进。

不久以前，一位研究东欧各国经济改革的外国经济学家来我国访问时提出：分权化的经济体制改革同紧张的经济是不相容的。也就是说，在经济紧张的情况下，分权化的体制改革是不能实现的。因为，经济越是紧张，就越会暴露出国民经济的薄弱环节，一出现薄弱环节，国家为解决这种问题往往不得不采用行政干预的手段。这样做，使分权的经济改革向相反的方向发展，形成了恶性循环。我认为，这个分析是有一定的道理的。在单一的计划调节体制下，各项经济活动基本上都由国家决策；在引入了市场机制和市场调节的因素后，经济活动的决策权就必须适当地下放给众多的企业和劳动者个人。但是在国民经济失去平衡、各种产品处于求大于供的紧张情况下，这是难以做到的。因为这时国家要把有限的资金和物资用于重点（薄弱环节）部门或项目上，并按轻重缓急的次序进行统一的限额分配，这样国家就不可能放松指令生产、统购统销、计划调拨等制度，也不可能放松对生活资料价格和生产资料价格的计划控制，让企业和个人自行作出市场抉择，这就大大限制了市场机制的运行，从而堵塞了市场调节的作用。同时，在求大于供的紧张经济中，市场关系只能是由供给者或卖方主宰的关系，消费者或买方都是没有发言权的，他们只能听命于供应者或卖方。在这种情况下，供应者对消费者的需求可以漠然视之，对产品质量、花色品种、服务态度等毫不关心，因为反正是"皇帝的女儿不愁嫁"，有货不愁无人买。实行正常的市场调节所必要的卖者之间的竞争，在这种情况下是不能出现的。这种正常的卖者竞争，只有当供过于求，市场不再由卖方主宰，而买方得以行使其应有的消费者权利的时候，才能形成。

这样看来，使社会生产大于社会的直接需要，使商品供给大于有支付能力的需求，从而建立一个消费者或买方的市场，是正常开展市场调节的一个前提条件。当然，我们需要的"买方市场"，是一种有限制的买方市场，因为正如任何事情都有一个限度一样，这里讲的生产大于直接需要、供给大于需求，也不能超过一定限度。这个限度就是能够保证必要的卖者竞争局面的出现和合理的社会后备的形成。超过了这个界限的过剩生产，也会造成浪费。因此，这里讲的生产略大于直接需要，与资本主义经济中由于购买力不足而造成的生产过剩危机，是根本不同的。生产略大于直接需要、供给略大于需求的原则，不仅对于个别产品的生产和流通的市场调节是必要的，对于整个国民经济范围更为必要。要造成社会商品的总供给略大于总需求的局面，才能在国民经济范围上出现有限制的买方市场，为实行市场和计划相结合提供一个良好的条件。这只有通过控制积累和消费所形成的购买力，使之不要大于而要略小于国民收入的生产额，才能做到。这正是国家的宏观经济决策和国民经济计划的综合平衡所要解决的首要问题。如果我们不是这样，而仍像过去那样，老是把基本建设投资规模搞得过大，战线拉得过长，由此通过一系列连锁反应，使社会总需求膨胀得大大超过社会商品的总供给，在国民收入的生产和使用之间留下一个很大的缺口，那么，我们所需要的那种有限制的买方市场的局面就不可能出现，市场调节也就不可能正常地开展。所以，经常注意在国民经济发展速度上留有余地，在国民经济计划中留有后备，对于开展市场调节，搞活经济，是极其重要的。由此可以看到，社会主义经济中的正常的市场调节，不但不能离开国家宏观计划的框框而单独存在，并且要以国民经济计划中的正确的宏观决策和综合平衡为前提。

板块？渗透？胶体？

1979年，经济学界讨论价值规律问题时，一个重大收获，就是比较彻底地抛弃了过去那种把计划与市场看成互相排斥互不相容的观点，比较一致地认为这两者在社会主义经济中是可以结合起来的。但是，它们是怎样性质的结合？是板块式的结合，还是互相渗透式（"你中有我，我中有你"）的结合呢？人们的认识并不完全一致。经过讨论，不少同志似乎接受了后一种观点，即两者应当是互相渗透式的结合的观点。我也是持这种观点的。但是所谓互相渗透的关系，也有两种情况：第一种情况是国民经济的总体分为两个部分（两块），一部分是计划调节，一部分是市场调节，同时每种调节部分都渗透有另一种调节的因素。第二种情况是整个国民经济不再分为两块，计划机制和市场机制胶合成为一体，在统一的国家计划指导下发挥市场机制的作用。我们应该怎样看待这两种情况的互相渗透呢？

从近两年来体制改革的实践来看，开展市场调节的过程，往往是从打破单一的计划调节的控制，在指令性计划调节的旁边出现一块"市场调节"开始的。计划与市场这样一种"板块式"的结合，现在还是一个不能否认的客观的必要，比之过去排斥市场机制的单一的计划调节来说，它还是一个前进。例如，一年多来，生产资料开始突破了不是商品的框框，逐渐进入市场，这就是一个重要的进展。人们把企业按照市场需要自己安排生产或销售的那一部分经营活动，叫作"市场调节"，而把仍然由国家指令性计划来安排生产、收购或分配的那一部分，叫作"计划调节"，并且用百分比来表示这两种调节的结合状态。比如说江苏省1979年工业总产值中，市场调节部分占40%，计划调节部分占60%。这里的"市场调节"，就是指的通过各种方式自产自销的部分，"计划调节"则是指国家指令性计划安排的任务。这便是计划调节与市场调节"板块式"结合的一个鲜明的例子。

上述意义的计划与市场的"板块式"结合，是在国民经济总体中的外部结合。这种外部的结合在今后一个相当长的时期是必要的，但是单有这种外部结合是不够的，还要有它们的内部结合，就是互相渗透式的结合。对于目前已经实行市场调节部分出现的某些盲目性等消极现象，国家应当加强计划指导，自觉地利用各种经济手段和行政手段进行干预，就是说要把计划调节的因素渗透到市场调节那一块去，使市场调节能够符合国家宏观计划的要求。另一方面，对于目前仍然由国家计划安排的那一块中存在的产销脱节等弊病，也要通过加强利用价格、税收、信贷等价值杠杆的办法进行调节，即加强市场机制的运用，并且在坚持必要的指令性计划的同时，逐步扩大指导性计划的范围。随着指令性计划范围的缩小、指导性计划和利用价值杠杆进行调节范围的扩大，最终将形成在统一的国家计划指导下充分利用市场机制、把计划和市场紧密胶合在一起的统一体。

在整个国民经济范围上实行国家集中计划指导下发挥市场机制的作用，这是从方向上、原则上说的。体制改革中将要形成的经济调节体系，当然要比这里所说的复杂。对于一些关系国计民生而在短时期内又难以解决其供不应求状况的重要产品，取消指令性计划是不适宜的。即使在全面改革完成以后，对某些特别重要产品的生产和流通，为了保证重点需要，仍需指令性计划的直接调节。尤其是在一些紧急的情况下，指令性计划的直接调节比通过市场机制要来得快，便于国家掌握，这种强制性的手段是不能放弃的。另一方面，在国家计划之外要允许一部分产品的自由生产和自由流通，即自由市场的调节。这样看来，通过全面改革，我们在调节体系方面将面临三种情况：一是指令性的计划调节，它将存在于有限的但是关键的场合；二是自由市场的调节，这是少量的补充的；三是指导性的计划调节或者在国家计划的指导下运用市场机制来进行调节，这一部分的范围随着改革的进展将逐步扩大。区别这三种调节情况的标志，有些同志认为在于是否自觉地利用价值规律及与价值范畴有关的经济杠杆上。他们以为只有在计划指导下运用市场机制进行调节，才具有自觉地运用价值规律的特征，而指令性的计划调节和自由市场的调节都没有这个特征。这种看法是不确切的。因为今后即使在采用指令性计划的场合，我们也不能忽视价值规律，不去运用价格、税收、信贷等调节手段来配合。另一方面，所谓自由市场并不能完全摆脱国家经济政策和计划调节的影响。在社会主义经济中，完全意义的自由市场是不存在的。我认为，这三种调节情况的区别，主要是在调节的组织手段上。第三种调节即计划指导下运用市场机制进行调节，除了自觉利用价值规律和运用与价值范畴有关的经济杠杆外，同时还要通过各级经济管理机构和社会协调机构、各种形式的经济联合体和基层经济单位，按照国家宏观计划的要求，自下而上、上下结合地进行层层协调、逐级平衡这样一种计划协调、协商、协议的过程。而第一种调节即指令性计划的直接调节，则是以行政命令下达任务，辅之以经济手段，但却不必一定有这种协商、协议和协调的过程。至于第二种即自由市场的调节，就更没有这种有组织的计划协调了。

要不要以计划调节为主

在计划调节与市场调节的结合中，要不要以计划调节为主？有些同志不赞成这样提，但是我认为，目前在开展市场调节的过程中提两种调节相结合并以计划调节为主，这不过反映了当前体制改革的实际状况和客观需要。在现阶段，相当一部分重要产品的生产和流通，要由国家下达计划指标来直接控制。所谓市场调节的部分（即由企业根据市场需要自己安排生产和销售的部分）在社会生产中所占份额还是不大的。1980年全国工业总产值中通过市场调节来实现的部分，据上半年的一个初步估计不过占15%，就是说，五分之四以上的工业产值还是由国家计划直接安排的。所以，说"以计划调节为主"，不过反映了当前的实际情况。即使今后指令性计划范围逐渐缩小，比如说缩小到生产总值的50%以下，但是在一个时期由这种指令性计划直接调节的将是关系国计民生的最主要产品的最主要部分，国家对这部分产品的生产和流通的直接计划控制，在相当大的程度上影响着整个国民经济的发展，因此这种计划调节在国民经济的总体中仍将起着主导的作用。

但是如果我们说的不是计划与市场的"板块式"结合，而是计划与市场紧密结合为统一胶体的内部，那么还要不要以计划调节为主呢？1979年，我们曾在一篇文章中对这个问题作了点分析。大意是说，无论是计划调节还是市场调节，都要反映社会主义经济中客观规律的要求，来调节生产和需要的平衡，以使社会劳动（活劳动和物化劳动）按照社会需要的比例得到合理的有效的利用。从这一点看，社会主义经济中市场调节与计划调节两者作用的方向是一致的。但是由于这两种调节的客观依据是不一样的，决定了这两种调节在客观上又存在着矛盾。市场调节和计划调节的统一和矛盾，实际上反映着社会主义经济中企业、个人的局部利益与国家、社会的整体利益的统一和矛盾。在两者利益发生矛盾的时候，局部的眼前的利益要服从整体的长远的利益，相应地，市场调节就必须服从计划调节。正是在这个意义上，我们在实行计划调节与市场调节相结合的体制中，要以计划调节为主，同时充分发挥市场机制的作用。

对于"以计划调节为主"的提法持完全否定意见的同志，一则是没有看到两种调节从"板块式"的结合到"统一胶体式"的结合的过渡是一个客观必然的过程；二则是只看到两种调节的一致性而未看到它们之间的矛盾。这种情况同他们对于社会主义经济和经济规律的性质的认识是分不开的。持这种观点的同志，有的只承认社会主义经济是商品经济而回避承认社会主义经济首先是计划经济，或者把有计划的发展贬低为只是社会主义商品经济的一个属性；有的同志则把计划调节像市场调节一样简单化为价值规律调节的表现形式。但是，我认为，社会主义经济是不是计划经济，这是一个不能回避的重大原则问题。由社会主义公有制决定的利益一致的基础上建立的计划经济（尽管它还不完善），是社会主义经济区别于资本主义经济的基本特征，这是不能否认的。另一方面，计划调节也不能简单地归结为价值规律调节的一种表现形式（即使冠以"国家自觉运用"的字样）。我们知道，市场调节的确是价值规律的调节，市场上一个个商品生产者和消费者按照价值规律的要求来选择自己的行动时，他们主要考虑的是自己的切身利益，而不管他们的抉择会对全局的长远的利益带来怎样的影响。我们这里大概谁也不会明白地主张把这种全局的长远的利益交给"看不见的手"去管。国家或者社会对经济生活进行有计划的调节的时候，也不能仅仅"模拟"那只"看不见的手"的动作，即仅仅限于自觉地运用价值规律，它还应当考虑社会主义基本经济规律和其他客观规律的要求，把经济的发展纳入社会主义的轨道和方向。要知道，价值规律尽管是一个极其重要的规律，我们要极端重视，但它毕竟不是社会主义经济发展的唯一调节者，光靠它，是不能保证社会主义的轨道和方向的。

宏观经济决策和微观经济活动的衔接

国家的计划管理一般是从宏观经济的角度，从整个国民经济发展的利益来考虑问题，而企业和劳动者按照市场行情和供需关系的变动来选择自己的活动目标和行动方式时，一般是从自身的局部利益来考虑。怎样把体现在中、长期计划中的国家宏观决策的意图贯彻到企业与个人的微观经济活动中去，并使前者受到后者的检验和校正？这个问题同时也就是计划与市场如何结合的一个核心问题。

目前在讨论这个问题时，有些同志列举了一大串沟通宏观经济决策与微观经济活动的途径，从控制基建投资规模、重大项目、主要物资到利用价格、税收、信贷等经济杠杆，到建立信息、预测系统，到经济立法司法，到社会监督制度，等等。这些当然都是非常重要的。但何者是沟通宏观和微观的最主要的渠道，则不是很清楚的。另一些同志把两种调节的结合概括为自觉地运用价值规律来调节，就是说把自觉运用与价值范畴有关的经济杠杆（价格、税收、信贷、工资等）看成是沟通宏观经济决策与微观经济活动的最主要的渠道。这个看法是值得重视的，因为自觉运用价值规律进行调节，既体现了计划调节（自觉的因素），又体现了市场调节的因素（价值规律的调节）。但是，我总觉得这种看法还有不足之处，就是忽视了社会主义经济调节中的一个重要方面，即调节的组织手段方面。如前所述，在这方面，把计划与市场相结合的调节体制同指令性计划的调节和自由市场的调节区别开来的一个非常重要的标志，就是前者要通过有组织的计划协调的过程来进行调节，而后两者则不一定有这个过程。看来，有组织的计划协调同自觉地运用价值杠杆，应当是把国家在中、长期计划中的宏观决策同企业、个人通过市场进行的微观经济活动衔接起来的两个主要的途径。通过这两条渠道，国家宏观决策的意图贯彻到企业与个人的微观经济活动中去，并受到后者的检验和校正。

如前所述，计划协调工作主要是由下而上、上下结合、逐级平衡。凡是企业之间、各种形式的经济联合体内部或它们相互之间，经过横向的市场联系，通过协议能够解决的产需平衡问题、资金联合问题和劳动协作问题，在不妨碍国家宏观决策的实现的限度内，由它们自己协议签订合同去解决，而不必拿到上面去解决。只有那些下面实在解决不了的问题，才逐级通过经济管理机构和社会协调机构去平衡解决。当然，中、长期计划中某些关系国民经济发展全局的少数重大发展任务和项目，也要从上而下，通过行政的以及协商协议协调的方式落实下去。这样，既可以使基层企业摆脱从上面来的无谓的行政干预，又可以使国家经济领导机构摆脱烦琐的行政事务，致力于研究和制定方针政策，研究解决经济发展中的战略问题。

在计划协调的同时，自觉地利用各种价值杠杆，也是使国家计划的宏观目标同企业、个人的经济活动沟通衔接的极其重要的渠道。国家要对价格、工资、税收、利率等进行灵活而有效的控制，通过这些"参数"来影响企业和个人的经济活动，使之符合国家宏观决策的要求。特别是在从下而上逐级平衡和从上而下逐级落实的计划协调过程中，如果国家宏观计划的目标同基层单位、个人的经济选择发生比较大的矛盾，更需要通过这些"参数"的变化和利益关系的调整来进行协调，或者校正国家宏观计划的目标使之符合实际。单有计划协调而无价值杠杆的自觉运用，各方面的利益关系得不到调整，计划协调也将成为空话。另一方面，单有对经济"参数"的某些控制，而无有组织的计划协调，那就同资本主义国家对经济的干预没有多少区别，同自由市场的调节也没有多大区别（因为自由市场也受到国家经济政策的影响但却无有组织的计划协调）。所以，有组织的计划协调和价值杠杆的自觉运用，这两条对于衔接国家的宏观经济决策与企业、个人的微观经济活动来说，对于计划调节与市场调节的结合来说，都是至关重要的。当然，这不是说其他手段是不重要的。经济立法司法、信息预测系统、社会监督机构等制度措施，也要尽可能同步解决，配合成套，经济体制改革才能收到成效。

做好计划协调和运用好价值杠杆，本身有许多问题要研究解决。但总的前提是要有一个经过科学的综合平衡、留有余地的中、长期计划。在计划协调和运用经济杠杆进行调节的过程中，国家不应也不可能不分巨细，什么都抓。它的注意力应该集中体现于中、长期计划中的宏观经济问题上，如国民经济的发展方向、增长速度、国民收入在积累与消费之间的分配、投资规模和主要分配方向、主要产业结构、收入结构等等。如果中、长期计划本身科学论证不足，宏观决策内部互相矛盾，国民经济总体失去平衡，光从局部来想办法是无法矫正和补足的，无论怎样的计划协调、价值杠杆或其他市场手段，都将无济于事。反之，如果由宏观计划决定的国民经济总体是平衡的，局部怎样发挥其积极性也不会乱到那里去。如果我们再运用好计划协调和经济杠杆等手段，就有可能做到活而不乱、管而不死。这里一个关键问题就是要安排好积累、消费的规模和比例，严格控制投资购买力和消费购买力的增长，使之不要超过，而要略低于国民收入的增长，保持财政、信贷、物资和外汇四大平衡，使国民经济能够经常出现一个前面所说的消费者市场或有限制的买方市场。这一条好比"如来佛的手掌"，控制好了这一条，任凭企业和个人变成怎样活蹦乱跳的"孙悟空"，都不可怕，都跳不出"如来佛的手掌"的。

当然，如何掌握好积累和消费的规模和比例，控制好投资购买力和消费购买力的增长，这是一个十分复杂的问题。有些经济学者曾经指出，高度集权的经济体制易于造成过高的积累、过多的投资，及其相伴随的种种恶果。但是我们看到，经过体制改革、实行了企业分权管理的某些国家，也没有能够完全解决这个问题。这是需要我们在总结国内外正反两个方面的经验的基础上，在理论与实践的结合上，认真地进行研究，找出解决的途径的。

中国如何实行计划调节与市场调节*

（1980年）

在"八十年代中国经济研讨会"上，不少朋友提出了关于中国实行计划调节与市场调节的问题。现在概括为两个问题，再谈一点个人的看法：

一、在中国，计划与市场能不能结合

对于这个问题，我国也曾有过怀疑。过去很多人认为：社会主义是实行计划经济的，而市场经济是资本主义经济，社会主义经济与资本主义经济两者是对立的，不相容的，因此计划与市场也是不能并存的。在实行计划调节的地方，就不能让市场起作用；如果让市场起调节作用，那么计划就不能起作用。这是一种形而上学的看法。后来我们研究了一下各国的经验，看到一些实行市场经济的国家，他们为了克服经济生活中的混乱现象，逐渐采取一些计划的措施；另一方面，有一些实行高度集中的计划经济的国家，他们为了克服经济生活中管得过死的现象，也逐渐注意到利用市场机制的问题。所以，根据这些国家的经验，计划同市场是可以用不同的方式、在不同的程度上结合起来的。

中国是社会主义国家，社会主义公有制本身当然是要求计划经济的。同时，由于我们社会主义公有化的程度还不是很高，社

---

* 本文原载《八十年代中国经济》，香港经济导报社1980年版。

会主义公有制的各个部分、各个单位、各个人之间还有经济利益上的差别，还要实行按劳分配和商品交换，而不能进行无偿的实物分配。所以，在客观上，一方面要实行计划经济，另一方面又需要进行商品交换。这就提供了把计划调节与市场调节结合起来的客观可能性。

二、中国打算怎样把计划调节与市场调节结合起来

这个问题很大，就目前来说，可以讲以下几条：

第一条，是对有关国计民生的重要产品的生产，要由国家计划来调节。企业有权在国家计划范围内，根据市场的需要、订户的要求来具体安排产品的品种、花色、规格等，任何部门不能乱加干涉。

第二条，国家计划外的产品，即一些次要的、国家不进行直接计划的产品，以及有些主要产品虽由国家直接计划，但企业完成国家计划后还有富余的生产能力，企业自己可以根据市场的需求，接受用户的订货，自己制定补充计划，或接受一些协作的任务，如来料加工，等等。

第三条，在供销方面，有关国计民生的重要生产资料、重要消费品，还是由国家统一安排，重要生产资料是由物资部门统一分配，重要消费品由商业部门统购包销。但对统购包销以外的国家不收购的次要产品，或虽是主要产品但商业部门、物资部门完成了任务不再收购的，则企业有权根据市场的需要，采取自设门市部或厂店直接挂钩或举办展销会等方式自行销售。

现在，国内一些地方和部门已开始试验各种形式的市场调节。比如，1979年机械工业企业通过市场调节承接的任务，占全年完成总量的20%以上。由于实行了市场调节，就把经济搞活

了，把企业搞活了，这方面的例子是很多的。比如重庆钢铁公司，1979年按国家计划规定生产的好几万吨中板钢材，由于国家计划中没有用户而无法处理。要是过去，就只好向国家求援。但现在允许它自己推销、找用户，实际上不是没人要，结果很快就推销出去了。又如，湖北省有个保温材料厂，产品没人要，这个厂要关门了，后来该厂在报上登了个广告，一下子好多地方来订货。广告在我国也是个新鲜事哩，1979年才开始搞，结果使这个厂由本来"吃不饱"变成现在"吃不了"。不久前报上登了一个消息："一条广告救活了一个企业的命"，说的就是这件事。

　　总之，根据我们的经验，国家计划不可能把全国所有企业的生产、供应和销售都管得很细很全，所以必须利用市场调节来弥补国家计划调节的不足。同时，即使是国家直接计划的部分，也要利用价格、税收、信贷这些调节手段，通过市场机制的作用来促进国家计划的实现。另外，我们的市场调节也不是放任自流的，而必须在统一的国家计划和经济政策的指导下来进行。这样就把市场调节同计划调节结合起来了，做到"管而不死，活而不乱"。当然，这是我们争取要达到的目标；要做到这一点是很不容易的，有很多问题要研究解决。比如，国家计划管到什么程度什么范围的问题。我觉得，有一条是很重要的，就是在基本建设投资上要有一定的比例由国家来掌握，因为基本建设投资的规模有多大和分配到哪些部门去，对于整个国民经济发展的速度和比例具有决定性的意义，所以这方面国家应当保留相当大的权力，不能完全让企业自己按市场行情来决定投资方向，这样才能保证资源的合理分配，使之有利于整个社会的发展。

日本的经济和经济学界[*]

——访日札记

（1980年12月13日）

不久以前，笔者参加一个由社会科学工作者和自然科学工作者组成的中国学者代表团，到日本进行了3周的访问。在参加共同友好活动的间隙，接待我们的主人——日中友好国民协议会——给我安排了几次同日本经济学者的会见，先后同宫琦义一、伊东光晴、佐藤经明、宇泽宏文、佐佐木孝男、石川滋等著名经济学家进行了交谈。虽然接触的时间比较仓促，但涉及日本经济和经济学界的不少问题，现就印象较深的几点，略述如下。

* * * * *

关于日本战后经济的高速发展，日本经济学者指出，20世纪50年代下半期到70年代初，日本经济平均每年以10%的高速奇迹般地增长，这不是突然发生的，而是百年来长期酝酿的结果。明治维新后，日本政府执行所谓"富国强兵"政策，利用丰富低廉的劳动力，从先进国家引进新技术和新制度，在第二次世界大战以前就成功地实现了工业化，为战后的进一步发展奠定了基础。特别是在培养人才方面，明治维新以来，日本政府对国民教育事业下了很大的力量。明治6年（1873年）初等教育的就学率为28%，明治16年上升50%以上，明治40年（1907年）达到98%，基本上实现了完全义务教育制。中等教育和高等教育也相继发

62　　*　原载《经济学动态》1981年第2期。

展，特别注重发展师范教育。从明治、大正时代到第二次世界大战前，日本已形成一个从初等教育到高等教育的相当完备的教育制度，培养了具有不同文化程度的以及各种专业的专门人才，这些人才在战后日本经济发展中起了很大的作用。日本经过长期战争，经济上破坏很厉害，但因有这一大批人才，很快就能复兴、发展。如果没有这一大批人才，即使再引进多少新技术、新设备，也是没有用处的。因此日本在战后更加重视人才的培养，继续用很大力量发展教育。受过义务教育的学生升入高中的升学率，由战争结束不久的40%，提高到1979年的94%，同期高中毕业生中升入大学的，由10%提高到38%。教育经费占国民收入的比重，20世纪50年代初为5%~6%，70年代提高到7%以上，远远超过了我国教育经费占国民收入的比重。这是一个很值得重视的问题。

＊　　　＊　　　＊　　　＊　　　＊

据日本学者介绍，日本20世纪五六十年代经济高速发展的一个非常重要的前提，就是战后日本在新宪法下，采取了一系列"非军事化"和"民主化"的改革措施。主要的改革有：禁止保存军事力量、农地（土地）改革、劳动改革、禁止垄断法，等等。这些改革措施，一方面，结束了日本的军国主义统治的枷锁，把庞大的人力、财力、物力资源从过去用于军事目的转用于经济的发展；另一方面，使日本人民从封建性的意识形态中解放出来，把带有封建性的资本主义转化为现代化的资本主义，大大地促进了日本经济的现代化（在日本又叫作"美式化"，如现代化的股份制公司，现代化的经营管理，现代化的经营管理者即企业家的组织，等等）。有些经济学者指出，战后的"民主化"措施，在工人运动中起了推动"劳资协调"的作用。他们认为，日本劳动制度上的"终身雇佣制"，工资制度上的"年功序列制"，以及工会运动中盛行"企业工会"而不是"产业工会"，都是日本不同于其他欧美资本主义国家的独特的东西，因此劳资对立也不像别的国家那样尖锐，这也为日本经济的顺利发展提供了一个比较安全的政治社会条件。他们说，现在日本有一部分人认为这些东西是封建保守的东西，特别不利于工人运动的开展，因此需要改革；但是，美国和西欧一些国家的资本家却极力想学日本这套东西，以便解决他们的问题。这也是一个值得注意的现象。

＊　　　＊　　　＊　　　＊　　　＊

日本经济学者还谈到，战后日本经济的高速增长，同产业结构的改造有很大的关系。日本从自己的具体条件出发，不搞那些花钱多而收效慢或无经济效果的事情，而集中力量搞那些能使经济快速增长的产业和事业。一些花钱多的事情，依赖外国去搞，如军事方面，依靠美国的保护；又如第一产业（农业，特别是粮食）以及矿业、能源（特别是石油），开发要花很多钱，就依靠美洲、亚洲、大洋洲各国去搞。这样节省的费用，集中用于发展那些附加价值大的重化学工业。同时大力发展服务性行业即第三产业。产业结构发生了很大的变化。在就业劳动者的构成中，第一产业的比重由1955年的35.6%降为1978年的12.7%，同期第二产业的比重由26.7%升为35.2%，第三产业的比重由37.7%提高到52.1%。其中，第二产业中的重化学工业的比重，1978年达到72%。值得注意的是，日本重化学工业的发展，与消费品的生产特别是耐用消费品的发展是紧密联系着的，日本家庭的电视机、电冰箱乃至小汽车等耐用品的普及率很高，就是重化学工业高度发展的结果。但是，因为重化学工业在资源和能源上过分依赖外国，危险性很大，所以，20世纪70年代以来，日本又提出把多耗资源能源型的重化学工业为主的产业结构，转向为知识密集型的产业结构，一方面可以节约能源资源，另一方面又可利用高教育水平的人力，保持附加价值大的产业事业的增长势头。

　　日本由于在资源、能源上大量依赖外国，就必须同时大力扩展出口能力。在这方面，日本经济学者十分强调日本经济的双重结构（即大企业与中小企业并存）以及中小企业所起的重要作用。战后不久，控制重化学工业的大企业就开始大力利用具有老旧设备和工资很低的中小企业，制造廉价商品来扩大出口量，并且借以提高利润率和蓄积力量。尔后在国际市场竞争加剧的情况下，大企业不但在资金方面给承包的小企业以"援助"，而且在技术方面（工艺管理、质量管理）以及企业管理方面加强了指导，把这些中小企业编入了自己的生产组织系统，这就是所谓的"企业系列化"或"企业再重编"。因此，大企业有可能生产价廉质高的产品，在国际市场上提高自己的竞争力。据日本学者提供的资料，1978年全部制造业中，中小企业所占比重，企业数为99.5%，从业人数为73.5%，产值为52.7%，附加价值为57.1%。在高速增长时期，中小企业的作用除了作为大企业的附庸补充，加强其国际竞争力外，还为国民提供花色繁多的各种高级消费品（主要是轻纺产品）以及承担满足高级化、多样化的社会需要的新产品（知识密集型产品）的开发，等等。

＊　　　＊　　　＊　　　＊　　　＊

　　在谈到日本经济的高速增长问题时，不少日本学者一再提醒我们，不但要看到高速增长的成就方面或积极方面（plus），也要注意到高速增长的消极方面（minus）。所谓消极方面，即高速增长带来的不良后果，主要是：①都市环境的恶化；②自然环境的破坏；③大城市地带的"过密"同其他地区"过疏"的尖锐对立；④由于地价上涨和通货膨胀所引起的收入分配不公正现象的扩大；⑤追求物质生活带来的精神空虚；等等。特别是环境问题，日本由于重化学工业的迅速发展，在一个短时期内造成了大规模的水质污染、大气污染、振动噪声、废物堆积等严重公害，给居民带来很多的痛苦，以致日本经济学者也说，生产的发展并不等于生活福利水平的提高，甚至是以生活福利的下降为代价的。由于各方面的压力，近年来日本政府已开始注意公害的治理。例如东京若干年前因大气污染烟雾弥漫，终年看不到富士山，经过治理，现在当天气晴朗时，东京有些角落已可隐约看到富士山顶。又如名古屋附近的四日市化工基地，沿海海水在若干年前已被污染成红褐色，鱼虾绝迹，现在经过治理，我们在游艇上看到，海水已基本上清澄，听说又有鱼虾洄游了。但许多日本学者对环境保护问题依然忧心忡忡，不满意现在治理的进度。不少日本人士告诉我们，对于公害，事先防治胜于事后治理，因为事后治理花费更大，而且已经造成难以挽回的危害。这是一个需要严重注意的问题。

* * * * *

关于日本经济高速发展时期是否已经过去的问题，有些日本学者认为，过去日本的对外依赖型的经济，有助于重化学工业的高速增长，但是，今后面临石油能源和资源危机，同时又要增加军事费用，经济增长率恐怕要减缓下来，转为低增长率。据日本企划厅经济研究所负责人谈，日本今后不可能再保持石油危机前那样的高速增长，但20世纪80年代保持5%左右的增长率还是可能的。这个速度在资本主义世界还是高的，但比日本60年代的速度低得多。速度下降的因素主要有：①用于代替和节约石油能源的投资增大；②国际贸易条件严峻化，北美、西欧都害怕日本货的竞争，将扩大对进口日货的限制；③新增劳动力资源将受到限制；④防治公害投资费用的影响；等等。但据企划厅经济研究所负责人所谈，防治公害方面花的资金的影响不像六七十年代那样大，因为今后发展的重点已由多产生公害的重化学工业转向无公害或少公害的知识密集型产业。目前防治公害的投资占总投资的4%~5%，但过去公害严重时治理公害的投资曾达总投资的

10%~15%。

　　　＊　　　＊　　　＊　　　＊　　　＊

　　关于日本的经济学界的情况，众所周知，在日本，马克思主义经济学的教学研究与当代资产阶级经济学（日本叫作"近代经济学"）的教学研究是并存的，在大学经济系，这两门都是必修课，这也是日本独特的情况。日本经济学者告诉我，他们在战前就有比较深厚的马克思主义经济学的研究传统，但那时被日本军国主义压制而不能抬头。战后，一批研究马克思主义经济学的学者纷纷到大学教书，又培养了不少人。他们在1959年成立了"经济理论学会"，现在大约有800个会员。但是，研究马克思经济学的经济学者，派系很庞杂。据京都大学宫琦义一教授介绍，主要的派别有：①以九州大学名誉教授向坂逸郎为代表的社会主义协会派；②以东京大学名誉教授大内力为代表的宇野弘藏学派；③受到意大利思潮影响的结构改革派（以东京专修大学公村正宏教授为代表）；④最近，从法国传来用市民社会的观点来解释马克思主义的市民社会派（以京都大学平田清明教授为代表）；⑤以日共《经济》月刊为中心的一派。此外，还有许多独立分散的马克思经济学的研究者。又据横滨大学佐藤金三郎教授在一篇文章（"资本论研究的现状和展望"，载《经济讨论》1979年第4期）中说，日本研究马克思经济学的学者分为三个流派，即正统派、宇野派和市民社会派。可见怎样划分日本研究马克思经济学的派别，也是说法不一的。

　　　＊　　　＊　　　＊　　　＊　　　＊

　　与马克思经济学理论研究关系比较接近的，是关于社会主义经济和苏联东欧各国经济的研究。据了解，马克思经济理论作为大学经济系必修课，社会主义经济论或苏联东欧各国经济论不是必修课而是选修课，从事这方面经济问题研究力量比较多的研究机构有：一桥大学经济研究所、东京大学社会科学研究所、北海道大学苏联研究中心、亚细亚经济研究所等。其他一些大学和研究机构也有专人从事这方面的研究。关于比较经济制度的研究，据京都大学经济研究所尾上久雄教授谈，日本大学里没有这门课程，但实际上有这方面的研究，而且也有三派，一是以东京大学公文俊平讲师为代表的美国学派，二是横滨大学佐藤经明教授为代表的东欧学派，三是以尾上自己为代表的西欧学派，后者主要是受法国和意大利非暴力革命思想的影响。

研究社会主义经济和苏联东欧经济的学术团体主要有：①社会主义经济学会，会员有200多人，主要是马克思主义经济学者；②苏联东欧学会，会员有300多人，一般是非马克思主义的专家，包括政治、经济、法律、哲学等方面。此外，据佐藤经明教授介绍，日本和苏联经济学者每年举行一次学术讨论会，轮流在东京和莫斯科举行，已经办了10年，在日本方面有一个经济学者自愿联合的组织主持其事，负责人是东京大学大内力教授，秘书长是佐藤经明教授。但他们对于苏联派来日本的代表往往是大官员而不是他们所希望的能够讨论实质性学术问题的学者，感到这样的讨论会收获不是很理想。

*　　*　　*　　*　　*

在资产阶级经济理论研究方面，日本战前主要接受德国的影响，战后则主要接受美国的影响，数理经济学和经济计量学的研究比较发达。日本一个比较大的经济理论学术团体就叫作"理论计量经济学会"。据一桥大学金子敬业教授介绍，这个学会的前身是"东洋理论经济学会"，20世纪50年代美国已有了经济计量学会，日本当时搞这方面研究的人很少，只有一个支部，合并在东洋理论经济学会一块活动。60年代经济计量研究力量扩大后，东洋理论经济学会改组为现在的"理论计量经济学会"，会员包括取得博士学位的研究生和大学教师以上共约1000人。很奇怪的是，这个学会的前会长是一位在神户大学教马克思经济学的置盐信雄教授，据谈他用数学来研究马克思的经济学，很有成绩。现在会长是一桥大学校长宫泽健一。可见这个学会在日本是颇有点影响的。在日本，经济计量学既是当代资产阶级经济理论的一个组成部分，又与日本官厅制定经济政策、经济计划有着密切的联系。日本官厅和民间的研究机构，广泛运用计量模型于经济预测。但对于运用计量模型进行经济预测是否可靠，一些经济学者持怀疑态度，另一些学者则认为，预测不准不是计量模型的内在原因，而是由于某些难以预见的外在原因，例如两伊战争的爆发，等等。一般来说，日本的经济预测与实际进程相比，60年代往往偏低，70年代以来则往往偏高。为什么出现这种变化，值得研究。

除了上述一些学术团体外，日本还有一些部门的和专业的经济学会，如金融学会、财政学会、地区经济学会、国际经济学会等。在这许多学会上面，还有一个"经济学联合会"。所有这些学术团体，都是松散的、自愿联合的组织。

日本的经济和经济学界

＊　　＊　　＊　　＊　　＊

我对日本经济和日本经济学界都缺乏研究。以上是在短暂的接触中，一些浮光掠影的片断印象。可能有理解不确切的地方，请批评指正。

走出一条发展经济的新路子*

（1981年1月26日）

党的十一届三中全会后，党中央决定采取调整、改革、整顿、提高的八字方针以来，我们在国民经济的恢复和发展上，做了大量艰苦的工作，取得了很大成绩。农业生产有了比较快的发展。工业生产在能源没有多少增长的情况下，仍然保持了一定的发展速度，特别是轻工业生产增长得比较快。市场供应也是比较好的。绝大多数农民和城市大多数职工的生活，有了不同程度的改善。这样好的经济形势，是多年来少见的。但是不能不看到，在这种很好的经济形势下面，潜伏着一种危险，就是财政上出现大量赤字，货币发行量过多，引起物价上涨。最近，党中央和国务院对经济形势进行了全面的估量，认为如果不对这种潜伏的危险采取断然措施，党的三中全会以来城乡人民在经济上得到的好处就会失掉，因此决定实行进一步的认真的调整。要求从现在起，各级党委和政府，各个财经部门，都要把主要精力转到调整方面，以调整为中心做好各项工作。

当前的经济调整，主要是坚决压缩基本建设投资规模，紧缩各项行政费用，某些该退的方面退够，以便尽快地消灭财政赤字，控制货币发行，稳定市场物价，使国民经济摆脱潜在的危险。同时，其他方面，主要是农业、轻工业、能源、交通的建设以及教育、科学、文化、卫生等事业，还要尽可能地继续发展。

* 原载《人民日报》。

因此，这次调整是一个有进有退的积极的方针，暂时的局部的后退是为了使整个国民经济从被动转为主动，使我们能够站稳脚跟，稳步前进。

实行进一步的调整，不但对克服当前潜在的危险来说是必要的，而且还有更深远的意义，就是使我们的经济工作从根本上摆脱"左"的错误思想和做法的束缚，走出一条发展经济的新路子。

在过去相当长的一个时期里，我们的经济工作中存在着"左"的错误。当然，这不是说，过去的经济工作没有正确的东西。我们的成就还是不小的。如果不是由于"左"的错误，社会主义制度的优越性必然会发挥得好得多，我们取得的成就会大得多。经济工作中"左"的错误，存在于许多方面，就经济计划的制定和执行来说，主要是脱离实际，盲目追求和轻率提出难以达到的发展目标，各项工作围绕着一些不切实际的目标和口号转，使经济发展陷入一种很不正常的状态。可以说，我们的经济过去走的是一条"两高两低"的崎岖道路，这就是高速度、高积累、低效率、低消费。国民经济在这条路子上蹒跚前进，几经折腾，使人民受到不小的损失，严重延缓了社会主义建设的进程。

过去，我们强调高速度发展经济，这是可以理解的。大家都希望早日摆脱贫穷落后的面貌，尽快地把我国建成为现代化的富强国家。但是，经济发展速度不决定于主观愿望。由于我们提出的目标和口号往往不切实际，计划安排的速度指标往往超过了客观可能，结果欲速不达，使实际取得的速度显著低于客观条件允许达到的速度。例如第二个五年计划时期，在"超英赶美"的口号下，本想来一个"大跃进"，但结果与我们的愿望相反，整个"二五"期间国民收入不但没有高速增长，反而有所下降，就是一个欲快反慢的例子。

不顾客观可能片面地追求高速度，必然在国民收入的分配上引起高积累。为了保证高速度的指标，特别是"以钢为纲"的重工业高指标，就要扩大基本建设规模。基建规模扩大了，又要提高钢、煤、电等重工业指标。这样面多加水，水多加面，投资规模越加越大，摊子越铺越多，积累率就不能不大大提高。"大跃进"时期曾经提高到30%~40%以上，20世纪70年代也长期处在30%以上，甚至在粉碎"四人帮"后的1978年又进一步提高到36.6%。这都大大超过了国家力量和人民生活所能承受的程度。

这样的高速度、高积累必然带来低效率。片面地追求产值产量等数量指标的做法，使生产的增长基本上是靠增人、增投资、增投料这样一种外延的扩大再生产方式，而忽视了生产发展的内涵因素即提高效率方面。基本建设热衷于铺新摊子，造成战线过长，长期形不成新的生产能力，新建工程建成后又投不了产，而老企业的原有能力却不能得到及时地更新改造和充分利用。生产中的低质量、高消耗、高成本，流通中的周转慢、积压多、资金占用量大等，都是低效率的表现。经济效果下降的结果，现在两元钱办的事只相当于过去一元钱，建设工期比过去延长了一倍。由于单位产值提供的税利减少，财政收入每年比过去少收几百亿元。由于单位产值占用流动资金的增大，现在比过去多占用几百亿元。所有这些，都是我们为高速度、高积累付出的代价。

一面是高指标、高积累，一面又是低效率，那么，我们过去的经济生活是靠什么来支撑的呢？只能是靠紧缩人民消费维持下来的。二十多年来我国人民消费水平长期没有多少增长，欠账甚多，以至于粉碎"四人帮"以后特别是三中全会以来，虽然党和政府花了很大的力量改善城乡人民的生活，但是多年积累下的问题仍然不能一下子解决，还需要经过今后经济的调整和发展来逐步解决。

上述"左"的错误，是我国经济建设中的主要错误，是代价重大的错误。当然，在不同时期，这种错误的表现形式和程度是不同的。第一个五年计划时期，尽管经济工作中也有过一些缺陷，主要是积累搞多了一点，重工业搞多了一点，对农业、轻工业的发展也有注意不够的地方，但总的说来这个时期的经济发展是比较健康的。突出的错误是在"大跃进"时期。在这个时期，那种高速度、高积累、低效率、低消费的"左"的错误做法得到了集中的恶性的表现。这个错误虽然经过20世纪60年代上半期的调整，在实际工作中得到了纠正，但是由于没有从思想认识上认真总结，没有从根本上肃清凭主观愿望规定发展速度这个错误的指导思想，以致每当形势有所好转，就要折腾，重走类似"大跃进"的老路。1970年以来，当"四人帮"横行之际，又搞什么"新的跃进"，几次搞了高指标、高积累，造成忽上忽下，比例严重失调，把国民经济推向崩溃的边缘。粉碎"四人帮"后的头两年，我们对十年内乱造成的严重后果估计不足，又没有来得及清理过去经济工作中指导思想的"左"的错误，还是急于求成，走过去的老路，又提出一些不切实际的过高的目标和口号，把本来已经超过国力负担的基本建设规模又大为扩大，使本来已经失调的比例关系更加失调。在中央提出以调整为中心的八字方针后，不少同志仍囿于过去"左"的错误思想的影响，对经济调整的方针认识既不充分，执行也不得力，在采取了提高城乡人民消费水平的措施的同时，却没有把基本建设的总规模相应地退下来，以致造成用于积累和消费的需求总额大大超过可供使用的国民收入，国家财政支出大大超过了财政收入。这就是当前经济形势中潜伏着危险的背景。

新中国成立以来我国经济发展中经历了几次比较大的比例失调说明：在生产资料的社会主义公有制的基础上，整个社会再生产虽然可以处于社会的自觉组织和有计划的指导之下（尽管还不完善），但是，如果我们的计划指导不符合客观实际，严重违反客观规律，无视社会主义再生产过程中的客观联系，削弱乃至放弃综合平衡工作，国民经济就会发生比例失调的危机。

我国经济工作之所以长期未能摆脱"左"的错误，从根本上说，同我们的指导思想没有从客观实际出发，同我们对我国基本国情没有清醒的认识，有很大的关系。我国的基本国情是什么？我国是一个拥有十亿人口、八亿农民的大国，经济文化水平很低，底子很薄，1979年每人平均的国民生产总值只有253美元，在世界一百几十个国家和地区中居于一百位以后的地位。在我们这样一个人口多、水平低、底子薄的大国进行现代化建设，是一个十分艰巨的复杂的过程，需要一个相当长的历史时期才能完成，决不能急于求成，指望一下子出现什么奇迹。过去我们没有认识清楚我国的这个基本国情，以致老是犯急性病，欲速则不达。直到现在，真正清醒地认识到这一点的人还是不多的。为了从根本上摆脱"左"的一套的束缚，在当前的经济调整中，在今后的四化建设中，我们必须加深对我国基本国情的认识，把我们的指导思想真正统一到从中国的实际出发，按经济规律和其他客观规律办事这一点上来，并且通过认真贯彻经济调整的方针，走出一条新的发展路子。

首先，在发展目标和发展速度上，我们今后决不可再提出不切实际的预言和口号，提出不能实现的指标，而要量力而行，脚踏实地，循序渐进。要在摸清国情国力的基础上制定我们的计划。党中央指出，经过20年的努力，使我国达到小康社会的水平，这是切实可行的目标。达到了这一步，我们才有可能进而向更高程度的现代化前进。

其次，在建设规模和积累率上，我们今后决不可再搞超过我国国力和人民负担能力的过大建设和过高积累，而要把经济的发展与不断地逐步地改善我国十亿人口的生活结合起来，适当安排积累与消费的比例。现提出要把积累率降到30%以下，这是我们应当通过经济调整逐步实现的。

再次，在发展的方式上，我们今后决不可再搞单纯追求数量指标，光靠上新项目、铺新摊子、增加能源和原材料消耗等外延扩大再生产的方式来发展生产，而要重视质量和效果，主要依靠现有企业挖潜革新改造，充分发挥它们的作用，用提高劳动生产率、节约能源原材料等内涵扩大再生产方式来发展生产，并且不断提高产品的质量和增加产品的品种，力求适销对路，以节约资金，减少消耗，降低成本，提高微观的和宏观的经济效果。

在经济发展上摆脱"左"的一套思想和做法的束缚，走出一条新的路子，当然不止是以上几条。我们还要在产业结构方面改变过去那种片面优先发展重工业的做法，全面地适当地安排好农业、轻工业、重工业、建筑业、交通运输业、商业、服务业以及文化、教育、科学、卫生等事业的关系。在管理体制方面，要改变过去那种过分集中和吃"大锅饭"的弊病，正确处理国家、集体和个人的物质利益关系，在把微观经济搞活的同时，加强对宏观经济的计划指导。总之，只要我们科学地总结新中国成立30年来经济建设的经验教训，真正肃清"左"的错误思想的影响，坚持实事求是的方针，通过当前的调整和改革走出一条适合我国国情的发展道路，我国社会主义现代化建设事业的前途是极其光明的。

走出一条发展经济的新路子

再论经济调整与经济改革的关系*

（1981年3月）

将近两年前，我为《中国经济问题》杂志写了一篇"略论经济调整与经济改革的关系"短文，讲了经济比例的调整与经济体制的改革这两项任务之间的相互联系、相互制约的关系：如果我们不对严重失调的比例关系进行调整，经济体制的改革特别是全局改革是难以着手进行的；另一方面，如果我们不对现行的不合理的经济体制进行必要的改革，那么经济调整也是难以收效的。自从党中央在1978年年底和1979年年初提出调整与改革的任务以来，我们在国民经济的恢复和发展上做了大量艰苦的工作，取得了很大的成绩。当前经济形势之好，是多年少见的。但是不能不看到，在这种很好的经济形势下，潜伏着一种危险，就是财政上出现大量赤字，货币发行量过多，引起物价上涨。为了克服潜在的危险和发展大好形势，最近党中央和国务院决定对经济实行进一步的调整，并决定放慢改革的步子。这样，调整与改革的关系问题，又重新提到我们的面前。

首先遇到的一个问题是，经过两年的调整和改革，为什么又决定对经济实行进一步的调整？当前国民经济中一系列困难是怎么产生的？对这个问题是有不同看法的。有些同志认为这是由于经济体制改革出了问题，是"放权放利"的"自由化"引起了经济的混乱。这种看法是不对的。我国的经济体制改革，不过刚刚

　　* 原载《中国经济问题》1981年第2期。

开始，只是在局部的范围里做了一些初步的试验。尽管改革是初步的和有限的，但是这些改革从生产、流通和所有制等方面开始突破了现行体制的某些不合理的框框，调动了广大企业和劳动者的积极性，使城乡经济生活出现了一片繁荣景象，显示出改革对活跃经济的巨大推动力。如果没有这些改革，就不可能出现多年来少见的这样好的经济形势。

那么，当前经济中潜伏的危险究竟是怎样造成的呢？我认为，最主要的原因还是过去长期经济工作在"左"的错误思想指导下急于求成，片面发展重工业忽视农业轻工业，搞高指标、高积累，带来低效率、低消费、欠账过多的结果。两年前党中央提出以调整为中心的"八字方针"后，一些尚未摆脱"左"的错误思想束缚的同志，对调整方针执行得很不得力甚至抵制，在党和政府采取了一些提高人民消费的措施（如提高农产品收购价格，调整部分职工工资，等等）的同时，许多地方和部门没有相应地把战线拉得过长的基本建设退下来，致使用于积累和用于消费的需求总额大大超过了可供使用的国民收入总额，国家财政开支大大超过了财政收入，进一步加重了国民经济的比例失调。这就是当前存在潜伏的危险的主要来由。当然，过去两年中有一段时候，一些部门和一些地方出现过重改革轻调整的倾向，有的同志甚至主张以改革来代替调整；还有，体制改革中某些措施不当，下放权力的步子在有些方面快了一点，在实行部分的市场调节和经济利益原则的同时，国家的计划指导、经济立法以及价格税收的改革等等没有相应跟上，致使在生产、建设、流通和分配等方面原来已经存在的某些盲目性现象有所增长，这些也增加了当前经济的困难。

克服当前经济困难和潜在的危险，使国民经济走上协调稳定发展的轨道，靠什么呢？解决这些问题，既要靠调整，又要靠改革。但是，近期内最主要是靠调整，今后几年的经济工作要继续以调整为中心。要通过缩小基本建设规模、紧缩各项行政开支等措施，来抑制用于积累和消费的需求总额，使之与可供使用的国民收入总额相适应，并真正按照农、轻、重次序从根本上改变不合理的产业结构，调整积累和消费的比例关系。只有集中力量搞好调整，经济工作才能由被动转为主动。同时，在国民经济比例严重失调，需求总额大大超过供给总额，财力、物力非但缺乏必要的后备而且到处留有缺口、经济紧张和风险很大的情况下，扩大企业自主权、开展市场调节等改革，都将碰到许多困难，要想推行全面的经济体制改革，更是不切实际的。只有把比例关系调整好了，综合平衡上了轨道，才能为全面改革提供良好的条件。所以，在当前的经济工作中，我们要按照党中央提出的进一步调整经济的要求，集中力量抓好调整，而不应过分突出经济体制改革。改革要服从于调整，密切配合调整来进行。

这里我们遇到另一个问题，就是既然当前要集中力量抓经济调整，那么经济体制的改革是不是可以不搞了呢？有些同志正是这样想的。中央再次强调调整，有些部门和地方又忽视改革，以为改革可以放一放了。这种把所有改革都停下来的想法也是错误的。目前经济比例严重失调，固然主要是由于前面讲的长期以来经济工作中急于求成的"左"的错误的指导思想造成的，但另一方面也同我们实行的高度集中的、忽视利用市场机制的、以行政管理为主的经济管理体制有关。这种体制的主要弊病是对什么都管得很死和大家都吃"大锅饭"，因而不利于调动各方面的积极性，不利于讲求经济效果，不利于生产和需要的衔接，从而不利于国民经济平衡地协调地发展。所以，在经济管理体制方面配合调整进行一些必要的改革，不但不会妨碍调整，而且还能促进调整。有利于改革的调整还是要积极地进行的。

那么，在目前情况下，体制改革怎样进行才有利于调整呢？调整时期的体制改革，首先要注意把加强国家集中统一的计划指导，同进一步发挥企业和基层经济单位的主动性和积极性结合起来。为了搞好调整，克服当前困难，必须加强集中统一。现在强调集中统一，主要是指在宏观经济方面加强国家的计划指导和采取必要的行政干预。例如，各种渠道用于基本建设的资金，要由国家计划委员会统管起来进行综合平衡；财政税收制度、重大财政措施、信贷管理制度、现金管理制度都必须集中统一；物价要严格控制；国家规定的重要物资调拨计划要严格执行；等等。但是，现在强调集中统一，并不是什么都集中，把什么都搞得死死的，回到过去的老路上去，而是要在加强宏观经济的计划指导的同时，还要进一步发挥企业和基层单位的积极性、主动性，把微观经济搞活。不如此，过去经济体制由于权力过分集中和吃"大锅饭"的弊病形成的僵化状态将无法克服，当前国民经济的调整任务也难以解决。所以，在今后改革试点中，必须始终不渝地注意把发挥基层经济单位的积极性同加强国家集中统一的计划指导结合起来，使改革的每一个环节都有利于调整的实现，是十分重要的。

其次，应当对已经采取和即将采取的改革措施，按照其对调整的利弊来决定其先后缓急。现在已经可以清楚地看到，有些改革措施对调整有利，如基本建设投资和挖革改资金，由国家财政拨款改为银行贷款，实行有价使用，对节约建设资金，缩小建设规模就有很好的作用。事实上，有些调整也离不开改革，要与改革配合进行才能奏效，如企业的改组和联合，还有增加疏通渠道、减少流通环节、发展多种经济成分和经营方式等改革，都可以在坚持社会主义原则的前提下放手去搞。总之，在调整时期凡是那些有利于控制积累和消费增长幅度的改革，有利于实现财政、信贷、物资、外汇收支平衡的改革，有利于改变不合理生产结构的改革，有利于在保证国家计划完成的前提下把生产、流通搞活的改革，有利于正确处理国家、集体、个人三者关系、调动生产经营单位和劳动者积极性的改革，有利于提高社会经济效果的改革等，都要积极地进行。某些带有方向性的改革，如少数企业和个别城市已经实行的"以税代利、独立核算、自负盈亏"的试点，也要继续进行，以积累经验。

本着上述原则，有些改革，从长远来看是合理的，必须搞的，但同当前调整有矛盾，就应当推迟进行。如整个价格体系的改革，对体制改革的开展是必要的，但目前由于财政信贷不平衡、物资保证不丰裕，就不宜全面大动，只能局部调整，或者先从税制上进行一些改革和调整，以利于解决现行价格体系中一些极不合理的问题。某些牵扯精力过多的改革也要放慢步伐，如原定1981年在国营企业全面推广扩大企业自主权的改革，目前不宜实行，重点要放在现有试点企业的巩固上，放在企业的改组和联合上。当前主要是要认真总结近两年来改革的经验，分析和解决在改革中出现的新问题，如流通中的工商矛盾，发展集体经济和个体经济的政策界限，还有企业扩大自主权后各项留成资金的使用等等问题，都要定出一些章法，以巩固现有改革的成果。这样，总的改革步子与原设想相比，就要放慢一点，稳一点，准一点，以利于各级领导集中精力抓好调整，也可以使改革本身健康地进行。

总之，在国民经济调整时期，前一段行之有效的一些改革要继续进行，改革的成果要巩固和发展，少数的新的改革的试点也要有领导有步骤地进行。这些改革搞好了，将有利于生产的发展，有利于调整的进行。当整个国民经济基本调整好，各种比例关系大体协调以后，我们就可以对现行的不合理的经济体制进行全面的改革。而体制的全面改革又必将大大促进我国经济稳定而协调地发展。

与经济调整的任务相比，体制改革是一项需要更长的时间才能完成的任务。这项任务牵涉面广、问题错综复杂，需要进行多方面的研究，需要制定统一的规划，需要花很大的力量进行大量的准备工作。所以，在今后几年国民经济调整时期，除了积极配合调整，进行一些必要的而又可能的改革以外，还要珍惜目前这一大好时机，为今后的全面改革做好各项准备工作，包括理论思想上的准备、方案设计上的准备、干部培训上的准备，以及通过经济调整得到的财力、物力、后备的准备，等等。这方面的工作意义重大，是制定我国经济、社会发展战略的重要组成部分，我们一定要把它抓紧、抓好。

南斯拉夫的计划与市场*

（1981年4月）

一、南斯拉夫社会经济制度的几个根本问题

计划与市场相结合，是南斯拉夫的经济管理体制的一个重要方面，是整个社会经济制度中的重要组成部分。要了解南斯拉夫的计划与市场的问题，必须对它的整个社会经济制度的理论和实际，有一个轮廓的认识。对于南斯拉夫的整个社会经济制度的认识，我认为至少应把握以下几点：①国家消亡的理论；②社会所有制；③自治制度；④商品经济、市场与计划。

（一）关于国家消亡的理论

南斯拉夫同志认为，社会主义国家是一种逐步消亡的特殊形式的国家。无产阶级夺取政权以后，如果国家不是逐渐消亡，那就不是社会主义国家。他们承认，在无产阶级夺取政权的初期，国家起着重要的作用。在那个时期，国家是工人阶级和其他劳动人民群众革命行动的直接体现，它在组织新社会的经济生活时起主导作用是必要的。建立在各种形式的国家所有制和国家机构的管理权基础上的国家集中管理生产资料的方式，对于使国家摆脱经济不发达状态，对于社会生产关系进行革命的社会主义改造，起了巨大的作用。但是，国家在组织和调整经济生活方面以及在

82　　*　原载《南斯拉夫的计划与市场》，吉林人民出版社1981年版。

社会管理的其他方面所起的支配作用，又会导致管理机构的日益集中，党政机构的日益紧密结合和加强，由于这一切，国家机构、党的机构、经济机构和其他管理机构开始获得巨大的、超社会的、独立的政治权力，这就为国家和党的官僚主义化敞开大门，使得这些机构由社会的公仆变为社会的主人，"使革命行动上的集中越来越蜕化为行政官僚的中央集权制"，以及使对国有化生产资料的管理变成官僚主义者和专家治国论者的垄断权。这一过程使劳动者同公有制生产资料相异化，同社会劳动的管理职能相分离，在客观上这就不能不在越来越大的程度上限制劳动者发挥积极性、创造性和主动精神，从而不利于社会主义经济的发展。

　　南斯拉夫同志认为，为了克服上述的党和国家机构的官僚主义倾向，必须坚持马克思主义关于国家消亡的观点。国家消亡的起点，首先从国家的经济职能开始，实行管理权力特别是经济管理权力的下放，把工厂和企业普遍交给工人集体自己管理，把管理经济活动和各种社会义务的职能转交给各种社会自治机关。当然，这种变化不应是跳跃的、突然的，而是一个渐进的过程，以避免陷入无政府状态。

　　正是从对社会主义国家作用逐步消亡的理论认识出发，南斯拉夫摒弃了国家所有制，实行社会所有制，建立了一系列社会组织，部分地代替了国家组织的职能，实行了工人自治的管理体制。在实行自治体制的同时，国家在经济管理中还起一定的作用，特别是在宏观经济活动领域，以及在自治协议和社会契约不能成功地解决客观条件所引起的利益冲突时，为了协调个人、集体和全社会的利益，不排除国家采取强制手段的可能性。但这种可能性在宪法和有关法律中有具体的规定、限制甚至是逐条列举的，以免国家机构滥用职权。

（二）关于社会所有制

南斯拉夫解放后，在对旧企业实行国有化的基础上，建立了生产资料国家所有制。按照前述对社会主义国家作用的看法，南斯拉夫同志认为，国家所有制在社会主义革命的一定阶段上，特别是在马克思、恩格斯所说的"剥夺剥夺者"的那一段时间内，是不可避免的。但是，从历史发展的观点来看，社会主义国家的国有制仍然同那种劳动力和生产资料按雇佣关系结合起来的社会经济形态中的所有制范畴（即资本主义所有制范畴），有一根脐带联系着。

在资本主义所有制条件下，资本家把生产资料和劳动者隔离开来。只是通过雇佣劳动关系，两者才能取得结合。而劳动者被剥夺了对自己的劳动过程和自己劳动所创造的收入进行管理的权力。南斯拉夫同志认为，社会主义的国有制并没有能够解决生产资料与劳动者的分离问题。国家作为管理者，仍是中间环节，仍然使二者分离，工人不能对自己的劳动、收入进行直接管理，还没有彻底消灭雇佣制。除了国家是工人阶级集体利益的代表外，生产资料的国家所有制仍然不等于工人所有。所有权的真正主体是国家和代表它的一切组织机构，而不是工人。在这种关系中，就经常有以国家机构的意志代替工人的集体意志等歪曲的现象发生，并由此产生社会经济与政治方面的种种消极后果。

南斯拉夫同志认为，为了使劳动者与生产资料直接结合，彻底消灭雇佣制，就必须用社会所有制代替国家所有制。所谓社会所有制，有的同志译作"公有制"，但"公有制"是一个比较广泛的范畴，可以包括国有制在内。南斯拉夫的社会所有制则是作为代替国有制而提出来的，故以不译作"公有制"为宜。究竟什么是社会所有制呢？据他们自己的解释，就是生产资料既不属于国家，也不属于集体，更不属于个人，而属于全社会，为全体参加劳动的人所有，并且由联合起来的劳动者直接管理，他们互相承担义务，以有效地使用和经营这些社会生产资料，保证其完整无损，并不断增加这些资料和使之现代化。社会所有制使人们在平等的条件下参加联合劳动，行使其劳动权和赚取收入的权利。因此，社会所有制具有联合劳动的一般基础和工具的性质，并且日益置于联合劳动的控制之下。南斯拉夫宪法规定，不论是谁（国家、集团、个人）都不能以所有者的身份对社会所有的生产资料进行处理和管理，或占有联合劳动的产品，或支配收入的分配。只有劳动和劳动结果才是占有的唯一依据，只有劳动和劳动结果才能决定在平等权利和义务基础上的人的物质地位和社会地位。

南斯拉夫的计划与市场

在社会所有制下，企业由工人集体代表社会对生产资料和劳动过程进行直接管理，对产品和剩余产品有权分配，劳动者与生产资料直接结合起来，生产资料与劳动者之间不再有中间环节（国家）。南斯拉夫同志认为，这种社会所有制是社会主义公有制的较高形式，而国家所有制则是社会主义公有制的最低形式。

南斯拉夫的社会所有制是和实行工人自治同时产生的。1950年在通过第一个自治法令即《关于劳动集体管理国家经济企业和高级经济联合组织的基本法》时，铁托就宣布：从现在起，生产资料的国家所有制逐步过渡到社会主义所有制的高级形式。1953年进而规定生产资料的社会所有制是国家、社会和政治制度的基础，以法律的形式将社会所有制确定下来。目前，南斯拉夫绝大部分工商企业和所有银行，所有农工联合企业和农场，都是社会所有制。1977年，社会所有制部门在国民生产总值中已占84%，是南斯拉夫经济的主导力量。社会所有制的土地虽然只占全国耕地面积的15%，却提供了全国商品粮的65%，农副产品的50%。

（三）关于自治制度

上述关于社会主义国家作用和对社会主义所有制的看法，都是过去其他社会主义国家所没有的，而是南斯拉夫独特的观点。但南斯拉夫的同志自己认为，他们的社会经济制度区别于其他社会主义国家的，主要还不在这里，不在所有制方面或计划方面，而在于有没有社会主义自治。他们把南斯拉夫的社会经济制度概括为自治的社会经济制度。

社会主义自治制度，是在生产资料的社会所有制的基础上建立起来的。由于社会所有制废除了一切形式的所有制垄断，工人阶级和其他劳动人民一起，就能按照自治方式联合起来，组成自治的生产单位，直接使用和管理属于社会所有的生产资料，决定自己劳动成果的分配。工农群众当家做主，自己管理企业和社会事务，使国家的传统的管理职能逐步社会化。这就是自治制度的实质。南斯拉夫的同志认为，只有自治的组织形式，才能使每个劳动者认识到他个人的利益是和整个社会利益联系在一起的，从而激发他的劳动积极性和创造性。

自从1950年南斯拉夫联邦议会通过第一个工人自治法令以后，30年来，南斯拉夫自治制度的发展，大体可分为三个阶段。第一阶段（1950—1963年），自治侧重在工厂范围内发展，只是限于简单再生产范围内的问题，并从工业部门扩大到交通、教育、卫生、文化部门。第二阶段（1963—1971年），企业内部的自治，涉及扩大再生产领域，社会管理部门和政治组织也开始了某种形式的自治，使自治扩大到整个社会。第三阶段（1971年以后），经济部门在工人自治的基础上，按照联合劳动原则进行改组，到现在，全国绝大部分工矿企业、商业、农工联合企业都按照联合劳动原则建立了各种形式的联合劳动组织，形成了一套比较完整的社会主义自治制度。劳动者不仅要通过工人委员会来管理企业的事务，而且要通过代表团来管理国家和社会事务，使文化、教育、科学、保健等社会事业与物质生产相结合，并为发展物质生产服务。

目前，南斯拉夫经济领域的自治，主要是通过联合劳动的各层组织来实现的。根据1974年制定的新宪法和1976年制定的《联合劳动法》，联合劳动的组织形式分为三层：（1）联合劳动基层组织。其规模相当于小厂或大厂的车间。它是"独立的商品生产者"，是生产的基层单位，也是自治的基层单位。工人在其中共同劳动、共同管理、共同决定生产、分配与消费。这样的联合劳动基层组织，全国共有25000多个（1978年）。（2）劳动组织或叫联合劳动组织。它是由若干个联合劳动基层组织联合组成的，相当于大厂或总厂，在全国共有2580多个。（3）联合劳动复合组织，由若干个联合劳动组织联合组成，相当于我们的公司或联合企业，全国有160余个。由于在南斯拉夫每个行业中有好几个联合劳动复合组织，所以这些联合劳动复合组织又按行业组成各共和国（自治省）和全联邦的同业公会。南斯拉夫总共有32个联邦一级同业公会。同业公会又联合组成各共和国（自治省）和联邦的经济联合会（或译经济总会）。

联合劳动中的工人自治的主要机构是工人委员会。在联合劳动的基层组织和其他组织中，均设立工人委员会。基层组织的工人委员会由工人直接选举产生，其他组织的工人委员会由下级组织按代表团制原则选举产生。工人委员会掌握企业的生产、分配、人事、财务、计划、选聘厂长或经理等权。所以，工人委员会不是什么有工人参加的虚设机构，而是真正的工人的自治组织形式。

在非经济领域，如教育、文化、保健、科研、社会服务，过去传统属于国家通过财政拨款直接管的部门，也下放给社会管理，实行自治，其组织形式叫作自治利益共同体。每一种自治利益共同体都由有关事业部门（劳务提供者）的代表和其他部门（劳务享受者）的代表组成，共同协商，决定提供劳务的范围与方式，事业发展规划，需要多少资金，由享受劳务的生产单位拨付，等等，均由有关利益共同体直接管理，各级政府机构尽可能少干预。这样，工人不但决定自己生产组织内的全部收入分配，而且还能决定对拨入企业的社会公共消费基金的使用，同时，社会事业部门的劳动者可以按其劳动成果同生产部门工人平等地取得收入，有关社会事业部门也可以更好地了解和满足社会需要。

此外，在地方上，还有一种自治组织，叫作地方共同体，它由在一个城镇或乡村，或大城市的一部分，或几个联合起来的小居民点的劳动人民和其他公民组成。地方共同体在自治协议的基础上，负责解决居民共同生活和居住所产生的一切问题，如改善环境、儿童和社会福利、教育、体育和文化活动、公用事业等。

（四）关于商品经济、市场与计划

过去的社会主义经济理论中，长期认为商品经济同社会主义是不相容的，市场同计划是相矛盾的。南斯拉夫最先突破了这个理论。早在1950年前后，南斯拉夫经济学家就提出在社会主义公有制条件下存在着商品生产，并把它叫作社会主义的商品生产，以区别于资本主义私有制条件下的商品生产。南斯拉夫实行的企业自治制度，同商品经济有着密切的联系。直接生产者自由联合起来的劳动集体，是自主的社会主义商品生产者，是关于生产、分配、交换和消费的所有重大问题的决定者。劳动集体（企业）的自主权，就是通过它在市场上的活动来实现的。

为什么在社会主义经济中必须存在商品经济？按照南斯拉夫经济学者的解释：一是在社会主义阶段、产品还没有大大丰富、还不能实行按需分配的条件下，劳动还不是生活的第一需要，而是谋生的手段，每个人分得的消费品数量的多少，仍然决定于他自己的劳动和他所在企业收入的多少。在劳动者中间分配消费品，除了等价交换原则，没有任何别的原则。二是联合起来的劳动集体即企业，是自治的，实行独立核算，自负盈亏。所以，在社会主义社会分工中的劳动交换，只能是各个企业以商品的形式在市场上实行等价交换，以取得企业收入，进而实现个人收入。因此，在现阶段商品制度既是保证劳动集体自主权的唯一制度，也是保证实行按劳分配原则的重要条件。

南斯拉夫经济学者认为，劳动集体（企业）作为独立的商品生产者，必须拥有独立性所应具有的一切权限，也就是说，它应独立地决定自己生产的品种、产量、组织、工艺的选择、扩大再生产必要的生产资料的补充、商品的销售、销售商品所得到的收入的分配，以及作为商品生产者所赖以存在的所有其他问题。劳动集体作为社会主义商品生产者进行生产的基本动机，同资本家是不同的。资本家进行生产的基本动机是不断追求尽可能多的利润（即仅是净产品的一部分，也就是m），而劳动集体作为社会主义商品生产者所最为关心的事，就是在使用支配的生产资料进行劳动时生产尽可能多的产品，并在这个基础上取得尽可能多的收入（即整个净产品，也就是$v+m$）。劳动集体采取尽量增加收入的方针，一方面是因为，实现的收入量越大，增加个人收入量的可能性也就越大；另一方面还因为，收入能够保证企业进行积累（扩大再生产），而积累关系着劳动集体生活水平的持续的进一步的提高，同时也是为改进生产以加强它们在市场竞争中的地位所必需的。

随着对于社会主义商品经济的肯定，南斯拉夫的同志较早地改变了关于计划、市场关系问题的传统观念，这种传统观念总是把计划与市场看成互相对立的东西，其公式就是：计划或市场；南斯拉夫把它改成：计划与市场，这两者不是互不相容的，而是社会主义经济中不可分割的两种机制。

关于市场机制与计划机制之间的关系，哪一个更为重要的问题，在南斯拉夫的经济学者中间长期进行着争论。大体上有两种观点：一种观点比较强调计划的作用，另一种观点更多地强调市场的作用。

强调计划作用的观点认为，只有计划制度才能正确地指导和促进经济的平衡发展、稳定的成长和不断的适当积累，防止由于自然条件和技术水平的差别所造成的分配上的变化。因此计划应当是资源分配的基本决定者。但是，由于在目前技术水平还不够高和经济组织还不够集中的情况下，计划机构不可能搜集和处理所有必要的情报信息，不可能预见经济生活的一切变动，所以还需要市场来校正计划的缺陷，填实计划的细节，作为实现计划的工具。有些经济学家认为，在将来，由于技术进步的要求，生产单位越来越趋于联合化和一体化，企业规模愈来愈大，企业个数趋于减少，独立的商品生产者之间的交换将趋于减少，从而计划的作用将愈趋增大。但是，强调计划作用的人并不否认市场对经济所起的刺激作用，以及市场比计划能够更好地将消费者对商品品种质量的爱好和选择传达给生产者，使生产结构符合消费者的需求结构的作用。

比较强调市场作用的经济学者，更多地从满足消费者的需要是经济活动的最终目标这一角度出发，认为市场机制更适宜于完成这个目标，同时认为，对于有效地使用生产要素来说，与市场相比计划是极不完善的工具，因此应把这一任务交给市场去执行。他们主张在尽可能地接近完全竞争的条件下，由市场去分配资源和协调经济；而计划作为商品生产的不可分割的组成部分，它的主要任务是尽可能地保证市场有运转理想的条件，而不是干预市场发挥作用。只有在市场不能很好发挥功能的地方，或者它单独发挥功能所产生的结果不符合社会目标时，就要引进计划因素，以校正市场机制的缺陷。他们认为，只有当计划的目标不同于价值规律自由发挥作用的结果，并能改变自发运动的进程时，计划才是有意义的和有效的。

以上两种观点，尽管各自强调的方面有所不同，但看来都不否定另一方面。它们各自从不同的角度提出了社会主义经济中计划与市场相结合的问题。南斯拉夫经济管理体制的实践，也正是沿着不断完善市场与计划关系的方向向前发展的。

二、南斯拉夫计划与市场关系的历史演变概况

南斯拉夫自解放以来，经济计划管理体制以及计划与市场的关系，随着政治经济形势的发展，经历了一系列的改革，大体上可分为三个阶段：第一个阶段从1945年到1951年，实行苏联式高度中央集权的计划体制。第二个阶段从1951年到20世纪70年代初，实行由国家确定主要比例的分权计划体制。第三个阶段是进入70年代以来，实行自治计划体制。

第一个阶段（1945—1951年）实行高度中央集权的计划体制。

南斯拉夫解放后，从1945—1948年，先后在工矿、交通、银行、批发和零售商业、服务行业等部门实行了国有化，并按照苏联的榜样，建立了高度集中的计划管理体制。1946年南斯拉夫宪法规定，由国家用全局的经济计划来指导经济的发展。战后第一个五年计划包括的时间，是从1947—1951年。全国的生产、建设、流通、分配等一切经济活动，均由国家计划统一安排。国家计划基本上是直接计划，计划手段基本上是行政手段，计划目标具有指令性，企业必须执行，企业没有什么权力，市场不起什么作用。当时，联邦、共和国、自治省都成立了计划委员会，它们之间是领导和被领导的关系。各部门的经济活动由联邦设立的部局来管理。中央计划的商品，达16000种，要在165个部、几百个局和它们所属的8000个企业进行分配。6个共和国，2个自治省、360个区和7000多个公社人民委员会的计划需要，还排在后面。在这种计划体制下，"一切有关机构都被组织在一个社会金字塔中，决策由顶层作出然后贯到底层"。"这一体制的特点是社会

金字塔中较低层的计划决策受较高层的限制"，"集权式体制只能沿金字塔上下活动，各个经济单位之间的所有计划联系只能通过等级制的上层才能发生"①。

南斯拉夫同志认为，在战后南斯拉夫经济受到严重破坏，国家很穷的情况下，实行高度中央集权的计划体制，对于有效地利用匮乏的物资，保证经济的迅速恢复和发展，是必要的。但这种体制也有不少问题。据南斯拉夫的一位经济学家的分析，这种体制至少可以指出以下四个缺点：

第一，不能因地因事制宜。由于不同地区和不同经济部门的发展水平和社会化程度千差万别，不可能把它们都纳入一个整齐划一的计划中去。中央计划的统一性，掩盖了实际经济生活中的差别性。

第二，易犯主观主义。这种计划的最终形式是由最高计划决策人的决定提出来的。最高政治决策人的经验主义，他们的经济参谋们的不负责任，下级人员主动性受到压抑，再加上使用模型的任意性和对于重要经济活动计划的忽视，等等，所有这些都被隐藏在中央计划的权威性的程序之中。中央集权的计划体制是没有制度化的保证的，它往往受中央计划权威人士的政治上的专断和官僚主义的瞎指挥所摆弄，这种方式使计划者同被计划者之间的关系很紧张。

第三，容易产生因循守旧。在中央集权的计划体制下，合理的方法难以得到很好的使用，因为中央计划权威宁愿停留在政治家对宏观经济所作出的经验主义的决策的框框内，而反对按照任何成形的模式办事。

第四，这种中央计划不像人们想象的那样是无所不包的。它成为按照中央计划人员的兴趣预先挑选出来的变量和目标相平衡

① 《社会主义南斯拉夫的经济政策》，剑桥大学出版社1973年版，第45—47页。

刘国光

经济论著全集

第
3
卷

的内部封闭体系，而把一切他们看不中的经济活动除外。所以这种计划最可能隐藏中央计划人员的偏见。

南斯拉夫第一个五年计划执行了不到两年，因为同苏联关系破裂，就不能再继续下去了。外来的政治军事压力和经济封锁，对南斯拉夫造成了很大的困难。在这种情况下，不仅可以不必再模仿苏联那套高度集权的经济体制，而且这套体制本身的弱点也越来越暴露，越来越不适应于南斯拉夫克服外来压力造成的困难的需要。进入20世纪50年代以后南斯拉夫经济计划管理体制的改革，就是在这样的历史背景下开始的。

第二个阶段（1951年到20世纪70年代初）实行由国家确定主要比例的分权计划体制。

为了依靠群众，克服1948年"情报局决议"以来苏联施加政治压力和经济封锁所造成的困难，并鉴于中央集权计划体制的弊病，1950年南斯拉夫开始实行工人自治，扩大企业自主权。那些拟订计划和管理计划执行的联邦各部取消了，代之以编制和职权都大大缩小了的管理机构。1951年12月政府颁布了《关于国民经济计划管理的法令》，规定了年度计划的办法（五年计划自1957—1961年的第二个五年计划起才重新恢复），并开始实行所谓确定主要比例的新社会计划制度。在这种计划制度下，国家只规定国民经济发展的基本方针和主要比例，确定投资总额和投资的大致分配等，以调节主要的经济关系，不再为各企业规定详尽的指标。产品的产量、质量和价格，均由企业参照国家确定的主要比例，根据市场需要和本身利益，自行确定自己的计划，独立经营业务。用于扩大再生产的积累资金，1952年以前全部通过国家预算安排，以后一部分留给企业根据市场情况自行安排，但大部分仍作为联邦、共和国的基本建设投资基金，通过银行投放，但决策权在国家手中。20世纪60年代中期以后，权力继续下放，1963—1965年，取消国家集中的基本建设投资基金，转为银行贷款，加强了银行、企业对投资资金支配的权力，但联邦、共和国仍保留少数重点项目的投资权。在计划的组织机构上，联邦、共和国、自治省撤销了计委，成立了计划局，计划局不像以前计委那样是领导和管理经济的机关，而是研究国民经济的发展，为政府提供计划方案的专业性机构。

在这个阶段，南斯拉夫在改变计划体制的同时，大大加强了市场的作用。1950年实行工人自治以后，即开始废除先前实行的消费品的配给制和生产资料的计划调拨，过渡到完全自由的商品流通。1952年南斯拉夫政府又废除了农产品的征购制度，取消了"联系贸易"办法（农民按国家规定的联系贸易价格，把农产品卖给国家之后，取得按统一低价购买同他卖给国家的农产品同等价值量的工业品的权利），农产品由合作社和农民自由出售。1953年，南斯拉夫政府颁布了《外贸经营法》，允许本国企业独立经营外贸，并自由选择市场。

应该指出，在这一阶段以前一大半时期（以20世纪60年代中期为界），虽然采取了分权的措施，逐步实行了计划与市场相结合的体制，但国家对经济的控制权仍然是比较大的，特别是在扩大再生产的投资方面。这是为了便于控制主要比例，保证经济的协调稳定的发展；也是为了地区之间的平衡发展。当时国家控制了70%的产品的价格，对企业怎样利用资源也发生很大的影响。60年代初，由于经济发展速度一度下降，抵制分权的自治制度，要求增加国家对经济的干预的意见有所增长，争论比较激烈。但1963年制定的宪法和1964年南共联盟第八次代表大会，一再肯定了南斯拉夫发展的原定的基本方向。1964—1967年采取了一系列措施，沿着原定方向对经济进行了进一步的改革，其中主要包括：（1）通过减少对企业的税收和给企业的投资权来进一步扩大企业权限和限制国家对经济的干预；（2）调整价格，改变不合理的比价以改进生产和投资的结构；（3）通过第纳尔的贬值使南斯拉夫经济更紧密地与世界经济联结在一起，并促进南斯拉夫企业提高效率，等等。这次经济改革在经济决策权的更大程度的分权化和指引南斯拉夫经济沿着原定方向发展上取得了成功。这从下述数字可以看到：

		1952年	1961年	1965年	1970年
联邦和地方政府在总投资中的比重（现价）	%	78	61.8	36.5	15
实行价格控制的工业产品的比重	%	—	—	80	43
自由化的进口	%	—	—	—	80

据前述那位南斯拉夫经济学家的分析，在这一阶段的前后两个段落，计划体制的模式也是有所不同的，1951年、1952年，由过去的高度集权模式过渡到分权模式。1964年、1965年，又由分权模式进展到"多中心模式"。集权模式中的计划联系只是沿着社会金字塔上下运动，与此不同分权模式的主要特点：一是计划联系不完全是上下的纵向运动，而且在社会金字塔的底层各个社会主义企业之间嵌进了横向的联系，这是通过市场机制来实现的；二是联邦计划不再有指令性，对下层计划不给限制，计划的工具由行政的手段转为经济的手段，工人委员会根据企业集体的利益自主地制定计划，在完成自己的计划任务的同时完成社会计划的目标。在多中心的计划体制下，不仅可以有横向联系，而且顶层的中心也分为许多平等的决策中心，这样就形成一个矩阵结构，通过纵向联系（沿着区—共和国—联邦那条线）和横向联系（共和国—共和国；区—区；企业—企业）把所有计划决策者连接起来。在这个系统中任何一个计划单位都可以拟订自己的计划，重要的是所有的计划决策都要记录在矩阵柜架之中并通过制约与反制约而与整个矩阵取得协调。计划的效率取决于这些互相联系和投入与产出的配置方式的相互联系程度，取决于经济情报的数量以及在计划者与被计划者之间情报传递的速度和精度。

由国家确定主要比例的分权计划体制，对于南斯拉夫社会主义自治关系的发展，对于利用市场机制调动企业的积极性和增加经济的灵活性，起了积极作用。但是，在市场作用增强后，由于计划工作没有跟上去，国家计划的指导作用削弱了，在生产建设中出现了自发性和无政府现象，使国家计划规定的主要比例不能实现。怎样才能进一步发挥企业和职工的积极性，同时避免无政府状态，这是南斯拉夫计划体制中需要解决的一个根本性问题。

第三阶段（1971年以后到现在）实行以联合劳动为基础的自治社会计划体制。

1971年，南斯拉夫联邦议会通过《宪法修正案》，1974年通过《新宪法》，1976年通过《联合劳动法》。根据这些法令，绝大部分工矿企业、商业、农工联合企业逐步建立了各种形式的"联合劳动组织"。政权组织建立为"社会政治共同体"。利益相关单位的代表组成"自治利益共同体"。南斯拉夫的社会主义自治制度进入了一个新的阶段。在计划体制上，1976年联邦议会通过了《计划法》，实行自治社会计划体制。一方面，继续坚持权力下放和市场经济，进一步把国家投资基金彻底下放给联合劳动组织。法律规定：联邦、共和国、自治省等国家机构不应有自己的专门的基本建设投资基金（援助不发达地区基金除外），国家不再干预企业的投资和新项目的建设。另一方面，强调社会计划的指导作用，强调国家机关和社会组织通过政策、法令和各种其他经济手段指导经济的发展，把企业制定的自治计划和国家制定的社会计划联结起来。新宪法规定：各级国家机关"要通过条例和措施，用社会计划所规定的共同利益和发展目标，把联合劳动组织的特殊利益和独立活动尽可能地协调起来"。在这之后，南斯拉夫采取了一系列政策措施，加强了计划机构的职能，加强了对经济的计划指导，把市场调节和计划调节很好地结合起来，充分发挥两者的作用。

从上述三个阶段看来，南斯拉夫经济计划管理体制，以及计划与市场关系的演变，可以说是走了一个"之"字形的道路：第一阶段是排斥市场调节的高度集中的计划体制；第二阶段是市场机制的作用逐步增强，计划指导的作用逐步削弱；第三阶段是市场调节与计划指导并重。在谈论南斯拉夫经济体制问题时，国外和国内都有不少人认为南斯拉夫实行的是市场经济，说不上什么计划。看来这种说法是不确切的。有一位南斯拉夫经济学家告诉笔者说，他认为在前一阶段南斯拉夫的计划经济确实受到削弱，计划与市场在经济中作用的比例大约是四六开，即计划占40%，市场占60%。这些年南斯拉夫又加强了计划在经济中的指导作用，两者的比例大约为对半开，即各占50%。这位经济学家的说法当然是个打比方的说法，不是一个精确的衡量，但大体上表达出南斯拉夫的同志自己对于他们的经济中市场调节与计划调节的关系的看法。

三、南斯拉夫如何利用市场机制

在南斯拉夫的整个经济体制中，市场的地位和它的调节作用是比较大的。南斯拉夫经济学者伊凡·马克西莫维奇曾说："南斯拉夫的经济是建立在市场规律的基础上的，整个南斯拉夫经济应该叫作市场——计划经济，或商品——计划经济。"南斯拉夫非常重视市场机制的作用。南共十大行动纲领认为，市场是"证明某人的劳动是否为社会需要或为社会承认的唯一仲裁者"，甚至说，"否认市场就是保护官僚主义和技术主义"。1974年新宪法特别规定："南斯拉夫劳动者和大小民族在统一的南斯拉夫市场上实现其经济利益。"

南斯拉夫十分强调联邦境内市场的统一。宪法规定，"社会政治单位对保证南斯拉夫市场的统一负责"。宪法还对统一的南斯拉夫市场的基础作了规定：（1）在全国范围内，劳动和再生产资金的自由流动和联合，商品、劳务、科学成就和专业经验的自由交流；（2）统一的货币、统一的货币制度和外汇制度，共同的信贷制度，共同的货币、外汇和信贷政策；（3）对外经济关系的统一制度和政策、统一的关税和关税政策；（4）自由组成联合劳动组织，并进行自由活动；（5）生产、流通和社会劳动一体化的自治协议和社会契约；（6）社会计划指导经济发展和协调市场关系。只有根据联邦法令，才能限制国内的商品劳务的流通。任何非法阻止商品和劳务的自由交换，阻止劳动和资金的自由流动和联合，以及企图建立垄断的行为，都是被禁止的。

南斯拉夫充分发挥市场机构的作用，一个关键条件是企业具有商品生产者的自主权。企业不仅在组建以后在经营管理上有相当充分的自主权，而且企业（劳动组织）的组建本身，在法律规定的范围内也是自由的。企业（劳动组织）的创建人可以是联合劳动组织、自治利益共同体、地方共同体、各级社会政治共同体。公民为了就业的目的或满足某种商品劳务需要的目的也可以组建企业（劳动组织）。不管是谁创建的企业，在依法登记取得法人资格以后都具有平等的法律地位。劳动组织也可以将现有的企业合并或分解组成。

企业（各种劳动组织）组建以后，它们在市场上的活动具有非常广泛的自由。企业在经济上能否存在的标志，它们的经营成果的衡量尺度，是它们通过市场赚得的收入状况。因此它们在做出经营决策和发展决策的时候，必须具有充分的自主权。它们按照自己的财务能力和利益来制定计划，组织生产、买卖和提供服务。它们根据自己对市场行情的预测、国内市场的订货和国外协议，自主地决定生产什么品种的产品和生产多少产品。当然，企业和它们的联合组织应使自己的计划同各级社会政治共同体（区、共和国、自治省、联邦）的发展政策协调起来，还要同它们的协作生产者和产品购买者的计划协调起来。

为了使自己的计划适应市场的需求，做到以销定产，市场的研究就十分重要。南斯拉夫同志认为，计划的根本问题是市场，不了解市场，根本不可能做好计划。了解市场对企业是生命攸关的大事。因此，许多企业和经济组织都有专门研究市场的机构和人员，经常调查国内外市场情况，预测市场行情的变化。如克罗地亚共和国有一个糖果厂，有职工4000人，其中有40人专门调查研究国内外市场情况，以保证产品对路，保障消费者的利益。

在商品流通方面，南斯拉夫不但在消费品流通上早就取消了配给制度，在原材料、设备等生产资料的流通上，也取消了统一分配和计划调拨的办法，实行自由买卖。企业在生产上需要什么，就购买什么，需要多少，就购买多少；国内市场满足不了，就向国外市场订购。供销方式，多数是产需双方直接挂钩。通过企业间的供产销合同来保证。例如，使用斯梅德列沃钢铁厂生产的钢的用户，一年中凡超过6000吨的，都签订长期合同。除直接挂钩外，也有一部分生产资料的流通，是通过中间的商业企业进行的。南斯拉夫现在没有物资部或物资总局，但仍设有食品和工业品储备局，保证战备物资的储备；对正常生产和生活必需品，政府只管储备燃料（石油）和基本食品。

在建设资金的筹措方面，也利用市场机制，实行资金自筹，并充分发挥商业银行的作用。南斯拉夫各级财政预算中，都不包括企业基本建设投资。兴建一项基本建设工程，其投资来源是靠有关企业和单位共同筹集，主要有这样几个方面：

1. 从企业纯收入中提取的发展基金，企业之间可以相互投资或联合投资，在不发达地区，还有"支援不发达地区基金"。

2. 商业银行贷款。

3. 国外贷款，包括政府贷款、银行贷款和商业贷款。

4. 有的项目还使用个人投资或发行公债。

南斯拉夫自1949年以来，政府、企业、银行投资比例变化很大。在总投资中，政府投资的百分比急剧下降，而银行、企业投资的百分比增加很多：

年份	政府投资/%	经济组织自筹投资/%	银行投资/%
1949—1952	98.2	1.8	0
1953—1956	72.5	27.5	0
1961	61.6	37.4	1
1966—1970	16.0 （不属经济投资）	37.0	47.0

从基本建设投资的最终来源看，以1976—1980年五年计划数字为例，全部投资中有58%属于企业投资，10%来自非生产领域和各级政权，9%是国外借款，23%是居民储蓄。

联邦只掌握支援不发达地区资金。其来源也不是国家预算拨款，而是按社会产值的一定百分比（0.93%~1.97%）从企业抽取，集中起来通过银行贷款方式向需要的地区投放，条件要比一般贷款优惠。

投资资金由国家财政的无偿拨款改为银行贷款和企业自筹，促使企业从切身利益上关心投资的成效。这方面的积极作用是主要的；但也有消极的一面，表现为企业片面地追求赚钱多的生产投资，这也会导致重复建设、重复生产，造成浪费。所以近年来南斯拉夫又注意从计划调节方面来对投资加以协调和引导。

与资金供给的市场化相适应，南斯拉夫金融体制也不断贯彻自治管理的原则，实行银行经营管理的分散化。现在，南斯拉夫已不是单一的国家银行体制。国家银行（南斯拉夫人民银行，包括各共和国及自治省的人民银行）已成为名副其实的中央银行，它是发行的银行、政府的银行和银行的银行。它主要通过市场机制（如保管商业银行的法定准备金并调整其准备金比例，对商业银行进行票据再贴现等）来调剂全国的货币流通和维持商业银行及其他金融机构的清偿能力。企业可以根据自治协议自由开办商业银行；银行可在全国任何地方开设分支机构，资金可以在全国自由调拨，企业可自由选择银行；银行也可自由选择客户；除外汇业务须经特许外，商业银行可以从事所有的一般银行业务；银行放款不受地区和对象限制，主要看贷款申请者的清债能力和赢利率如何而定；禁止行政干预银行业务，不许社会政治团体作为银行的创办人；等等。

南斯拉夫在1971年以前，曾实行过固定资产税制，这种办法，当时对促进企业有效地使用固定资产，起了一定作用。但是，由于企业的经营条件不一样，因此，固定资产税率也不可能划一，要根据不同情况予以减免。所以，经济部门固定资产的平均税率，1965年只有2.8%，这样低的税率，对企业的刺激不能起多大作用。同时，这种办法不利于技术进步，因为企业添置设备，增加固定资产，就要多纳税。所以，随着投资权力的下放，企业支配投资权力扩大，用银行信贷来代替国家对企业的无偿投资后，南斯拉夫就决定取消了固定资产税。但随着银行作用的扩大，银行有可能成为一种独立的金融资本，对企业进行控制。银行、地方和企业领导人有时还会相互勾结，进行地方主义的投资。所以，如何在自治体制下完善银行的作用，还有待于进一步解决。

在价格形成方面，从原则上说，市场是价格的自由调节者，但这种自由是有条件的自由。从1971年开始，国家一般不再直接规定物价，而是间接地施加影响，国家只定出形成物价的各种条件，根据这些条件形成物价。同时，通过社会协议和自治协议，把国家制定价格的权力交给劳动组织。一些不能在市场上起决定作用的产品价格，如纺织品，可以自由定价。有一些产品的价格则必须签订协议，其中有些必须经联邦物价局批准，有些不必批准。概括来说，南斯拉夫价格形成的方法，有以下几种：

1. 自由定价。这类产品约占工业部门产品的33%，其范围包括：精制食品、罐头、水果汁、肉类制品、摩托车、自行车、化妆品、玩具、糖果（不包括白糖）、酒、饮料等。

2. 在同行业生产者共同协议基础上自由定价。这类产品占工业品22%，包括：全部的纺织品、皮革、鞋、家具、橡胶制品。

3. 必须签订自治协议，而且需要经过联邦物价局批准。这一类产品占工业产品约17%，包括：汽车、卡车、农机、化工、黑色冶金、食糖、食油等。

4. 由生产者、消费者和联邦执委三方面签订社会协议，规定长期的定价标准，根据世界市场行情变化而上涨或下调，几个月自动调整变化一次。这类产品占工业品约20%，主要包括有色金属如铜、铝、锌等与世界市场关系较大的产品。

5. 受联邦执委会直接控制的价格。这类产品所占全部商品的比重逐年减少，1972年占60%，1978年占10%，包括煤、石油和石油制品等。

6. 农产品中，小麦、玉米、大米、向日葵、油菜籽、甜菜、烟草、棉花、皮毛、牛奶、肉类（猪、牛、羊和家禽）价格受政府直接监督，由联邦规定统一的收购价，零售价由各共和国自定。各种小面包、点心、鱼、蔬菜、水果等，则由生产者自由地根据供求关系定价。

以上几种价格形成办法，不是一成不变的。每年主要根据当时市场的具体情况进行必要的调整，如原来自由定价的产品可以转入协议定价，或者相反。产品定价的原则，主要是按照社会平均必要劳动量，兼顾各部门和技术水平不同企业的利益和对人民生活水平的影响、并考虑国内的供求关系决定对不同部门的发展政策。定价时还要参照世界价格。政府的税收和信贷政策对价格的形成也有直接的影响。

在劳动力的安排上，南斯拉夫经济理论中一般不把劳动力看成是商品。但在实际中，允许劳动力（包括技术人员）在企业之间、城乡之间、地区之间自由流动，甚至可以出国找工作。企业所需劳动力和劳动者谋求职业，一般通过职业介绍所的介绍，自由择业，择优录取，条件是原单位在一个月内不提异议。对于劳动力流动的必要控制，不采取行政的法律的办法，而采取经济的办法，如调整工资，实行本企业连续工龄津贴，改善农村和小城镇的生活条件、劳动条件、交通条件等。有个时期，南斯拉夫曾就保证充分就业和提高劳动生产率的矛盾问题进行了讨论。得出的结论是，就业是个社会问题，必须重视；但如果为了保证充分就业就乱增加就业，从而降低了劳动生产率，那也是不符合社会利益的，因为从根本上说，只有提高了劳动生产率和发展了生产，才能逐渐创造充分就业的条件，否则就会阻碍生产的发展。现在南斯拉夫经济发展水平，仍不能保证充分就业，1978年在职业介绍所登记的待业人员有70万人，但其中有三分之一的人不是真正无业的，里面有的是在农村种地的，有的是应届毕业生预先登记找工作的，有的本来就有职业但想换个更好的位置，有的要从国外回来预先登记的，等等。另一方面，由于专业不对路，或者只愿留在大城市不愿到条件差的内地去工作，或者不愿搞蓝领工作只愿搞白领工作等等。各经济部门有20多万个工作岗位空着找不到人，主要是制造业缺工人。为解决这一问题，需要对待业人员进行专业的再训练，并调整某些行业的报酬。

从以上所述可以看出，南斯拉夫利用市场机制的范围是相当广泛的，包括商品的供销、资金的借贷、价格的调整、劳动力的供求等等，都在相当大的程度上利用市场机制来进行调节。

有市场，就有竞争。利用市场机制，就是意味着允许企业之间互相竞争。南斯拉夫市场竞争情况，可以马其顿共和国的斯科普里"商业中心"为例，这个"商业中心"是个大型商场，全国各地有200多家工厂企业都在这里设有门市部推销商品，同一种商品有好几家经营，质量、品种、花色不一样，价格也不一样，任凭顾客选购。这种情况在各大城市的商业区到处可见。在建设方面，工程的设计和施工，一般都采取投标办法。一些工厂的经理说，他们的商品不但在国内市场要有竞争能力，更主要的是在国外市场上也要有竞争能力。南斯拉夫经济学家认为，通过市场竞争，可以促进产品价廉物美、品种多样，这比任何计划指标和行政命令更为有效。伊凡·马克西莫维奇把竞争提到战胜资本主义的高度，他说："社会主义要战胜资本主义，必须生产出更多更好的产品，这就离不开竞争这一手段。社会主义竞争和资本主义竞争的根本区别，是在市场上出现的经济主体不同，这反映了社会主义生产关系和资本主义生产关系的不同。"

南斯拉夫根据自己的历史经验，一方面充分发挥市场机制作用，另一方面反对盲目崇拜市场的思想。1973年6月公布的《南共十大立场和决议的行动纲领》指出："那种认为市场将自然而然地、自动地保证物质发展，排除结构失调，适当分配积累、保证经济活跃、稳步发展的想法，只是幻想。"因此，南斯拉夫十分注意加强对市场的计划调节和指导。

四、南斯拉夫的经济计划管理

南斯拉夫的市场不是像资本主义制度下那样分散的、盲目的、无政府的市场经济，而是在以社会所有制为基础的社会主义自治制度下面的一种特殊的市场经济，是一种严格的管理体制。

南斯拉夫的整个经济体制是，既要充分利用并发挥商品生产和价值规律的作用，又要加强计划的指导作用，把市场调节和社会计划的指导有机地结合起来，计划和市场两者都同样具有协调的作用。铁托在1974年召开的南共联盟十大的报告中指出："在目前条件下，我们必须真正重视市场和市场规律，包括国际市场行情，因为市场是发展的协调者。但我们不能使整个发展问题，尤其是发展关系问题放任自流。我们在重视生产的客观可能性、需求和规律的同时，必须通过在自治基础上制定和计划指导发展，协调社会再生产的基本关系。"南斯拉夫认为，计划要遵守市场的客观规律，利用市场规律，发挥市场规律的作用，同时计划又规定市场起作用的范围，限制市场的消极因素。南斯拉夫对整个社会经济生活的计划指导与监督，有以下几个方面：

（一）计划协调

南斯拉夫的计划制度叫作社会计划体制。社会计划体制的基础是在1974年通过的新宪法和1976年通过的《南斯拉夫社会计划体制基础和社会计划法》中奠定的。社会计划法详细规定了社会计划的目的，各级组织在计划工作中的权利、义务，计划的种类、编制程序和方法等。

社会计划有两种：一是各种自治组织（如基层劳动组织、联合劳动组织、自治利益共同体等等）；一是各级社会政治共同体（即联邦、共和国、自治省、区等各级政权组织）。计划工作是所有这些组织的权利和义务，他们通过签订自治协议和契约、编制计划和采取执行计划的措施和行动，来实现这些权利和义务。

计划的种类包括：（1）长期计划（十年或十年以上）。这种计划规定社会经济发展一般的指导原则，发展的长期目标和方向，社会生产力结构的变化和社会自治关系的发展。长期计划是制定中期计划的基础。（2）中期计划，即五年计划，是社会经济发展的主要计划。这种计划规定社会的、经济的、文化的以及其他共同发展利益、目标和任务和为实现这些利益、目标和任务所需要的共同的社会经济政策和手段等等。各级政权的中期计划要保证整个社会经济发展的物质比例的协调，特别要保证生产资料生产和消费资料生产的协调。

为了保证社会经济发展的协调一致，计划法规定了编制计划的同时性原则和连续性原则。同时性原则指的是：一切社会计划的承担者在其权利和义务范围内，同时准备、相互协调和制定计划。连续性原则指的是计划工作中的瞻前顾后，保证时间上的衔接。根据这两个原则，在实施中期计划期间，一切社会计划的承担者都应当经常地（至少一年一次）分析中期计划的执行情况，根据中期计划提出的目标和任务，确定下一个计划年度的具体任务和为下一年度作出采取相应措施的方针，以执行中期计划。各级政权每年都要通过实施中期计划的年度政策决议，在政策上提出指导性意见。通常，联邦执委会每年5月31日向联邦议会提出南斯拉夫中期社会计划执行情况的报告，同时提出对来年发展的估计以及执行该年社会计划所应采取措施的设想建议。在考虑了联邦议会和各共和国自治省的意见后，联邦执委会在10月底把关于下一年实施中期社会计划的政策决议草案，并附以措施建议，提交联邦议会，11月间讨论通过。至于五年计划的拟订，一般是在计划期前两年半开始准备，前一年的4月把计划草案提交议会，年底以前通过。可见，计划拟订工作是很及时的。

各种自治组织和各级政权的各种计划包括时期的起止，以及计划准备工作的开始时间，都由联邦议会根据联邦执委会的建议统一规定。联邦执委会还为各种自治组织各级政权在准备、制定和执行计划中规定必须遵守的统一方法和最低限的统一指标。在这方面，它要同各共和国、自治省的权威人士合作，并同南斯拉夫经济协会和总工会协商。

各个自治组织和各级政权组织的计划的拟订和执行既是独立自主的，又是互相协调的。上面的计划对下面没有指令性，下面的计划也不要上面审批，而是由各自以权力机构讨论通过，如联合劳动组织的计划由工人委员会通过，各级政权的计划由议会通过。只有各级政权的议会在宪法规定的范围内有权对基层劳动组织和其他自治组织提出工作任务。各级社会政治共同体和国家权威机构的一项特殊的权利和责任是：规定适当的调节手段和措施，以保证计划的拟订、协调和实施。

计划的拟订过程，主要是在各自治组织之间、各上下级之间进行协调的过程，为了防止社会经济的发展中出现混乱，为了保障各单位和所有劳动者的平等地位，尤其是在获得收入方面的平等，为了实现按劳分配和相互支援的社会主义原则，提高整个社会的劳动生产率，以及为了实现共同确定的经济政策，这种计划协调是必要的。这种协调是通过签订自治协议和社会契约来完成的。自治协议是各经济单位之间在产供销等问题上联合资金、交换劳动的经济合同。社会契约是各级政府机构、经济联合会、社会政治组织和有关经济单位签订的范围比较广泛的有关共同利益的合同。计划协调工作，首先是在联合劳动组织内各个基层组织之间进行，然后在联合劳动复合组织一级内所属联合劳动组织之间进行，同时，在利益相关的联合劳动组织之间也要进行协调。就这样，要解决的问题涉及哪一级，就在哪一级的范围内进行协调，直到联邦一级。

除了一般的自下而上地计划协调外，有些全国性的重点发展问题，也可以自上而下地进行协调。例如，南斯拉夫原来进口食糖，为了解决食糖自给节省外汇，就要加快糖业的发展。政府为此采取了一系列奖励政策，联邦邀集各有关共和国、农工联合企业、榨糖设备的制造厂、投资银行、科研机构等单位，由经济联合会主持开会协商，谁有兴趣承担与发展糖的生产有关的义务，就参加签订社会契约。通过这些办法，现在食糖已自给有余，并有一部分出口。

在计划协调过程中，经过反复协商，一般可以达到一致意见。但有些问题有时达不成协议，如果是共和国范围内的问题，就由共和国执行委员会和议会出面解决。涉及全国利益的问题，先由几个共和国执委主席一起协商，然后在联邦议会各共和国代表之间讨论。如果有的问题还达不成协议，再提请最高的联邦主席团讨论解决。

总之，通过计划协调，在自治协议和社会契约的基础上，各经济单位和区、共和国、联邦分别定出各级计划。这样制定出的计划虽然费事费时，但却扎实。这样，各级计划的联系，就不是通过从上而下的行政指令，而是通过层层协议来完成。各经济单位完成了协议契约规定的义务和本单位的计划，同时就为完成地区和联邦的社会计划尽了自己的义务。应该指出，各经济单位、政府机构签订的自治协议和社会契约，有法律上的效力，不能单方面修改或废除，完不成协议和契约所规定的义务的单位和个人，依法受到罚款等制裁。

（二）发挥经济政策的指导和调节作用

为了保证社会经济的协调发展，使社会计划规定的目标能够实现，南斯拉夫在运用计划协调的同时，还十分重视经济政策的指导作用。主要的经济政策有物价政策、税收政策、关税政策、信贷政策、投资政策、收入分配政策等。国家通过各种经济政策，来调节各方面的经济利益关系，鼓励那些社会急需的产品的生产，限制那些社会不需要的产品生产的发展。例如，为了优先发展电力、黑色冶金、食品等工业和交通事业，各种政策都给它们开绿灯。对这些生产事业，减免所得税；引进新技术设备时，减免关税；资金不足，给予优惠贷款；调整这些部门的价格，使其有利可图；等等。又如，南斯拉夫是多民族国家，不发达地区面积占全国的2/5，人口占1/3，为了避免按市场原则安排投资，造成投资偏集于工业发达地区，为了工业的合理布局，使各地区的经济均衡发展，联邦特别规定了支援不发达地区的政策。又如，为了减少外贸逆差，促进进出口平衡，在外贸方面采取了奖励出口限制进口的政策。为了奖励出口，对商品、劳务出口所得外汇实行分成。为了限制进口，从1979年起由联邦外贸秘书处统一批准商品的进口条件和方式，以加强计划性，又如在价格政策方面，为了正确处理各个方面的关系，采取多种定价原则，主要是按照社会平均必要劳动量，并参照平均利润率

$$\left(\text{或一般收入率} = \frac{\text{实现的总收入}}{\underset{\text{生产资料}}{\text{企业拥有的}} + \underset{\substack{\text{动量即新创造的价值}}}{\text{物化在产品中的总劳}}}\right)$$

定价，兼顾技术水平不同的部门和企业的利益；同时参照供求关系定价，以调节供需；还参照国外价格定价，以调节进出口贸易，提高本国产品在国际市场上的竞争能力。他们强调按质论价，优质优价，劣质低价，不断调整各种商品之间的比价。对主要商品价格实行社会监督，其中80%由联邦物价总局管理，20%由共和国物价局管理。由于采取浮动价格政策，消费品价格水平不断提高，但在收入政策上，容许工人收入增长速度比物价上涨的更快，所以南斯拉夫虽然存在着通货膨胀，但是职工的实际收入水平还是很高的。

（三）加强经济法治

这是南斯拉夫对千百万个商品生产者的分散的经济活动进行管理的一个重要手段。不论什么经济活动，包括生产、流通、分配等，都有法律作为依据和准绳。不论生产组织、政治组织还是政权机关，在法律面前，都是平等的。有关经济的法律很多，除宪法有关经济方面的条款外，主要的经济法令有《联合劳动法》《社会计划法》《银行法》《社会簿记法》《统计法》《自治协议和社会契约法》《外贸法》《货币信贷法》《外汇法》《扩大再生产投资法》《价格社会监督法》等。

1974年通过的新宪法和1966年通过的《联合劳动法》，保障了劳动人民享有掌握作为社会所有制的生产资料，直接管理

生产、交换、分配和消费的民主权利，规定了他们对社会，对集体应尽的义务和应负的责任，同时还强调了各个领域里的统一行动，例如宪法规定了统一的联邦社会计划，统一的南斯拉夫市场等。

除联邦议会通过统一的法律外，各共和国、自治省还根据联邦的法律，结合本地区的具体情况，相应地制定本地区的各项法令。司法制度也很严密，除检察院外，全国设有五种法院，即宪法法院、普通法院、军事法院、自治法院和经济法院。自治法院又包括联合劳动法院、仲裁法院、调处法院、民选法院和其他为了解决个别纠纷而设置的临时性的法庭。凡在执行自治协议或社会契约方面发生的纠纷以及有关自治的社会经济关系的一些纠纷，都分别由各类型的自治法院调处。各共和国的经济法院审理有关经济合同的纠纷，审理自治共同体、社会政治共同体之间的经济纠纷。市场上不正当的竞争和垄断等问题，并惩办和制裁犯有经济罪的人。法律规定，凡违背经济法律条款的，都要处以罚金，对犯经济罪的劳动组织，除罚金外，还可以禁止它进行一定的经济活动，公开宣布对该劳动组织的判决；对于个人，则可规定其在若干年内不得从事他所犯经济罪时从事的活动。

由于立法司法都很严密，各单位的经济活动如果违法就要受到处分，影响本单位的经济利益，所以，许多企业和机关，都有专职的法律工作人员，经常研究本单位的活动是否符合国家法令。大学文科毕业生中，除经济专业外，学法律的最受欢迎。据说，仅贝尔格莱德大学的法律系，就有几千名学员。上述专门的经济法院，1977年南斯拉夫有44个，有专门的经济法官452人，专门的经济陪审员549人。足见南斯拉夫对经济法治的重视和经济法治在经济管理中的重要地位。

（四）群众监督和社会监督

这是南斯拉夫管理经济的一个主要手段，也是社会主义自治制度的一个重要内容，对企业经济活动的监督，首先是通过工人自治组织即工人委员会来进行的。联合劳动基层组织以及其他经济单位的协议、契约和计划，都要经过工人大会或工人委员会讨论通过。如果计划不讲经济效果，不符合工人群众的利益，就要推倒重来，计划人员和企业经理有可能因此而被撤换。工人委员会还专门成立一个工人监督委员会，与社会簿记机关等单位合作，监督企业的各项经营活动。由于企业经营的好坏与职工的切身利益息息相关，广大群众经常主动地关心和监督企业的经营情况。在地方共同体里，组织了顾客委员会，代表消费者监督市场物价和商品供应情况。

其次，社会政治共同体组织对企业的经济活动进行监督。如果联合劳动组织中，自治关系受到重大破坏时，或社会利益受到严重损害时，或该联合劳动组织不执行法律规定的义务时，社会政治单位的议会有权采取包括解散联合劳动组织的工人委员会的措施，以保护自治权利和社会财产。对各级议会负责的机关，都负有对自治经济的监督义务。

南斯拉夫还有各种社会监督制度，如物价的社会监督、统计监督、社会簿记监督等。在物价监督方面，如前所述，对主要商品价格实行社会监督，提价要经过联邦或共和国物价局批准。物价局对《价格法》的贯彻执行进行监督，包括用冻结物价、未经许可不准涨价，规定某些农产品的最低保证价格等办法，进行直接监督。其余商品实行自由价格或协议价格，协议价格要备案，超过一定幅度要受到干涉，等等。在统计监督方面，各级统计机构原来是受各级计划机构领导的。后来为了保证统计工作的科学性，不再受计划机构领导，改由政府直接领导。它们不仅为编制

南斯拉夫的计划与市场

111

计划和检查计划执行情况提供统计资料，而且为研究单位、基层组织提供资料，并广泛公布统计资料。在全部统计资料中，大部分是公开出版的，一小部分是提供给社会经济研究部门使用的，只有5%是不公开的，仅向领导提供的。广泛地公开统计资料，是他们对自己的经济有自信心的表现，是对人民群众负责的表现，也是整个自治制度的不可分割的一项措施，因为，只有广泛地向基层提供资料，广泛公布统计资料，才能使人民群众及时地全面地了解国民经济的真实情况，他们才有可能在各级自治组织中履行自己的自治职能和民主权利。

五、南斯拉夫的社会簿记监督制度

在南斯拉夫为加强对经济的计划管理而建立的一系列社会监督制度中，社会簿记机关占有特殊重要的地位。南斯拉夫的社会簿记机关，是统一管理和监督全国财务活动的专门组织，是世界上其他国家所没有的。

社会簿记机关，起初是1959年在人民银行内部设立的一个职能机构，1963年从银行分离出来，成为一个独立的机关。它的工作范围十分广阔。从工厂矿山、农业企业到商业、银行等事业单位，从经济单位到各级党政机关、群众团体，它们的资金来源、分配和使用，都是簿记机关监督的对象。簿记机关通过对财务活动的监督，了解和掌握企业的经营管理和整个经济的发展情况，实际上把原来属于财政、银行和统计部门的一部分业务集中了起来，成为观察全国经济活动的一个灵敏的耳目。它是领导机关制定和实施国民经济发展方针政策和计划的一个重要的参谋部门，也是为所有自治组织服务的机构。马克思和列宁都十分强调簿记工作对组织和管理社会主义经济的重要意义。马克思指出："在资本主义方式消灭以后，但社会生产依然存在的情况下，价值决定仍会在下述意义上起支配作用：劳动时间的调节和社会劳动在各类不同生产之间的分配，最后，与此有关的簿记，将比以前任何时候都更重要。"①列宁曾多次强调指出，无产阶级夺取政权以后"有决定意义的事情"，是"建立最严格的全民计算和监督"②。列宁在谈到大银行的作用时还指出："这是全国性的簿记机关，全国性的产品的生产和分配的计算机关，这可以说是社会主义社会的一种骨干。"③在十月革命初期，苏维埃俄国曾经着手实行过这种全面的计算和监督。但由于种种原因，这种办法后来未能全面实施。

南斯拉夫实行的一套社会簿记制度，把马克思、列宁有关社会主义簿记的光辉思想，同他们本国的实践结合起来，创造性地提供了一个范例。这一制度已经成为整个财经管理制度的一个不可分割的部分，越来越显示其重要作用。

（一）社会簿记机关的沿革和组织

南斯拉夫联邦议会先后颁布过几次《社会簿记法》，对这个机构的组织形式、性质和任务作了详细的规定。最早的《社会簿记法》是在1959年颁布的，决定在人民银行里单独设立一个机构，专门对社会资金的分配和使用情况，对工厂和企业是否履行社会义务等，进行统计和监督。1962年，修订了《社会簿记法》，进一步赋予这一机构：以"独立执行职能"的权力，并让它逐步承担起主管全国支付流通的业务。

1963年制定的南斯拉夫联邦宪法，正式确认社会簿记机关是一个"统一的机关"，并首次提出它也要对各种自治机构和各级政府的财务进行监督。与此相应，南斯拉夫颁布了第二个《社会

---

① 马克思：《资本论》第3卷，第963页。
② 《列宁选集》第3卷，第499、311页。
③ 同上。

簿记法》，规定社会簿记机关"具有法人的地位"，可依法制定自己的章程，直接地向联邦议会报告工作。这样，社会簿记机关就完全从银行中分离出来，并且拥有对银行和政府机关的财务活动进行监督的职权。

此后1971年南斯拉夫宪法修正案又明确规定，社会簿记机关行使职能的原则由联邦议会确定。1972年通过的第一个《社会簿记机关法》，对它的组织和职能又作了详细的规定。1974年通过的新宪法根据在社会主义自治制度下实行联合劳动的原则，又用专门条款对社会簿记机关的职能，作了法律上的规定。1976年底联邦议会又通过了新的《社会簿记机关法》，以贯彻新宪法和《联合劳动法》的精神，使社会簿记机关的组织形式和职能更加完善和充实。

南斯拉夫社会簿记机关由联邦社会簿记总局、共和国和自治省社会簿记局组成。1978年，全国约有100个分局，300个支局。工作人员22000人，占全国人口的0.1%，占全国就业人口的0.4%。在社会簿记总局内部，设有管理委员会，其成员有总局局长和各局局长，还有议会、共盟、社盟、工会和经济联合会等组织的代表。各共和国、自治省簿记局也有类似的管理委员会。委员会定期开会，就一些重大问题，例如簿记局的章程和工作计划、向议会的工作报告等，进行协商。成立管理委员会的目的，是为了加强各方面的配合，广泛听取意见，不断改进簿记工作。同时，各局还设有由各界代表参加的"社会监督委员会"，以听取各方面的意见，接受广泛的社会监督。

南斯拉夫的社会簿记机关，有两个主要特点：一是独立性。这个机关不是政府的管理机构，而是直属议会领导的一个社会监督组织。它的总局局长和各局局长分别由各级议会任免，直接对议会负责。各级政府机关和社会政治组织，可以向社会簿记机关取得各种经济资料和分析报告，并且对它的工作提出要求和意见，但无权直接对它指挥。而社会簿记机关则依法有权对他们的财务活动进行监督。社会簿记机关具有这种独立性，是十分必要的。这可以保证它不受各种社会的、政治的因素所左右，从而有效地行使自己的职能，客观地反映实际情况。二是统一性。总局、局和支局之间，行政上不是领导和被领导关系，它们分别对同级议会负责和报告工作。但是，在业务上，是垂直领导的。法律规定，在涉及全国性的问题上，各级社会簿记机关不论在工作程序和工作方法方面，还是在规章制度方面，都必须是统一的。各共和国、自治省的簿记局以及所有分支机构，都必须按照联邦社会簿记总局提出的方针和各项规定，密切配合，统一行动，不能各自为政，各行其是。南斯拉夫同志认为，坚持这种统一性，对于全国实行统一的财政制度，保持全国统一的市场，具有十分重要的意义，社会簿记机关同计划机构、统计机构和银行之间存在着密切的工作关系。它们互相提供资料。簿记局的统计资料是以货币表现的，统计局的统计主要是以实物量表现的，人民银行统计外汇收支。这三方面的统计资料，为各级计划部门编制计划提供必要的依据。

社会簿记机关的经费，一般是依靠收取服务费用来解决，其中70%是来自联合劳动组织，27%~28%是来自社会政治组织，2%~3%是来自联邦政府机构。

（二）社会簿记机关的任务和职能

社会簿记机关的任务，是对全国的财政活动进行全面的、严格的监督，主要有以下五个方面的职能。

1. 办理全国的支付流通业务。社会所有制的一切企业、事业单位，银行、政府机关和社会政治组织，都必须在社会簿记机关开立"支付账户"；它们的全部支付流通（包括现金和非现金）都必须通过社会簿记机关转账和结算。据统计，1977年全国共完成4.74亿个支付委托通知单的转账业务，完成的支付流通总金额为7360亿第纳尔。

2. 登记和统计经济财务活动。通过办理支付业务、查账、检查企业的预算和决算、定期普查投资情况，了解经济银行的存款和信贷账目以及各级政府的预算收支等。这些社会所有制单位的账目每三个月结算一次。除了给社会簿记局提供会计数字外，还要按规定要求提供报告。通过登记和统计，南斯拉夫簿记机关把全国15万个社会所有制单位的财务账目全部掌握起来，并及时整理分析、发现问题。

3. 通报经济情况。就是定期把统计资料、情况分析报告和发现的问题通报各单位、各组织、党政机关，使它们了解本单位和有关单位以至全国财政经济情况，及时采取措施，解决存在的问题。通报的种类，有日报、旬报、月报、季报、半年报、年报等。各级社会簿记机关向基层单位通报的材料，主要包括企业的经营领导和资金管理情况，营业伙伴的支付能力，以及是否按期履行自治协议和社会契约等。他们还为基层组织提供同行业主要企业20个项目的对比材料，以便企业与同行业其他企业进行比较，找出差距，提出改进措施，不断提高经营管理水平。与此同时，社会簿记机关还定期向各级议会、党政机关提供统计资料和分析报告，主要是积累和消费的比例，对外贸易和经济合作，社会计划等方面的情况。

4. 监督和检查社会资金的使用情况。这是社会簿记机关的一个十分重要的任务。监督和检查的主要方面：一是各单位的资金来源和使用是否合法；二是投资有无资金和物资保证；三是是否按时依法履行各种财政义务；四是有无清偿能力；五是进行的支付是否合乎法定的手续，账目和结算是否准确、合法。此外，社会簿记机关还要监督银行的信贷业务活动。

监督和检查的方式有两种。一是预防性监督，主要是经常宣传经济法律，督促各企业自觉地依法营业，同时，在簿记机关内部根据现有的各种账目和统计材料，对有关单位的财务进行审核。二是现场检查即根据审核所发现的疑点，或者根据社会上各种组织和工人群众的检举控告，派检查员对涉嫌单位和个人进行检查。全国有1500个专职的检查员，他们代表社会簿记机关，按统一法令、统一政策、统一标准，在自己分工的部门里，对有关单位进行现场检查。发现证据确凿的违法行为，属于一般性违章案件，由社会簿记局作出裁决，并限期纠正或采取拒绝支付，冻结资金等措施（如对方不服，可向法院上诉）。对于经济犯法和刑事犯罪案件，由于社会簿记机关不是执法机关，不能擅自处理，必须上告检察院和法院，由这些部门依法审理。据统计，1977年克罗地亚和马其顿两个共和国社会簿记局发现和受理检查的案件中，由司法部门判决的严重经济违法和刑事犯罪的案件占10%左右。凡属违法案件，不管哪种情况，社会簿记机关还要把案情通报有关单位的工人委员会及其工人监督机构，以利于工人进行直接的监督和检查。

南斯拉夫的计划与市场

5. 代理外资监督业务。过去，外商对他们投资的企业，可以直接派人了解生产经营情况。现在，南斯拉夫同外商签订契约时就规定，他们需要的有关材料，由社会簿记局负责提供，并收取服务费用。这种办法，保证了国外借款的有效使用，防止了外商对南斯拉夫内部事务的干预。

（三）社会簿记制度的作用及其取得成功的条件

在南斯拉夫社会主义经济的发展中，社会簿记制度起了很大的作用，概括起来，有以下两条：

一是实行社会簿记制度，有利于保卫社会所有制。通过社会簿记机关的全面统计和监督工作，可以有力地打击违法乱纪、贪污盗窃、投机倒把等行为，保证经济发展的社会主义方向。列宁曾经尖锐地指出："如果对产品的生产和分配不实行全面的国家计算和监督，那么劳动者的政权，劳动者的自由，就不能维持下去，资本主义压迫制度的复辟，就不可避免。"①

二是实行社会簿记制度，还有利于社会经济健康地协调地发展。由于簿记机关的监督与帮助，促使各个经济组织合理地使用资金，提高经营管理水平和经济效果，还促使他们完成合同规定的义务，使各个方面的发展按照计划的要求相互衔接。同时，在簿记机关提供有分析的经济情况通报的基础上，可以及时地发现问题，采取措施，协调各方面的发展。所有这些，保证了社会经济有计划按比例的发展和社会劳动（包括活劳动和物化劳动）的节约。

南斯拉夫的社会簿记制度，为什么能够不断取得成效，成为社会主义经济发展中的一个重要因素？初步分析，有以下几个原因。

1. 有广泛的群众基础。在南斯拉夫，由于实行工人自治，企业经营的好坏同工人的切身利益有密切关系，工人非常关心，十分认真地监督企业的各项经营活动。社会簿记机关的监督工作，得到工人群众的积极支持和工人委员会的密切配合。工人不仅经常主动向簿记机关反映情况，而且欢迎簿记机关到企业检查工作。在讨论和审查企业经营活动情况时，还请簿记机关派代表来作证并提供详细材料。正是由于它有这样广泛的群众基础，社会簿记机关才会有旺盛的生命力，发挥重要作用。

2. 有严格的经济立法。如果没有严格的立法，是非没有标准，或者凭着首长说了算，首长的说法又前后变化，那就很难有什么有效的监督。由于注意法治，经济立法完备，社会簿记机关在监督中，可以按照法律规定的统一的是非标准，对经济行为是

① 《列宁选集》第3卷，第506—507页。

否合法做出正确的判断。特别应当指出的是，南斯拉夫规定不论生产单位、管理部门，还是党政领导机关，如果不接受社会簿记机关的监督，都要受到相应的处分。联邦议会颁布的《社会簿记机关法》规定，各经济单位和有关人员，如果泄露其他单位的营业秘密，不准社会簿记机关人员进行检查，不在限期内纠正非法活动和错误等，要给予罚款和停职处分。例如违法企业不在社会簿记机关的限期内采取纠正措施，要罚款1万~30万第纳尔（约合人民币1000~3万元），而当事人要罚款1000~2万第纳尔，并由法院判处停职一年至三年。对各级政府机关人员更加严格，例如机关工作人员不按社会簿记机关的要求如期纠正非法行为和错误，不在限期内采取必要措施或者拒绝说明情况，均作为经济犯法而要罚款1万~3万第纳尔，如果这些人在一年内已受过两次以上的处分，则由法院判处禁止在这些机关中任职。

上述法令规定，在社会上树立了簿记机关的权威，有力地保证了它们顺利行使职能。

3. 簿记机关对干部的素质要求严格，内部纪律严明。《社会簿记机关法》规定，簿记工作人员必须严格按照统一法令、统一政策，按局长指示进行工作，对任何问题不得自作主张，随意处理。对于专职检查员，更是精心挑选，严格要求。检查员要政治可靠，没有犯过法受过处分，必须是大学或中专毕业学生，具有较高的专业知识，包括通晓法律，熟悉会计业务。检查人员在工作中必须奉公守法，不徇私情。如果发现检查员同被检查单位有不正当的私人关系，簿记机关就要立即把他撤离。检查人员如果不按法律和总局的方针政策办事，包庇经济违法行为，或者不按规定向企业和有关机关提供分析资料，则按情节轻重给予一定处分。由于社会簿记机关内部制度严格，纪律严明，有效地约束了工作人员的行动，大大减少监守自盗、包庇坏人坏事的现象，使簿记机关在社会上享有很高的威望。

4. 采用现代化的计算和通信技术。现在南斯拉夫约有15万个社会所有制单位。对这些单位千百万次的财务活动，簿记机关都必须一项一项地登记下来，并加以综合分析。要迅速地准确地完成如此浩繁的工作，单用手工操作显然是不可能的。因此他们积极采用电子计算机，努力使计算业务自动化。1977年各级簿记机关办理的支付委托通知单，有76%是使用电子计算机完成的。到1978年年底，在联邦簿记总局和一百多个分局中，有九十多个局实现计算自动化。

在发展社会主义商品生产、实行计划与市场相结合的经济体制的条件下，如何使一个个相对独立的社会主义的商品生产者的分散的自主活动，及时为社会所掌握所控制，并采取措施使之不离开社会主义的方向和国家计划的轨道，需要一套严密而灵敏的银行簿记系统的监督。南斯拉夫在这方面摸索了一整套比较成功的经验，是值得我们仔细研究的。

六、南斯拉夫经济发展的成就和问题

南斯拉夫的社会主义经济体制特点是：联合起来的工人运用社会所有的生产资料，自己管理生产过程和经济事务，自己决定他们的劳动条件和处理他们的劳动成果；他们通过市场来进行劳动力和生产资料的自由联合；进行商品、劳务和科技成就的自由交换；并用同样是在自治基础上组织的社会计划对市场关系进行协调，对社会生产的发展进行指导。

由于不断注意改进经济管理体制，完善计划和市场的关系，南斯拉夫的经济发展取得了显著的成就。第二次世界大战前，南斯拉夫是欧洲一个落后的农业国家，3/4以上的居民是农业人口。从1926—1939年，国民收入每年平均的增长率只有2.1%，仅略高于人口增长率（1.5%）。第二次世界大战期间南斯拉夫经济遭到严重破坏，损失了11%的人口，17%的国民财富。直到1947年，工业生产才大体恢复到战前的水平。

30年来，南斯拉夫经济发展的步子是比较快的。根据南斯拉夫联邦统计局公布的数字，从1947—1977年，社会产品增长了五倍，平均每人的社会产品增长了三倍，社会产品的每年平均增长速度是6.1%。社会经济结构也发生了很大的变化。1947—1977年，社会产品中社会所有制占的比重，从62%提高到84%；工业占的比重，从18%提高到37%；农业占的比重，从40%降到16%，农村人口在全国人口中的比重，由1947年的2/3降到1977年的1/3。

南斯拉夫战后经济发展速度最快的部门是工业。30年间工业生产平均每年增长9.5%，这样长期平均下来的速度，在世界上也是一个很高的速度。在工业内部，机器制造业发展尤其快，在同期增长了27倍。钢、铜、塑料、合成纤维等再生产材料增长了12倍。电力增长了31倍。消费品生产也增长了12倍。不但数量增长，而且产品的品种、质量也有很大的改善。过去不生产或者生产很少的汽车、冰箱、电视机、塑料制品、合成纤维等，现在能够大量生产。每年上市的新产品，约占工业产值的2%。

工业生产的迅速发展，既是社会主义自治关系不断完善的结果，也是投资政策的结果。战后在国民经济投资中，有1/3投入工业。从1952—1957年，工业生产能力增长了六倍多。每个工作岗位装备的资金，增长了1.2倍。每个工人消耗的动力从1952年的2800度增到1977年的1万度。随着技术的不断改进，工业劳动生产率1947—1977年提高了两倍，平均每年提高4.5%，成为南斯拉夫工业发展的越来越重要的因素。

农业生产也取得了不少的成就，30年来农业总产值增长了1.6倍，平均每年增长3.3%。按人口平均的农业产值在战后翻了一番还多，若按劳动人口平均计算，则增长了两倍多。农业内部，增长最快的是畜牧业，30年来增长了两倍；谷物生产增加了1.5倍，其中小麦增加了2.4倍，玉米增加了1.3倍。1977年，平均每人占有粮食达到800公斤。1948年一个农业生产者可以养活三口人，现在能养活五口人。1977年比1957年农产品的商品量增长了两倍。

在工农业生产迅速发展的基础上，南斯拉夫的国民收入、人民的物质文化生活水平都大大提高。每人平均的国民收入，从1947年的160美元增加到1977年的1600美元。1947—1975年，用于提高生活水平的支出几乎增加了三倍，个人实际收入总额增加了四倍多。全国个人实际收入增长指数，如以1955年为100，到1976年达到316。全国职工月平均净收入，1978年达到4900余第纳尔、约合人民币400多元。在个人消费支出中，食物所占比重由1952年的52%降到1976年的30%左右，用于文教娱乐、保健卫生方面的支出由3%增加到8%以上，家具、耐用品的支出由5%增到10%以上，交通费用由2%增到10%左右。

在提高个人收入水平的同时，社会消费基金也有很大增长。1947—1975年用于社会服务和住宅方面的支出增加了五倍。在最近25年里，全国新建住房260万套，改建住房100多万套，人民居住情况有很大改善，全国平均每人占有住房面积已达14~15平方米。教育、文化、保健等社会服务机构的数量扩大了好几倍，大约有20%的人口接受着各种不同形式的教育，全体居民都能享受保健待遇。由于生活水平的不断提高和各项社会福利政策实施的结果，死亡率比战前降低了一半以上，人民平均寿命从1939年的48岁，1970年延长到67岁，1977年又延长到69岁。每周工作时间已从六天缩短为五天。

南斯拉夫在经济增长和改善人民生活方面取得巨大成就的同时，也存在不少问题。近年来国际经济关系的不稳定，能源和原料危机等等，给许多国家的经济发展都带来不利的影响，南斯拉夫也不能幸免。但是，南斯拉夫经济发展中的不稳定性的更深的根源，在于南斯拉夫经济从外延的发展转向内涵的发展的过渡所带来的物质困难和其他困难，也在于从国家占统治地位的任何制度转向以自治为基础的社会经济组织的过渡所带来的种种困难。进入20世纪70年代以后南斯拉夫虽然逐渐注意加强对经济的计划管理，但在自治基础上如何搞好国民经济宏观计划与企业计划的协调，以及宏观计划本身的协调，也还在摸索经验。因此经济发展中长期存在的某些问题，还没有能够彻底解决。

一个问题是，基础工业比加工工业发展得慢，使工业生产对进口原材料的依赖程度增大。据统计，1955—1977年，工业生产总值增长了4.4倍，其中采掘工业增长1.8倍，而加工工业增长4.7倍。目前生产生铁200万吨，原钢300多万吨，远远不能满足整个工业生产和建设的需要，每年要花七八亿美元进口200万吨钢材。煤炭储量比较丰富，在全部能源蕴藏量中占84%，在50年代，煤炭在能源消耗中占85%。后来由于没有大力发展煤炭工业而依靠进口大量石油，到1978年，煤炭在消耗能源中的比重下降到35%，而石油和瓦斯占的比例上升到50%以上。所需石油的3/4靠进口，进口的能源占能源总消耗的44%，是造成大量国际支付逆差的重要原因之一。与此同时，在引进外国技术设备的基础上建设了大批加工工厂，它们大多数需要依靠进口原材料和半成品来维持生产。南斯拉夫联邦执委会主席韦·久拉洛维奇在谈到这一问题时指出，工业生产对进口的依赖性，在1966年为16%，1974年增至31%，到1979年已增至38%以上。就是说，现在工业每创造100第纳尔的新收入，就必须进口38外汇第纳尔的原材料。这样，原材料的进口已成为南斯拉夫经济的沉重负担。

另一个问题是，各种生产性和非生产性消费的增长比生产增长得快，造成通货膨胀，物价上涨。据统计，1970—1976年个人消费、集体和公共消费以及固定资产投资的增长幅度，都超过了同期国民收入的增长幅度（均按现价计算）。

1976年为1970年的百分数　　　　　　　　单位：%

国民收入	370
个人消费	373
集体公共消费	410
固定资产投资总额	390

据南斯拉夫经济学家伊凡·马克西莫维奇介绍，在自治经济体制中，容易发生个人消费过多，企业自身的资金积累减少的倾向。但加上银行贷款，基本建设投资的规模还是很大，战线还是很长。1978年估计，全国在建工程有3万个左右，成为世界上最大的建筑工地之一。南斯拉夫同志自己多次公开指出，在3万个基本建设项目中，有些是重复而不该兴建的，因为现有的设备能力尚未得到充分利用。由于投资增长超过实际可能，造成建设工期拖长，资金长期积压，不能很快取得投资效果。

由于各种生产性非生产性消费的增长超过国民收入的增长，造成商品物资供不应求的紧张状况，再加上南斯拉夫的经济是开放性的经济，受到国际通货膨胀的影响，因此多年来物价有不断上涨的趋势。以零售物价指数为代表的通货膨胀率20世纪70年代以来每年平均为16%，其中1974年、1975年曾达到25%以上。以后有所下降，但1978年仍达14.5%，1979年达20%以上。这里需要指出在物价上涨的同时，职工的货币收入往往有更大程度的提高，因此他们的生活水平并没有因为物价的上涨而下降，相反，实际收入还有一定的提高。

再一个问题是外贸逆差问题。如前所述，由于基础工业的发展落后于加工工业的发展，对进口原料的需求量越来越大；由于国内各项生产性和非生产性消费超过生产，通货膨胀严重，出口商品在国际市场上的竞争能力减弱；再加上石油和其他进口商品大幅度涨价，西方国家不景气，它们对南斯拉夫实行高关税壁垒政策；等等。使南斯拉夫的外贸情况大大恶化，连年出现逆差。据统计，在20世纪60年代前五年，出口平均能弥补进口的74%，60年代后五年只能弥补70%。进入70年代，出口额占进口额的比例更趋降低。

20世纪70年代出口额弥补进口额的百分比	单位：%
1971	55.8
1972	69.2
1973	63.2
1974	50.6
1975	52.9
1976	66.2
1977	53.7
1978	57.0

在外贸上的大量逆差，主要是靠旅游业的收入和在西方就业的近百万名工人的汇款等非商品外汇收入来弥补的。但近几年来，非商品外汇收入已弥补不了日益增长的外贸逆差。例如，1977年外贸逆差的40多亿美元，侨外工人汇款收入20亿美元，旅游收入11亿美元。因此国际收支仍有赤字。国际收支逆差加上向国外各种形式的借款，致使南斯拉夫的外债也在不断增加。南斯拉夫领导人近年来多次发出警告，强调必须严格控制外债的增长，以保持对外清偿能力。

以上一些问题，是在南斯拉夫经济发展取得巨大成就的同时产生的。南斯拉夫的同志并不隐讳这些问题和困难，而是公开讨论这些问题，以使公民了解情况，动员大家，找出办法，共同努力解决这些问题。产生这些问题的原因，有客观上的原因，如国际能源资源危机和通货膨胀；也有主观上的原因，如国内加工工业和基础工业比例不协调、国内消费超过生产等。这些主观上的原因同现行经济体制的某些不完善之处有一定的关系，但不能说它们是现行经济体制的必然产物。因为在现行体制范围内，采取必要的措施，这些问题不是不能得到解决的。南斯拉夫正在努力采取各种措施解决这些问题，进一步完善它们的自治管理体制，把市场机制与计划管理更好地结合起来。

七、南斯拉夫、罗马尼亚、匈牙利经济管理体制的一些比较

南斯拉夫和东欧各国在第二次世界大战后的一段时期，起初都实行了苏联在20世纪30年代形成的一套高度集中计划的管理体制。这种体制在经济发展水平较低、社会经济结构比较简单、经济发展的目标主要是数量的情况下，对于战后经济的迅速恢复和发展，对于较快地改变社会经济结构，曾起了一定的积极作用。但是，随着经济发展水平的提高，社会经济结构趋于复杂化，经济发展的目标更为重视质量与效果的情况下，这种管理体制的缺点日益显露。它的主要缺点：一是国家集权过多，地方和企业的自主权很少；二是计划管得过多过死，对发挥市场机制的作用很少注意；三是主要用行政办法而不是用经济办法管理经济。这些缺陷，妨碍了各个方面积极性的发挥，不能因地制宜、因时制宜地灵活地管理经济，从而不利于经济的进一步发展。因此，或早或迟，这些国家都提出了并或多或少地实行了经济管理体制的改革。

南斯拉夫由于政治上经济上的特殊原因，经济改革起步较早，从20世纪50年代初期就开始逐步推行市场与计划相结合的经济体制。其他国家大体自60年代中期至70年代期间陆续进行了一些改革。改革的方向，一般地说，都是扩大企业的自主权，注意利用价值规律和市场机制的作用，更多地利用经济办法来管理经济。但是，由于各国情况不同，他们的经济改革的步调、程度均不相同。以南、罗、匈三国为例，在扩大企业自主权、利用市场

机制和经济办法等方面，仍以南斯拉夫走得最远，匈牙利次之，罗马尼亚又次之。下面，我们以企业自主权问题为核心，将这三个国家目前的经济管理体制，进行一些比较。

如前所述，南斯拉夫早在20世纪50年代初期就否定了国有制形式，并以社会所有制代替国有制，实行工人自治，企业具有最大的自主权。罗、匈两国一直坚持采取国有制的形式，这两个国家经济改革后，企业自主权有所扩大，其中匈企业自主权比罗大，但不及南斯拉夫。

（一）在计划管理上

我们已知，南斯拉夫联邦的社会计划是自下而上、上下结合、层层协调后制定出来的。社会计划不具有指令性，不向企业下达计划指标。企业参加国家确定的国民经济主要比例，根据市场需求和本身利益，自己制定自治计划，规定自己的生产建设任务，组织产供销。国家主要通过经济政策和计划协调来加强对企业活动和市场经济的指导和调节。

匈牙利于1968年实行新体制后，基本上废除了层层下达指令性计划的制度，中央计划只管战略性的问题：新部门、新市场、生产结构的重大改变等。但是，涉及全国性的重大投资项目，特别是对新建生产项目有关的任务，以及国防工业等重点工厂的生产任务，仍由国家下达计划指标。在制定国民经济计划时，政府各部门和国家计划局要听取各大企业的意见，国家计划制定后，由政府各主管部门向有关企业介绍国家计划，并向企业提出意见，使其计划符合国家的要求。各企业根据国家计划及中央制定的经济管理办法自主地制定自己的计划，企业计划无须上级机关批准，上级机关的协调意见不是行政命令，企业可听也可以不听。除协调外，匈牙利也是主要通过制定各项经济政策，来保证国家计划的实现，必要时也可运用行政手段，如颁发许可证、禁止令和指示等。

罗马尼亚自1967年以来，为了减少计划的过分集中，采取了减少下达给企业的指令性指标的措施，与此同时，继续强调国家批准下达的计划是法律，下达的指标是指令性的，必须执行。目前计划管理的权限仍比较集中，1978年罗共中央3月全会通过的新改革措施中，规定了除以净产值指标代替总产值指标作为下达给企业的主要考核指标外，下达的考核指标还有：各种产品的实物量、工时总额、劳动生产率、每千列伊（罗币）商品值的消耗、产品成本、生产能力利用程度、原材料、燃料、动力消耗和库存定额标准、人员定额、产品质量和产品更新、每千列伊固定资产所得利润和净产值、出口产品的换汇率和外汇贡献。为了适当扩大企业的自主权和使计划更好地符合市场需求，在决议中，还强调计划的制定，要从基层单位开始，由下而上逐级平衡，纳入国民经济总体和各部门制定的"指导性要求"和"标准性要求"，以实现党和国家关于社会经济发展的指示。企业制定计划时，要切实研究国内外市场需求，及时签订合同，使企业经济活动为各项具体需要服务，特别强调计划与合同相结合，强调产品在国内外要有可靠的销路，做到以销定产。要求"在制定计划文本的同时，就签订这些合同"。禁止没有合同或订货单，以确保其有销路的产品投入生产。

（二）在财务资金的管理上

首先，在固定资产折旧基金和企业纯收入的提取的留成上，南斯拉夫企业由于实行完全的自治和自负盈亏，固定资产的基本折旧基金完全由企业自己支配；企业的纯收入（总收入扣除物质消耗，相当于$v+m$）除依法向国家缴纳流通税和其他捐税，以及向本基层组织以外缴纳各种费用外，其余全部均由自己支配，用于扩大再生产和提高职工的报酬福利。

在匈牙利，固定资产的基本折旧，大部（60%）留给企业使用。工业企业的利润，首先向地方议会（地方政权）缴纳6%的地方税；其次按规定偿还国家投资和贷款；再次，按企业职工人数每人扣除750福林（匈币）作为企业的社会福利和文化基金；剩下部分再向国家缴纳30%的普通税，最后剩下的部分是企业有权支配的，用作发展基金和分红基金。

在罗马尼亚，原来对企业采取统收统支的办法，即企业实现的利润和基本折旧费全部上缴，需要的各种资金由国家拨给。新的财政经济改革后，企业实行财务自理，独立核算，根据自己的特点制定收支预算，从利润中建立五种基金：（1）经济发展基金，用于更新改造，技术措施和基本建设；（2）周转基金，用于补充流动资金；（3）建造住宅和其他社会性投资基金，用于兴建职工住宅和俱乐部、体育场等；（4）社会福利基金，用于幼儿园、食堂和职工医疗费用等；（5）劳动人民分红基金。还通过征收税率不等的净产值税、商品流通税等，调剂各行业和各企业的利润水平。

其次，在基本建设投资方面，目前，南斯拉夫基本建设投资，一般由企业用自筹资金和银行贷款自己安排，联邦政府只对落后地区有少量拨款。在匈牙利，1969年改革后到1976年，除新建厂和国家重点扩建项目仍由国家财政拨款外，其余项目一律由银行贷款和企业自筹资金（包括企业发展基金和折旧留成）来解决。从1976年起，包括国家决定的新建大企业，所有投资项目，由银行贷款制代替了国家财政拨款制。对于银行贷款，企业要在10年内偿还。银行有权决定发放对象和贷款条件，企业有权决定是否接受银行的利息和分期付款的条件。从1975年8月1日起，还规定，凡企业自己决定的项目，应从企业发展基金中向国家缴纳占全部投资费用10%的建筑税，以便控制投资和提高效果。国家决定的投资项目占全部投资的比重，1968年为60%，1975年降到

46%，计划到1980年增到53%。在罗马尼亚，现有企业，较大的扩建和新建大的工厂的投资，仍由国家预算（通过投资银行）拨款。例如就冶金企业来说，在10亿列伊以上的投资，由国家预算拨款，10亿列伊以下的——由企业自筹，不足的可向银行贷款。其他行业各有划分标准。对于用新建企业和现有企业较大的扩建的财政拨款，企业必须按期偿还，不计利息，还款来源是企业折旧、计划利润总额的10%，及一部分超计划利润。此项还款交给工业中心（相当于联合公司）作为投资基金继续使用，不上缴国家预算收入。

再次，在流动资金方面。目前，南斯拉夫企业完全自主地筹划流动资金，并利用银行贷款。匈牙利企业不断增长的流动资金额，一般由企业的发展基金直接支付。只有那些临时产生的需求才能要求中期流动资金贷款。在与基建投资不相联系的情况下，中期流动资金贷款期限一般不超过三年，个别特殊情况可延长至五年到八年。对于与投资联系在一起的流动资金贷款，则应与投资贷款的期限相一致。有偿付能力的企业还可以要求短期流动资金贷款作为自有资金的补充，用以支付必要的库存和储备。短期贷款期限最长不超过12个月。在罗马尼亚，新体制规定，老企业增加流动资金，一部分由利润抵拨（即使用周转基金），一部分由银行贷款，国家预算不再增拨。自己抵拨多少，银行贷款多少，每年确定一个比例，比如1979年商定企业自己抵拨60%，银行贷款40%。新建企业需要的流动资金，仍全部由国家预算拨给，然后，企业从实现的利润中分10年还清。

（三）在物资管理上

如前所述，南斯拉夫不存在物资的统一分配和计划调拨制度，各基层组织所需要的生产设备和原材料供应、产品销售都是通过市场进行。匈牙利在1968年以后，也取消了国家统一分配、计划调拨的制度，改用贸易办法代替由中央统一调配原料和产品的调度。但为了控制产品的流通和交换，国家也有些限制措施：（1）中央统一调配，例如1968—1970年统一调配的有粮食、饲料、面包和肉类；1970年起只对肉和肉制品实行国家调配。（2）数量限制，例如，为了维护财政平衡的进口限量，为了维持国内用户利益的出口限量等。近几年已基本取消进口限制。（3）指定专门进口单位，以便协调价格，保证花色品种。（4）强制性供货，1968年以来，国家有权强制供货的产品有大型投资项目所需产品、军用物资等。（5）限制某些产品的生产。

在罗马尼亚，主要生产资料仍由国家计划平衡统一调拨。1978年，国家计委和物资部管的物资有300种，中央部管1300种，工业中心管500种，这三级负责平衡分配的物资，共达2100种。物资供应体制是，大额物资由工业中心或企业直接订货，直达供应。小额的通用物资由物资部设立供应基地组织供应。专用物资由工业部门的专用物资基地供应。农业生产建设需要的物资，由农业、食品工业部设在各县的基地供应。人民生活消费需要的生产资料（如汽车配件）由商业部通过网点供应。石油产品由矿业石油部的石油销售公司供应。为了加强物资集中管理，于1973年开始，物资部在首都和39个县建立了物资供应基地，实现了基地和企业两级设库，改变了层层设库的状况。

（四）在价格管理上

在南斯拉夫，价格主要是由市场确定的，企业制定价格的自主权很大，国家仅仅保留一定的监督职能，通过财政、信贷、货币等政策对价格进行调节。联邦共和国有一定的物资储备，用以调节市场价格。

在匈牙利，现行价格分三类四种：

第一类，固定官价，包括基本原料、基本消费品和服务行业。由国家物资和价格局确定实行固定官价的，在生产资料中占10%，在消费品中占20%。第二类，有官价限制的协议价格，包括建筑工业、部分原料和大部分消费品。其中又分两种：最高价格和浮动价格。实行有官价限制价格的在生产资料中占29%，在消费品中占50%（其中最高价格占30%，浮动价格占20%）。第三类，自由价格，包括玻璃、陶瓷品及蔬菜、水果等农产品，由企业自由定价。但如果定价理由不充分，国家物资作价局可以否定。实行自由价格的在生产资料中占60%，在消费品中占30%。

在罗马尼亚，工业产品的价格是由国家统一制定的，一般没有地区差价。但罗马尼亚也利用价格和税收作为调剂各部门盈利率的杠杆，近几年来，通过对税收和价格的调整，力求使各部门的盈利率大体保持在14%~15%。

（五）在工业的组织领导上

南斯拉夫联合劳动组织，分为三层，已见前述相当于联合公司的联合劳动复合组织，纯粹是一种经济组织。在它们上面进行协调的，是同业公会和经济协会，也不是行政组织。在匈牙利，从1968年实行新体制后，取消了部局总管理局，托拉斯除在极少数工业部（如煤炭部）尚保留外，也多数被取消了。但也有不少企业是总厂性质，下属若干分厂。据1976年年底的统计，全国共有企业5250个，分属737个法人经营单位管辖。如匈牙利机床总厂是法人单位，下属十个分厂和一个技术发展研究所，分厂无权对外。在罗马尼亚，1969年起开始建立"工业中心"，逐步取代专业局，使"工业中心"直接与部联系，经过几次调整，1968年各行业共有"工业中心"150多个。"工业中心"与专业局不同，它既是一级行政单位，又是经济组织，上受主管部的领导，下管十几个或几十个工厂，"工业中心"与主管部及所在县委的关系是双重领导，但以主管部垂直领导为主，县委不具体领导

"工业中心"和其所辖企业，更不具体领导生产和技术问题，只负责解决工厂所需的劳动力、职工住宅、交通、食品供应等后勤工作。但工业部任命企业领导干部时，必须征得所在县委的同意，企业应向县委汇报工作，企业利润上缴一部分给县。

（六）在工人管理的权利上

由于所有制形式的不同，南斯拉夫、罗马尼亚、匈牙利三国工人管理的权利和形式均不同。匈牙利主要是国家所有制，国营企业领导是国家代表，由国家机关任命，推行一长制，工人参加管理受到较大限制。罗马尼亚也是国家所有制，企业经理或厂长由国家机关任命，但自1969年起否定了一长制，实行集体领导，

逐步扩大工人参加管理的权利。南斯拉夫自实行工人自治以来就否定了国有制，把他们的所有制叫作社会所有制。社会所有制企业的领导不是国家任命，而是由工人委员会招聘，并有权罢免。罗马尼亚虽在十多年前也提出自治的思想，在扩大社会主义民主的形式上也有一套自己的做法，但其自治无论从内容和深度上与南斯拉夫比较有很大的不同。

南斯拉夫工人在他所在的联合劳动基层组织中，直接参与本单位的生产、再生产、资金、收入分配等问题的决定。联合劳动基层组织的最高权力机关是工人大会，并选出工人委员会作为管理机构。不足30人的单位不成立工人委员会，由工人大会直接行使管理职能。工人委员会的决定交工人大会表决通过。工人委员会委员不脱产，任期两年，最多只能连任一次。工人委员会委员若不能代表工人意见，工人可依法罢免。经理不得选为工人委员会委员，但对工人委员会负责，列席工人委员会的会议，有建议权，无决定权。其职权是：执行工人委员会及其执行机构的决议，领导业务，组织生产，提出业务方针及其执行措施。工人委员会的决定若与法律抵触时，经理有权告诫、拒绝执行并在三天

内向政府主管机关报告。联合劳动组织和联合劳动复合组织也设有工人委员会，由下一层组织选出同等数量的代表组成。

罗马尼亚在体制改革中，明确提出发展社会主义民主，实行"企业自治"和"工人自行管理"，但与南斯拉夫不同。罗马尼亚的自治实质上是把国家统一计划与企业自治结合起来，是在统一计划、统一领导的基础上给"工业中心"和工矿企业以更多的权益，使其承担更大的责任，发挥更大的积极性。

罗马尼亚实行集体领导和工人参加管理的主要形式，是在企业里建立劳动人民委员会，一般由15人至30人组成，其中不脱产工人占50%，劳动人民委员会主席现规定由党委书记兼任，

经理兼任第一副主席，有一名副主席必须由不脱产的工人担任。委员会的其他成员是：负责各种专业的副经理、负责质量和技术检验的主任、一些主要车间的主任、水平较高的专家（也包括企业外的专家）、工会主席、团委书记等，另外是经本企业劳动人民大会选出的工人代表。工人代表任期两年，没有额外津贴，如不称职，不替工人说话，可以撤换。企业里的一切重大问题均由劳动人民委员会讨论决定。劳动人民委员会的执行机构是执行领导小组（或委员会），其成员是企业主要领导干部，也有工人代表参加，执行小组（或委员会）主席由经理担任。劳动人民委员会定期向企业劳动人民大会报告工作。

"工业中心"也建立劳动人民委员会及其执行机构。其形式和内容与企业类同。其中工人代表是由下属每个企业选二至三名组成。

为发挥劳动群众的监督作用，罗马尼亚从企业到中央均设立了工人监察委员会，由技术熟练、经验丰富的工人，工程技术人员和经济专家组成。它的任务是帮助劳动人民委员会监督计划的执行、生产能力的使用及遵守生产工艺等。

匈牙利是另一种类型。匈牙利在改革后继续推行一长制，明

文规定工人参加管理的目的是帮助而不是阻碍一长制的实施。所谓企业权力的扩大，实质上是厂长、经理权力的扩大。他们和过去一样强调工会代表群众利益，发挥工会在组织劳动竞赛、签订集体合同、监督劳保福利等方面的作用。但在改革以后，在吸引工人参加管理方面出现了一些新的形式。以机床总厂为例，该厂设有"厂务委员会"，由厂党委书记、工会代表、十个分厂的厂长、十名工人代表等二十五六人组成。可讨论厂里所有问题，但只有建议权，无表决权。另外，还有"联席会"，由厂工会主席任主席，成员101人，总厂领导十人，其余均来自各分厂，大部分是工人代表，每年开会两三次，讨论并决定诸如计划、分红、集体合同等问题。

党委在这些国家企业里的作用，除罗马尼亚于1977年才规定企业党委书记兼任劳动人民委员会主席，主持集体领导机构外，其他国家企业党委只管宣传鼓动工作，起一定的建议和监督作用，无权决定经济上的方针大计。南斯拉夫的理论是党只起"引导"作用，其决议通过党员的模范行动来实现。匈牙利尚明确规定厂长只对委派他的上级负责，在实践中是党委书记不能给厂长下命令，如发现有问题可责成厂长汇报工作，但对党委提出的意见厂长可听，也可不听。有分歧意见只能报请上级领导机关仲裁。

以上从几个主要方面对南斯拉夫、罗马尼亚、匈牙利的经济管理体制作了一些比较。这三个国家，实际上代表着经济管理体制的三种类型。如果我们再把从20世纪30年代到50年代苏联曾经实行的传统体制也作为一种类型，那么，我们就有以下四种类型的经济管理体制。

第一种类型是高度中央集权的体制。在这种体制下，国家计划管理得很广很细，既管产品品种，又管完成生产任务的手段，如投资、工资基金总额、物资技术供应等。在这里，市场完全是消极的，它仅仅有时被利用来作为实现计划的工具，计划外的市场交易很少。

第二种类型是中央集权与经济组织的一定程度的自主权相结合。在这种体制下，国家计划的指令性指标有所减少，不再下达给下级单位详细具体的生产任务，品种指标只涉及最重要的产品，价值指标的意义扩大了。在这里，合同的意义增强了，但所有经济活动基本上是由计划规定的，合同具有加强计划的性质，因此市场是计划的补充。

第三种类型是中央计划与程度较大的企业自主权相结合。在这种体制下，国家计划只管有战略意义的事情，指令性基本取消，只规定有全国意义的投资项目、有关进行新产品生产的特别重要任务、工资基金的建立规则等。在这里，市场成为计划的十分重要的补充，同时，市场活动在很大程度上有意识地通过计划来调节。在价格形成方面出现了更大的自由。经济组织之间的合同作用大大增强了。主要用经济手段管理经济，行政手段作为经济手段的补充。

第四种类型是中央计划与经济组织的最大限度的自主权相结合。在这种体制下，国家计划没有指令性，只有参考性。市场和计划共同起调节作用，有时市场起着主导作用。价格形成中的自由权很大。国家仅仅保留一定的监督职能，通过财政信贷手段实行某些控制。

综观各国经济管理体制改革的总的趋势，大体上是从中央集权计划的类型过渡到逐步扩大企业自主权，实行计划与市场相结合的分权型类型。但是，经济类型或经济模式的改变，不是任意的，而要受到以下一些因素的约束：

一是生产力发展水平和社会生产结构的复杂化程度。在生产力水平较低、社会生产结构较简单时，高度中央集权型的体制是适宜的。水平提高、结构复杂化以后，计划与市场相结合的分权型体制则较合适。

二是经济发展的途径主要是外延的还是内涵的。所谓外延的就是靠增加投资和增加劳动力而不是靠提高资金效率和劳动生产率来发展经济，并且发展的目标以数量为主，在这种情况下，集权型的经济体制是适宜的。但在以内涵的办法为主即主要不是靠增人增资而是靠提高效率来发展经济，并且发展的目标是质量和数量并重或者以质量为主时，计划与市场相结合的分权型体制就比较适宜。

三是工业化道路如果是重、轻、农道路，不大注意改善人民生活，这时集权型体制是合适的，但如果真正走农、轻、重的道路，把改善人民生活放在比较重要的地位，那就以采取计划与市场相结合的分权式体制为宜。

四是外贸占国民经济的比重和外贸构成。外贸在国民经济中地位越高，出口构成中加工制品、高级制品比重越高、品类越多，集中型体制就越是需要过渡到计划与市场相结合的分权型体制。

但以上都是从经济本身的条件来说的，体制改革，单有经济条件是不够的。必须有相应的政治社会条件。经济体制的改革必须与政治体制的改革相辅而行，否则不可能收到成效。这里，从下到上的政治民主化是很重要的一条。如果下面没有民主化，那么下放权力不过是给"土霸""豪吏"们以更大的权力；如果上面没有民主化，那么分权化的改革措施将因为触及上面某些官僚机构或某些当权人物的既得利益而被否决、被抵制或者改头换面地把旧集权体制保存下来，这已是为有的国家经济改革的经验所证明了的。所以，我们的经济体制的改革，必须和政治体制、干部体制的改革相辅而行、相互配合，才能收到有效的成果。我们一定要在马列主义毛泽东思想的指导下，总结我国30年来正反两面经验，并借鉴各国经验，在今后的经济管理体制改革中，在计划与市场的关系上，找出一条适合于我国情况的道路，使四个现代化的宏伟任务早日得以胜利实现。

中国经济体制改革的一些情况和问题*

——在英国牛津大学现代中国中心的讲演
（1981年5月）

中国经济管理体制改革的任务，最早是在1978年12月中国共产党十一届三中全会提出来的。接着不久，又把体制改革作为一个重要项目，列入国民经济的调整、改革、整顿、提高的方针中。体制改革对于建设社会主义的现代化中国，至关重要。30年来，我们在旧中国遗留下来的极度贫困落后的基础上，建立了独立的比较完整的工业体系和国民经济体系，取得了比较显著的成绩。但是同发达国家比，我们的经济技术水平还很落后，人民生活水平还很低。造成这种情况的原因很多，其中一个重要原因就在于我们采取的经济体制有很多弊病。这种经济体制如不加以改革，现代化建设就将非常困难。我国经济体制的改革不但势在必行，而且事实上，一些局部的试验性的改革已在逐步进行。在这里，我想把中国经济体制改革的一些情况和问题，作一个概略的介绍。

我国现行经济体制的特点和改革的方向

长期以来，我国的经济体制，是一种高度集中的、以行政管理为主的体制。这种体制的特点，可以分决策体系、调节体系和

　*　原载《刘国光选集》，山西人民出版社1986年版。

管理组织、管理方法三个方面来看。

首先，在经济活动的决策方面，原有体制片面强调国家的集中决策，而忽视企业、劳动者个人对于自己的经济活动的自主决策权。企业的财权、物权和人权都集中在国家手里。财政上是统收统支，物资上是统购包销，劳动上是统包统配，基本上是一种单一的国家决策体系。在这种体制下，各个部门、各个企业经营好坏与自身的经济利益不相联系，也不承担经济责任。大家不是把主要精力放在改善经营管理、提高质量与效率上，而是放在"推"与"争"上：推生产任务、推财政上缴任务、推物资调出任务；争投资、争物资、争劳动指标、争外汇。这样，供需矛盾越来越大，基建战线越来越长，经济效果越来越差。

其次，在经济活动的调节上，人力、物力、财力资源在各个部门之间的分配，企业生产什么生产多少，不受市场供需变动和价格高低的调节，而主要根据从上而下的国家指令性计划来安排，基本上是一种单一的计划调节体系。国民经济错综复杂，在我国，仅工业企业就有三十多万个，产品品种规格不计其数，社会需求和生产技术条件又在不断变化。光靠国家下达指令性计划，事实上不可能把全国所有企业的产供销衔接起来，企业也不可能对各种不断变化的情况迅速做出反应。这样，产供销往往长期脱节，造成人财物资源的浪费。

最后，在管理组织和管理方法方面，企业是各级行政机构的附属物，按行政系统、行政区划，用行政办法和"长官意志"进行管理，而不是用经济组织和经济办法进行管理，基本上是一种纯粹行政的管理体系。而按行政系统、行政区划、用行政手段来管理经济，往往切断了企业与企业之间、部门与部门之间、地区与地区之间的横向的内在经济联系，阻滞了它们之间必要的商品货币关系。经济生活中横向联系被切断的结果，必然形成各个部门、各个地方力求自成体系；企业也是"大而全""小而全"；

不搞综合利用，不实行专业化协作，重复建设，重复生产；严重阻碍了技术进步和劳动生产率的提高。

原有经济体制上述三个方面的特点，是互相紧密联系的。调节体系上的单一的计划调节和忽视利用市场机制，同决策体系上单一的国家决策和忽视企业自主权力，以及同管理组织和方法上单纯的行政管理，都是分不开的。这一套经济体制，把整个国民经济管得很死，不能很好地调动各个方面的积极性，不能适应我国社会主义现代化建设的需要。二十多年来，我们虽然几次试图改革这套体制，但一直是在中央机构多管一些还是地方机构多管一些的行政管理的框框中兜圈子，没有把重点放在研究和解决国家与企业的关系、计划与市场的关系问题上，没有认真研究按经济的内在联系组织经济，用经济办法管理经济。无论是中央机构管还是地方机构管，都存在国家统得太多、企业权力过小、主要用行政办法和"长官意志"来管理经济的种种弊病。经济生活既死且乱的问题，一直没有得到很好解决。

上述不合理的经济体制之所以形成和长期存在，有其深刻的历史和社会背景，以及理论认识等方面的根源。中国长期封建社会中的家长制和等级制思想残余、小农经济的自给自足的自然经济思想残余、革命战争年代在军队和干部中实行的军事共产主义的供给制办法、社会主义改造时期对资本主义工商业实行的某些限制办法等，在现行经济管理体制中的许多方面，都可以找到它们的影响和痕迹。在对社会主义经济理论问题的认识上，过去我们曾认为社会主义经济只能是纯而又纯的公有制经济，不承认社会主义现阶段，在保持公有制占优势的条件下，还要存在多种经济形式和经营方式；曾把社会主义经济简单地看成是一个大企业或一架大机器，认为只有从一个中心下达一个无所不包的指令性计划把这部机器运转起来才叫社会主义的计划经济；认为全民所有制企业之间不存在利益上的差别，从而不能进行商品交换，只能进行计划调拨、统一分配；等等。所有这些对社会主义经济的错误认识，构成了现行国家集权的经济体制的理论基础。这些问题的重新认识，对于改革现行经济体制，有着密切的关系。

在对中国经济体制特点和弊病进行认真总结和对中国社会主义的实际重新认识的基础上，中国经济界和经济学界正在紧张地探索体制改革的原则和方向。许多同志认为，今后的改革应当在坚持生产资料公有制占优势并承认多种经济成分并存的条件下，按照发展商品经济和促进社会化大生产的要求，打破行政框框和自然经济思想的束缚，从以下三个方面进行根本性的改革：

第一，在经济决策体系上，从高度集中的单一的国家决策体系，改变为以国家的宏观决策为主的国家、经济单位和劳动者个人多层次的决策体系。企业从国家行政机构的附属物变为相对独立的商品生产者，在国家统一计划指导下，自己管理人、财、物、产、供、销，实行独立经济核算和责任制；在完成上缴税金、费用，按期偿还贷款本息后，所余利润由企业根据国家规定支配使用，建立生产发展基金、福利基金、奖励基金和后备基金，使企业经营成果同企业自身的发展和职工的物质利益联系起来。

第二，在经济调节体系上，把单一的计划调节改为计划与市场相结合以计划调节为主的调节体系，在国家计划指导下，充分发挥市场调节的辅助作用。国家计划的重点放在中长期计划上；年度计划在国家控制数字的指导下，以企业计划为基础自下而上地制定；国家要掌握好基本建设规模和投资分配比例；生产资料和消费品实行计划流通和自由流通相结合；产品价格实行国家统一定价、一定幅度内可以浮动的协议定价和自由定价三种价格制度。

第三，在管理组织、管理方法上，从单纯用行政组织（包括部门和地方）和行政手段管理经济，改变为主要用经济组织、经济手段、经济法规来管理经济。打破地区之间、部门之间的行政界限，按照经济的内在联系把企业组织成为各种形式的经济联合体。国家对经济联合体和企业主要采取价格、税收、信贷等经济手段来引导它们在国家计划指导下进行活动，并充分发挥银行的作用；同时保留必要的行政手段来控制、协调经济联合体和企业的经济活动。

不难看到，上述改革设想的实现，将给中国经济管理体制在集权与分权的关系上、在计划与市场的关系上以及在行政手段与经济手段的关系等方面，带来根本性的变化，有助于克服现行经济体制的种种弊病。按照这种设想建立起来的经济管理体制，与中国过去的经济体制相比，将是一种新型的体制。它既不同于20世纪50年代以前苏联高度集中型模式，又不同于南斯拉夫分散型模式，而是比较符合中国社会主义实际，适合中国现代化建设要求的一种经济管理体制。

两年来经济体制改革的试验和成效

实现经济体制的改革，光有改革方向的设想是不够的，还要根据改革方向，设计全面改革的方案和实施步骤。对此，中国经济界正在进行紧张地研究。当前，调整国民经济比例关系的任务很重，全面改革经济体制还不具备条件。但是，为了取得全面改革的经验，为了搞好经济调整，对经济管理体制中必须而又可以改革的部分，应该积极地进行改革。两年多来，中国许多地方、部门和企业，根据党中央和国务院的部署，从各个方面进行了一些局部性的、试验性的改革。

这种试验性的改革，起初是从扩大企业自主权入手的。最早进行扩大国营企业自主权试点的是四川省，于1978年10月选择六个企业开始试行。从1979年起，该省又把试点单位扩大到一百个。1979年7月，国务院发布了关于国营工业企业管理体制改革文件。在此之后，全国各地也相继进行了扩大企业自主权的试点。到1979年年底，试点单位达到四千多个，1980年发展到六千多个。其中的191个企业，还先后开始了"以税代利、独立核算、自负盈亏"的试点工作。这六千多个试点企业，占国家预算内的42 000个工业企业的16%，它们的产值约占60%，利润约占70%。在农村，人民公社生产队也有了一定的自主权，推行了各种形式的生产责任制，贯彻了适合当前生产力发展水平的一系列政策。

在试行扩权试点的同时，不少部门和地区先后开展了工业企业改组和联合的试点工作，有些省、市结合经济调整，按照专业化协作和经济合理的原则，打破地区、行业、部门所有制和从属关系所造成的限制，组建了一些专业公司和总厂；有的地方还搞了地区与地区之间、全民企业与集体企业之间、城市企业与农村社队企业之间的联营、合营、补偿贸易等多种形式的联合。据20个省、直辖市、自治区的统计，到1980年年底，共组建各种专业公司、总厂一千六百多个，参加的企业有一万六千八百多个；同时还建立了各种经济联合体一千七百多个。在农村还试办了一批农工商联合企业。在城镇发展了一批集体所有制企业，允许经营个体手工业和商业。

国营企业和生产队扩大自主权以及其他一些改革的试行，不能不触及现行经济管理体制的各个方面，从而使它发生了不同程度的变革。在计划管理体制方面，作为扩大企业自主权的一个重要内容，是允许企业拥有部分计划权。试点企业除了按国家下达的计划进行生产外，可以根据市场需要制定补充计划，同时对国家计划中的品种规格也可根据市场需要的变化进行调整。在物资管理体制方面，一个重要变化是允许生产资料部分地进入市场，一些原属国家计划统一分配的物资，改由物资企业经销或生产企业自销，许多地方举办了各种形式的生产资料展销会和交易市场。在财政管理体制方面，围绕扩大企业自主权，1978年在一部分国营企业中试行利润留成制度；在一部分行政事业单位中试行经费包干制度；1980年，在中央和地方的关系上，试行"划分收支、分级包干"的体制，即由过去的吃"大锅饭"改为"分灶吃饭"。地方多收了可以多支，少收了就要少支，自行安排资金平衡。在基本建设管理体制方面，进行了基本建设投资由财政拨款改为银行贷款的试点。

以上这些改革还只是初步的，试点的时间不长，试点的范围也很有限。即使如此，改革的试点在许多领域都取得了十分喜人的成果。

第一，扩大企业经营管理自主权的结果，使企业由各级行政机构的附属物变成具有一定自主活动能力的经济单位，表现出了空前的活力。扩权企业的产值和利润增长水平，一般都高于未扩权企业。据北京市经委和财税局预计，1980年北京市工业交通企业的利润可比1979年增长近5%，上缴利润增长近2%；而其中的342个扩权试点企业，利润可比1979年增长9%，上缴利润增长4%，超额完成全年计划。应当特别指出的是，在扩权试点的企业中，实行"以税代利、独立核算、自负盈亏"试点工作的一些企业，获得的经济效果尤为显著。这些企业不再向国家上缴利润，改由国家征收固定资产税、工商税、所得税。企业按规定缴纳各种税款后，留下的收入除支付工资外，主要用于扩大再生产、改善集体福利和适当增加职工的个人收入。企业其他方面的自主权也相应有所扩大；发生亏损，由企业负责。这样，企业的责、权、利都比原先试点企业大，产生了更为强大的经济动力，自然也就取得了更大的经济效果。

第二，工业改组和多种形式的经济联合体的建立，开始冲破了"大而全""小而全"，自成体系、自给自足的不合理状况，促进了专业化协作，发展了联合，向依靠经济组织管理经济的方向前进了一步，收到了较好的经济效果。如上海织带行业，原来有许多小厂，技术落后，产品积压，商业部门不愿收购。1979年成立织带公司，将原来全行业42个小厂按照工艺相近、产品相近和有利于专业化协作原则，合并改组成24个厂，调整了布局，腾出一些破旧厂房进行改建，压缩老产品，增产新产品，并实行工商合一，自产自销，产品很快变滞销为畅销，生产蒸蒸日上。1980年上半年，上海市还同浙江、江西、湖南、广西等省区联合办企业，上海出技术和资金，这些省区出原料、出劳动力，共同办厂或办"跨省公司"，采取"补偿贸易""合资经营""来料加工"或其他办法，不花多少钱，就收到了发挥各自优势，大家都得到好处的效益。

第三，实行计划指导下的市场调节的结果，初步密切了产需联系，增加了流通渠道，减少了流转环节，弥补了计划安排的不足，进一步沟通了城乡联系，促进了生产。同时，市场调节产生的竞争，迫使企业注意提高产品质量，发展新的品种，降低成本费用，改进服务态度，有力地推动了企业改进经营管理。"官工""官商"作风受到了冲击，企业开始树立一切为用户着想的思想，这是过去未曾有过的。

第四，城镇发展一批集体企业和积极扶持个体经济，活跃了市场，方便了广大群众的生活。过去，在急于过渡思想支配下，许多地方对集体经济随意侵犯，多方限制，至于个体经济则几乎濒于绝迹，城市的社会经济结构很不合理，"大批人无事干，大量事无人干"，给人民生活带来很大的不便。1979年以来，大力发展集体经济，扶持个体工商户。这些兴办起来的集体企业和个体工商户，大多从事小商品生产、零售商业、服务修理、建筑修缮、装卸搬运、饮食业等的经营活动，他们对国营企业起了拾遗补缺的作用。发展集体经济和扶持个体经济，广开生产门路，还起到了解决大批就业人员的作用。

第五，试行基本建设投资由国家财政拨款改为银行贷款，部分建设项目的投资由无偿占用改为有偿占用，初步改变了过去那种吃"大锅饭"不讲经济核算的做法，加强了经济责任，发挥了银行的作用，促进了资金的有效使用，提高了投资效果。

两年来的改革，总的来看，方向是正确的，步子是稳妥的，成绩是显著的。这些改革从生产、流通、分配和所有制等方面开始突破了现行经济管理体制的某些框框，在计划调节与市场调节的结合上，在按经济联系组织经济、运用经济办法管理经济上，进行了有益的尝试，国家、集体、个人，中央、地方的经济利益开始有了较好的结合，整个经济开始出现活跃的景象。当前农村出现的多年来未曾有过的好形势，工业生产在能源不足甚至减少的情况下还在继续增长，这同经济体制改革所起的作用是分不开的。所有这些，增强了人们的信心和决心，把已经开始的改革，继续推向前进。

改革中发生的问题和当前改革的动向

历史上任何改革都不可能是一帆风顺的。目前正在进行的经济体制改革，经过两年多的试验，虽然取得一定的成绩，但也存在不少问题。当前的改革是在国民经济调整的条件下进行的，已经进行的某些改革只能是局部的试验性的，旧的管理体制基本上没有改变；已经进行的各项改革还没有互相配套，缺乏统一的规划，思想上、组织上工作没有跟上；还存在旧的习惯势力的束缚，等等。这些都影响改革的顺利进行，不可避免地要产生一些问题。

首先，地方和企业的权力有了扩大以后，由于地方和企业不了解全国的供需情况，不知道什么该发展，什么不该发展，领导机关又缺乏统一规划和必要的指导，从而在某些方面出现了一些盲目性。不少地方重复建设、重复生产的现象有所发展，致使技术较好的老厂、大厂因原料被挤掉不能充分利用生产能力，而那些重复建设的技术差的新厂、小厂的产品又因质量低消耗大成本高，造成社会资源的浪费。在针织、棉织、卷烟、酿酒、肥皂、家用电器、丝绸、塑料、皮革、皮毛、乳品罐头、印刷等行业，这种以小挤大、以新厂挤老厂、重复建设的现象是相当普遍的。它加剧了国民经济比例失调，降低了经济效果，减少了国家财政收入，对国民经济的调整十分不利。

其次，实行利润留成制度以后，在行业之间、企业之间出现留成悬殊、苦乐不均的现象。这种过分悬殊，有许多是由客观原因造成的，如产品价格和税率的高低，技术装备的好坏，产品品种的变换，等等。现在的提成办法还产生"鞭打快牛"的弊病。就是有些企业因为原来指标先进、基数高、增产增收困难，企业得益少；相反，有些企业原来指标落后、基数低、设备利用率低，增产增收容易，企业得益多。这个现象，如果在过去，企业利润全部上缴国家，统负盈亏，吃"大锅饭"，利润多少与企业、职工利益无关，不会产生什么后果。而现在实行利润留成，这就直接影响企业和职工的利益，影响他们的积极性，矛盾就突出起来。

再次，执行"分灶吃饭"的分级财政制度，有其调动地方增收节支、发展经济和其他事业积极性的一面，但也容易促使地方采取"保护性"措施，实行封锁，限制竞争。有的地方为了增加收入，实行市场封锁，禁止外地商品在本地区销售，或者禁止本地工厂到外地去订货；本地区的原材料，不按国家计划调出，自办工厂，同城市大工业争原料。这些做法，严重削弱了地区之间、企业之间的横向联系，不利于竞争的开展，阻碍了生产的迅速发展。

在改革试点过程中，虽然出现了上述一些问题，但是，如果与前述改革的成效相比较，这些缺点毕竟是第二位的，绝不能因此而归咎于改革，而且，有些问题正是由于目前改革尚无条件彻底进行，由于新的改革同老的以行政管理为主的体制发生矛盾，特别是同不合理的价格体系发生矛盾而产生的。这些问题是前进中的问题，只要认真研究，及时总结经验，坚定不移地把改革推向前进，加强指导和管理，它们是完全可以解决的。

现在问题是，结合当前经济形势，体制改革应该怎样继续向前迈步？经过了两年的调整和改革工作，当前国民经济总的形势是很好的，但有潜在的危险，主要是近两年财政上出现了较大的赤字，超过市场需要增发了大量货币，引起物价上涨。最近，党中央和国务院对这种形势作了全面的估量，决定从今年（1981年）起进一步对国民经济进行认真的大的调整，整个第六个五年计划期间都要继续进行调整，逐步把不合理的产业结构调整合理。经济体制改革目前要在服从于经济调整和有利于调整的前提下，继续坚持进行。

在目前情况下，体制改革怎样进行才能更有利于调整呢？首先，在体制改革的进一步实施中，要注意把加强国家集中统一的计划指导，同进一步发挥企业和基层经济单位的主动性和积极性结合起来。为了搞好经济调整，克服当前困难，必须加强集中统一。现在强调集中统一，主要是指在宏观经济方面加强国家的计划指导和采取必要的行政干预。例如，各种渠道用于基本建设的资金，要由国家计划委员会统管起来进行综合平衡；财政税收制度、重大财政措施、信贷管理制度、现金管理制度都必须集中统一，等等。但是，现在强调集中统一，并不是什么都集中，回到过去的老路上去，而是要在加强宏观经济的计划指导的同时，还要进一步发挥企业和基层单位的主动性，把整个经济搞活。不如此，过去经济体制由于权力过于集中和吃"大锅饭"的弊病所形成的僵化状态将无法克服，当前国民经济的调整任务也将难以解决。所以，在今后改革试点中，必须始终不渝地注意把发挥基层单位的积极性，同加强国家集中统一的计划指导结合起来，使改革的每一个环节都有利于调整的实现，这是十分重要的。

其次，应当对已经采取和即将采取的改革措施，按照其对调整的利弊来决定其先后缓急。现在已经可以清楚地看到，有的改革措施对调整有利，如国家基本建设由财政拨款改为银行贷款，还有按专业化协作原则改组工业，组建各种形式的经济联合体，以及发展多种经济成分和经营形式等改革，不需要多少花费就能很快收到实效，这些改革都应当积极进行。市场调节也要在国家计划指导下继续搞好。有的改革，从长远来看是合理的，必须搞的，但同当前调整有矛盾，就应当适当推迟进行。如整个价格体系的改革，目前由于财政信贷不平衡，就不宜立即付诸实施，近几年内只能进行局部的个别的价格调整。由于经济调整所需时间比原设想要长，为了集中精力搞好调整，整个改革的步子与原设想相比，也要放慢一点。原定于1981年在国营企业全面推广扩大企业自主权的改革，由于牵扯精力过多，已决定暂不实行。目前要把工作重点放在现有试点企业的巩固上，放在企业的调整与改组上，认真总结近两年来的经验，分析和解决在改革中出现的新问题，订出一些章法，以巩固现有改革的成果。当然，为了取得经验，有些带有方向性的改革，如少数企业和个别城市已经实行的"以税代利、独立核算、自负盈亏"的试点等，还要继续进行。

总之，在国民经济调整时期，前一段行之有效的一些改革要继续坚持，改革的成果要巩固和发展，少量的新的改革的试点也要有领导有步骤地进步。这些改革搞好了，不仅不会妨碍调整，而且将有利于生产的发展，有利于调整的进行。调整的胜利实现，也将为体制改革的全面开展创造条件。

经济管理体制的改革，是国民经济管理的大改组，是各方面经济利益的大调整，是中国人民经济生活中的一件大事。现在体制改革试点工作，固然取得了显著的成效，但是，不论在改革的理论上和实践上都有许多重大问题，需要继续搞清楚和妥善解决。在今后改革的道路上，我们还会遇到许多困难和阻力，还会出现许多意想不到的问题。正如中国有句俗话说的那样："世上无难事，只怕有心人。"只要我们认定改革的方向，勇于探索，勇往直前，百折不回，中国经济体制改革的伟大事业，必将获得成功！

英国的经济和经济学界*

——访英札记

（1981年5月23日）

1981年4月下旬至5月上旬，笔者参加了以许涤新为团长的中国经济学家代表团，到英国进行了三周的访问，在牛津、剑桥、伦敦三地，先后会见英国经济学者数十人。双方就两国经济学理论研究情况和经济发展中的问题进行了学术交流。由于时间短促，我们了解的情况很有限，现将一些印象简单介绍如下。

    *   *   *   *

第二次世界大战后，英国虽然是战胜国，但由于前殖民地的民族解放运动风起云涌，纷纷独立或自治，昔日不可一世的大英帝国进一步衰落。战后英国经济的增长率，虽然有一段时期快于战前，但总的来看，不及日本、法国、联邦德国、意大利等发达资本主义国家。拿工业生产来说，从1960年到1978年，经济合作和发展组织（OECD）诸国的工业产量每年增长率是：英国2.5%，联邦德国4.4%，美国4.5%，法国4.7%，意大利5.3%，日本9.4%。联邦德国、法国和日本的国民生产总值分别在1960年、1965年和1967年超过了英国。按人口平均的国内生产总值，1978年英国是5514美元，不到美国和联邦德国的一半，也落后于法国、日本和意大利。在1948年到1978年，英国在资本主义世界工业生产所占比重，由10.2%降至4.3%，占出口贸易的比重由12.4%

*　原载《经济学动态》1981年第7期。

降至6%。在维持国际收支平衡和英镑汇率上，常常发生问题。1949年和1967年英镑两次贬值。1979年的1英镑，只相当于1975年的60.5便士，1946年的17.5便士，1900年的4.5便士。

战后英国已经受到六次经济危机的袭击。我们在英国的时候，从1979年7月开始的第七次危机还在继续发展。过去，在20世纪50年代至60年代，由于事实上执行凯恩斯的经济理论和政策，通过赤字财政刺激需求，大体上能够成功地达到劳动力的充分就业，并使通货膨胀率保持在比较温和的程度（60年代末消费品价格增长率为4%左右）。进入70年代以后，情况发生了变化，经济增长率下降了（国内生产总值平均每年增长率1973—1978年下降为0.9%，其中工业生产实际上没有增长），通货膨胀率急剧上升到两位数，有时达到20%以上，通货膨胀问题逐渐成为政府政策的主要对象。70年代中期英国北海油田投产后，对英国国际收支平衡的好转起了积极作用，自1976年开始成为英镑不断升值的主要因素，但未能阻止英国经济的"滞胀"即一方面经济增长率下降、失业人数增加，一方面通货膨胀的并发症的发展。为了解决收支赤字和通货膨胀问题，上届工党政府（1974—1979年）在继续执行限制工资增长和控制物价和利润分配的同时，就开始倾向于采用有预算逆差递减和预期货币供应增长指标的所谓"实用的货币主义"。1979年5月以撒切尔夫人为首相的保守党政府上台后，便全面鲜明地实行货币主义的政策。

现任保守党政府把降低通货膨胀率当作首要任务，认为这是从长期来看使生产和就业机会持续增长的必要条件，而为了降低通货膨胀率，就必须控制货币供应量，压低人们对于物价上涨率的期待。为此，1980年宣布以四年期限来达到减低货币供应增长率和减少公营部门借款额两大目标，即所谓"中期财政策略"①。同时，还采取一系列措施来削减政府开支，缩小公营部门，扩大私营部门，减少政府对经济的干预，扩大市场的作用，等等，以完善"供给方面的机制"。

对于撒切尔夫人执行的货币主义政策，英国各方面人士的看法很不一致。我们接触到的，大体有肯定和否定两种相反的意见。

一种是完全支持或基本支持现政府政策的人们的意见。他们认为这个政策已经开始取得某些成效。其证据，一是实际通货膨胀率已从1980年5月的22%（换算为年率，下同）迅速降到1981年3月的12.5%。英国的通货膨胀率原来大大超过经济合作与发展组织（OECD）各国，现在已经降到相当于这些国家的平均水平，预测今后一年中还会继续下降。二是控制通货膨胀的政策和提高英镑汇率的结果，对于在激烈竞争中提高生产效率起了积极作用，同样的工业产量所用的劳动力比以前减少了。对于近年来英国生产下降和失业增长，这种意见认为历史上任何控制通货膨胀的努力都不可避免带来暂时的萧条，这是预料到了的。但是现在已经有迹象表明：经济下降将要转为复苏，其中最明显的标志是企业减少库存的行为已开始消失，公司接到的订货开始增加了。更重要的是，随着工资增长率逐渐减缓到物价上升率以下，以及工人每工作时生产率的提高，工商业盈利率恢复上升的前景已在望，这将有助于生产和就业的逐步回升。持乐观态度的人认为到下次大选（1984年）以前政府的政策将会有更多的成效，如果现任政府连任下去，货币主义的政策就可以有足够的时间能够获得

---

① "中期财政策略"的主要目标是：

年份	1980—1981	1981—1982	1982—1983	1983—1984
货币供应量增长百分比/%	7~11	6~11	5~9	4~8
公共借款需求/亿英镑	115	80	65	40

成功。但是，在基本赞成现政府政策的人们中，也有人持更谨慎的态度，认为目前经济回升的迹象不是很强烈的倾向，只是下降的趋势逐渐结束，要经过一段时间以后才能缓慢上升。他们担心在这个过程中失业人数的继续增长和解决失业问题在时间上的"迟滞"（time lag），可能在1984年下次大选以前的一段时期中引起严重的政治问题，从而使现政府的货币主义政策不能继续执行下去。

我们会见的支持或者基本支持现政府货币主义政策的人士，限于在政府和银行工作的经济学者。其他遇到的人，包括企业家、工会活动家、大学里的经济学者，对撒切尔夫人的经济政策都是不满或者反对。如马可尼工具公司一位经理表示，现政府的高汇率、低开支和完全竞争的政策，对公司的国内外营业都很不利。又如运输业和一般工人联合会的一位地区领导人说，现政府在大选时保证上台后不限制工资上涨，但现在却对工人说你们要维持工作就得满足于低工资，否则就要冒失业的危险。他还指责现政府的目的是瓦解工会的力量，为达此目的不惜以经济萧条的损失作为代价，企图迫使工会就范。

对现政府政策反对最激烈的，看来是大学里面的许多经济学者。他们受凯恩斯主义的影响较深，普遍认为弗里德曼的货币主义在理论上站不住脚，在实践中已被证明是失败的。他们指出，北海油田的开发给了英国以避免长期大量失业的最后机会，石油收入应当用于复兴工业，重振英国经济，减少失业，并将通货膨胀控制在可以接受的水平上。可是由于现政府按照货币主义的理论执行了紧缩政策，致使英国生产下降，包括石油在内的国民生产总值今年还不能达到1976年的水平，失业率由1979年春现政府上台时占劳动力5.5%，上升到今年4月的10%，这是20世纪30年代大萧条以后所未曾见的高失业率。政府提出的"中期财政策略"1980—1981年度的目标，也远远没有达到，货币供应量计划增长7%~11%，但实际增长18%以上；公共借款需求计划115亿英镑，实际达到135亿英镑。他们认为，政府的紧缩政策特别是高汇率政策将造成持续的衰退，目前压缩库存现象的消失，等等，对于遏制衰退只有一次性的效果，在这以后，衰退将继续加深。他们认为，要摆脱经济萧条和衰退，恢复和重振英国经济，就必须加强政府对经济的干预，利用财政信贷手段扩张对国内生产的货物和劳务的总需求，同时采取控制工资和物价的收入政策，调整产业结构的工业政策，降低英镑汇率和限制进口的外贸政策。基于上述认识，今年3月，剑桥大学F.H.哈恩教授和R.R.纳尔德教授起草了一个关于经济政策的宣言，要求立即取消货币主义政策，实行能够重振英国经济的代替办法。在这个宣言书上签名的，有40余所大专院校的364名经济学者，一时颇具声势。但政府方面不为所动。英国财政部首席经济顾问伯尔恩斯向我们表示，大学经济学家们的主张，有的如限制收入和物价的办法，曾经多年采用，并不成功；有的如增加财政支出刺激总需求的办法，开始时对经济可能有点好处，但终究要加剧通货膨胀，长期会破坏经济；至于限制进口和降低汇率的办法，也不利于从改进生产效率上来提高英国货物的竞争能力；因此不认为他们的意见是可取的。现政府将仍坚持其货币主义的政策。

英国经济政策问题的大争论，现在还在继续进行。从理论上说，这是凯恩斯学派同弗里德曼的货币主义学派长期争论的继续。双方针锋相对，各执一词。政府方面的经济学者强调控制通货膨胀是当务之急，而把当前严重恶化的失业问题看作是必要的过渡。反对政府方面的经济学者则认为当务之急是扭转当前严重恶化的经济萧条和衰退的局面，而把一定程度的通货膨胀看作是可以接受的。我们曾经问过好几位英国经济学家，能否找到一个办法，既能解决通货膨胀问题，同时又能解决萧条和失业问题。他们都笑而回答不出。由此也可以看出当代资本主义经济和资产阶级经济学陷入的危机的深刻性。不论是凯恩斯学派还是弗里德曼货币主义学派，都不能为危机重重的资本主义经济找到出路。

＊　　　＊　　　＊　　　＊

关于英国经济学研究情况，主人为我们组织了二十多次小型的讲座和讨论会，涉及问题十分广泛，关于理论的观点将另整理发表。这里只讲几点印象。

首先，从上节的叙述可知，在当代资产阶级经济学两大学派：凯恩斯学派和弗里德曼货币主义学派的搏斗中，尽管英、美两国政府现在都奉行货币主义政策，但在英国大学的经济学者中间，凯恩斯主义仍然占有支配地位。与我们接触过的英国经济学者，明确站在货币主义一边的，只有前伦敦商学院教授、现任英国财政部首席经济顾问伯尔恩斯。在牛津大学和剑桥大学接触的经济学者，不少人都不隐讳自己是凯恩斯主义者，明确地反对货币主义。看来这两派的激烈论争还要继续下去。当然，凯恩斯学派在英国经济学理论界中占支配地位，这是就宏观经济理论说的。在微观经济理论方面，新古典学派的供求均衡理论，特别是所谓"一般均衡理论"仍然占有重要地位。对于新古典学派微观经济理论的新近发展，牛津的A.森教授和剑桥的F.H.哈恩教授作了简略介绍，看来在那一套越来越精巧的逻辑结构的背后，还是对个人追求私利的绝对化和对市场竞争机制的理想化，没有脱出马克思早已批判过的庸俗经济学的窠臼。在发达资本主义国家无法摆脱"滞胀"危机的今天，一些资产阶级经济学者正在力图用这套东西把资本主义拉回到经济自由主义的老路上去。还有一个值得注意的动向是，20世纪70年代以来，英国经济学界对马克思经济理论的研究讨论重新活跃起来，这与当代资产阶级经济学不能解释和解决当代资本主义经济面临的各种根本问题有关，特别是一批年轻的研究人员，想从马克思主义经济学中寻找出路。这批学者的一些人自称为马克思主义者，但他们大都受过凯恩斯主义的熏陶，有时不大容易把他们的观点同凯恩斯主义左翼、新李嘉图主义左翼和工党左翼区分开来，这是需要注意的。

其次，英国经济学者不但注意基础理论的研究，而且注意实用经济问题的研究。讲座既介绍了高度抽象的"一般均衡理论"和各种宏观经济的理论模式，又介绍了十分具体的工业、贸易、财政、货币等方面的应用经济学问题和经济政策问题。并且，在谈到一些抽象的理论模式时，往往联系分析它们的政策含义。据了解，牛津大学的社会科学系的经济学部，除设教学部门外，还设有经济和统计研究所，许多学院还设有各种"研究中心"，组织研究国内外实际经济问题。剑桥大学在经济学方面分设政治经济科学部和应用经济学部，前者主要搞教学，后者主要研究英国经济。两个大学的教学和研究人员许多都是互相兼职的。英国大学里的学者有不少曾经一次或多次参加过政府部门的工作，或者担任过政党首领的经济顾问。政府里一些重要经济官员也是从教学和研究岗位上转过去的。这几方面的人员交流，再加上理论工作者易于接触实际资料，这是他们理论与实际结合得比较好的重要条件。英国中央统计局的任务之一，就是要"尽可能保证议会和公众能够接触到提供给部长们的统计情报"。我们过去一直强调理论联系实际，但经济学教学、研究和实际部门的结合，长期未能很好解决。这几年才开始重视和认真解决这个问题。英国在这方面的一些做法，是值得我们借鉴的。

最后，在经济研究中重视运用数学方法，进行数量的分析。英国在第二次世界大战前就开始了经济计量学的研究。战后三十多年来，数学在经济学中的应用和经济数量关系的研究，比战前有了更加广泛深入的发展。搞经济学和经济工作的人，都有比较好的统计学和数学的训练，数量分析的观念比较强。讲座安排了四个经济计量学方面的专门课题，在其他专题中，也都不同程度地运用数学方法和统计方法进行数量分析。近二三十年来，英国经济研究工作中广泛地发展和运用经济计量模式。据介绍，英国现在有五个单位在搞大型的英国经济计量模式的研究。其中，英国财政部、剑桥大学应用经济学部和伦敦全国经济社会研究所三个单位的模式是按凯恩斯的理论做出的；另两家即伦敦商学院和利物浦大学经济系的模式，则是按弗里德曼的货币主义理论做出的。根据这些模式做出的各种预测和分析，对于制定政策和做出决策，对于英国朝野各个方面的争论，都起了重要的作用。我国经济理论工作过去只注意定性方面的研究，直到最近，才开始注意数量方面的研究，有些单位也在试图做出我国经济计量模式，为经济研究和决策服务。根据英国的经验，这方面工作的开展，需要培养大量具有数学和统计学训练的经济专业人员，并要解决国民经济统计资料的提供问题。

再一个印象，是英国经济学界十分重视年轻一代学者的成长。参加这次介绍情况的大学和经济部门三十多位报告人的年龄，大约是50岁以上和50岁以下的各占一半，其中60岁以上和40岁以下的又各占1/6。许多50岁以下乃至40岁以下的比较年轻的报告人都是相当成熟的学者，有的已经是很有名气的教授。牛津和剑桥的制度，教授的名额是有严格限制的，退休一人才能由另一人接替。为了后一代的成长，年长的老教授（如剑桥的康恩、罗宾逊夫人、卡尔多、米德、斯通等教授，牛津的希克斯等教授）都是到年龄就退休，让位给优秀的继承者，但这些老一代的经济学家仍然继续活跃于学术界，提携和指导后学。我国经济学界由于历史的原因，存在着队伍老化的问题。就拿这次访英代表团的七名学者来看，50岁以下的只有1人，有五人在60岁以上，这在一定程度上反映了队伍老化的状况。亟须采取措施，大力培养和提拔中、青年经济学者，逐步改变这种状况。

我们在英国接触的经济学者，绝大多数是资产阶级学者。如前所述，现代资产阶级经济学不能解决当代资本主义经济面临的一切根本问题，他们已经进一步陷入深深的危机。但是，近几十年来，他们在研究方法技术上，在为资本主义经济的经营管理（特别是在微观范围）提供策略性技术性的服务上，是有所前进的。其中有属于社会化大生产共通的东西，是可以借鉴的。对于现代资产阶级经济学，我们应当在战略上藐视他们的同时，在战术上重视他们，从中吸收对我们的经济研究和经济管理有用的东西。

英国的经济和经济学界

英国政府统计工作的一些情况

——参加中国经济学家代表团访问英国的情况汇报
（1981年6月4日）

今年（1981年）四五月间，我参加中国经济学家代表团访问英国，在伦敦停留期间曾到英国中央统计局进行了短时间的访问。该局局长A.J.波尔汉爵士谈了英国政府统计工作的一些情况，并赠送了一些有关的材料，现整理汇报如下。

一

英国政府统计工作的管理体制与一些发达国家不同，实行的是分散的管理体制。政府各主管部门都设有自己的统计机构，在工业、商业、劳动就业和保健、教育等社会经济各个领域进行大量的统计工作。除了各部门的统计机构外，还有两个中央统计机构，一个是中央统计局，隶属于首相府，负责国民经济核算工作，中央统计局的局长对政府各部门的统计工作实行业务上的指导。另一个是人口普查和调查局，负责全国人口普查、登记和一些重要的社会调查。在整个政府统计系统中，中央统计局无论在人数上或者在经费上，都只占很少一部分。如1979年整个政府系统的统计工作人员共约9000人，其中中央统计局只占263人；整个政府统计工作经费1.04亿英镑，中央统计局400万英镑。

虽然如此，中央统计局工作的重要性却不是它的人员和经费的比重所能表现的。

1980年，英国政府对整个政府统计工作进行了一次全面的审查，又接触到统计组织管理体制的集中与分散的问题。在负责主持这次审查工作的D.雷诺爵士写给首相的报告中说，"虽然在开始的时候，集中的统计体制以其可能有的简单明了吸引了我，但我一直相信，继续保持分散的组织，将更有利于保证效率和节约。由一个单一的中央机构来收集和加工统计资料，这样一种清晰的管理线条是有吸引力的，但是，我不相信其所得将足以补偿其所带来的干扰、重复劳动和几乎不可避免地使统计人员陷于孤立"。英国政府同意了雷诺的这一观点，各部门分散进行统计工作的体制将继续下去。

二

英国统计学的发展已经有了300年的历史，但中央统计机构历史却很短，中央统计局是在1941年1月27日由当时的首相丘吉尔建立的。作为战时内阁的一个组成部分。中央统计局建立后，把过去由斯坦浦勋爵等人所做的国民收入年度估算的工作以及与战时经济计划有关的其他资料工作接收过来，并对政府各部门的统计工作实行一般领导。20世纪50年代后期，发展了国民收入核算的季度估算及与之有关的一些统计工作，以后又增加了资金流量统计等工作项目。

最后15年来，由于各部官员、议会和公众的需要，政府统计工作大大扩张了。从1965年到1979年，整个政府系统的统计工作人员从4234人增加到8850人，经费从5000万英镑增加到1亿多英镑，都增长了一倍多。政府统计工作量的增长也反映了英国政府越来越多地在各个方面干预经济活动，在越来越大的规模上提供社会服务和社会设施。就中央统计局来看，它的经费从1965年的

135万英镑增加到1979年的400万英镑，增长了两倍半以上。增加的经费主要用在开展宏观经济统计和社会统计工作上，以及计算技术的现代化等方面。

三

中央统计局的工作目的是什么？该局局长在一份关于该局工作的报告中，列举了以下六项目的：

1. 保证每位部长（特别是首相和财政大臣）有充分的和经济有效的统计服务；

2. 保证内阁不需要就统计数字进行辩论；

3. 维护政府统计的真实性，并使公众信任这种真实性；

4. 保证尽可能使议会和公众能够接触到提供给部长们那样的统计情报；

5. 保持统计专业上的联系，参与统计技术的发展；

6. 对国际统计作出英国的贡献。

上述报告又指出，列举的这些工作目标过于广泛，需要强调它们的费用和价值方面。报告中又列举了该局的几项工作职能。这几项工作在该局经费总额中所占比重大约是：

1. 宏观经济统计　　　　　　　　50%以上
2. 政府统计工作业务指导和协调　15%
3. 社会统计　　　　　　　　　　12%
4. 统计资料印刷出版　　　　　　10%
5. 行政管理　　　　　　　　　　10%以下

这样看来，英国中央统计局工作的核心部分，是宏观经济统计，即年度和季度的国民核算体系，这方面的工作在中央统计局的经费预算中占了一半以上。

四

中央统计局的工作同政府各部门统计工作的相互关系，有两个方面：一个方面是，中央统计局的工作是建筑在各个部门统计工作的基础之上的；另一个方面是，中央统计局局长是有从业务上指导、协调和影响各个部门统计工作的权力。

中央统计局的统计工作多半是综合性的，需要各部门统计机构提供基础资料，各部门统计机构所做的工作，有相当一部分是为中央统计局服务的。例如，年度和季度国民经济核算统计的全部费用，估计每年需要300万英镑，其中只有1/6即50万英镑是中央统计局自己开支，其余5/6即250万英镑的费用是由各部门和企业承担的。企业统计署每年800多万英镑的经费中，有250万英镑到400万英镑是用来支持中央统计局的工作的。

中央统计局对政府各部门统计工作的指导、协调和影响，是通过以下途径实行的：

1. 对各部门统计机构关键岗位人员的任命，特别是首席统计师一级人员的任命，中央统计局可以提出意见。

2. 在日常业务联系中对一般统计人员的非正式影响。

3. 在两个关于统计的部际委员会里担任主席，这两个委员会一个与经济政策有关，另一个与社会政策有关。

4. 在内阁的官报上发表有关统计工作的观察简要。

5. 中央统计局集中了一些统计管理职能，包括对调查的控制，对统计人员集团的管理，制定分类和标准，专题研究和国际联系等。

6. 制定政府统计服务工作的战略总方针，这项工作还在草创阶段。

五

以撒切尔夫人为首相的现任保守党政府，为了克服通货膨胀，采取了紧缩政策，要求精简政府机构，减少财政开支。适应这一要求，1980年1月英政府指令，在D.雷诺爵士的领导下，对政府统计工作进行一次全面的审查，审查的任务，一是弄清楚各个部门的统计工作对政府和外界（如工商界等）的费用是否为其所产生的利益证明是正当的？统计工作的效率能否提高？二是提出每项统计工作降低费用的办法。经过一年的审查，提出了一整套关于英国政府统计工作的报告，其中包括D.雷诺爵士向首相的总报告和22个分部门的报告。还有一本关于《政府统计工作》的白皮小册子，扼要报告了这次审查的结果。根据这本小白皮书提供的资料，整个政府系统的统计工作，在1979年到1984年，计划作如下的精简：

	1979年	1984年	节约	节约比例
人员（人）	9000	6451	2550	1/4
经费（百万英镑）	104	78	26	1/4

为了减轻企业的负担，政府各部门发给企业填报的表格，有的将取消，有的填报次数将减少，有的内容将削减。各部门发给企业的报表数量，将比三年前平均减少75万件，大约砍掉1/4。

白皮书提出了各个部门可以共同采用的改进统计工作的要旨如下：

1. 信息的收集和加工要采取更经济有效的方法；
2. 在统计工作中更有效地利用计算机；
3. 更有效地利用抽样技术；

4. 以收集最少量的必要数据来达到主要目的；

5. 精简管理体系以减轻资料的负担；

6. 减少用于方便公众获得统计资料的费用，目的在于回收成本。

各部门精简统计工作的目标和改进统计工作的途径，举例如下：

例如，就业部（人力工作委员会）从1979年5月到1984年4月，统计人员人数由1430人减少到960人（减少33%），经费由每年1540万英镑减到1000万英镑（减少35%）。其办法是把就业普查从每年一次减为三年一次，推行抽样调查，统计加工更加集中和机械化，失业统计改为主要从失业救济署收集，等等。

又如，工商部从1979年5月到1984年4月，统计人员人数由1399人降到1054人，减少25%；统计经费由1390万英镑降到1090万英镑，减少22%。其办法是改革对制造厂商的季度销售调查，在年度生产普查中更多运用抽样方法，削减与工业生产月指数的编制有关的调查，减少其他调查的次数，每年发给企业的报表减少十万件，等等。

又如，中央统计局，从1979年5月到1984年4月，统计工作人员人数由263人减少到196人（减少25%）；全部经费由410万英镑减为280万英镑（减少33%）。其办法是停止对该局出版物的编辑费用的补助，改革组织结构的节约高级职位，减少国际收支统计费用，减少收入分配估计的次数，停止财富分配统计工作，等等。

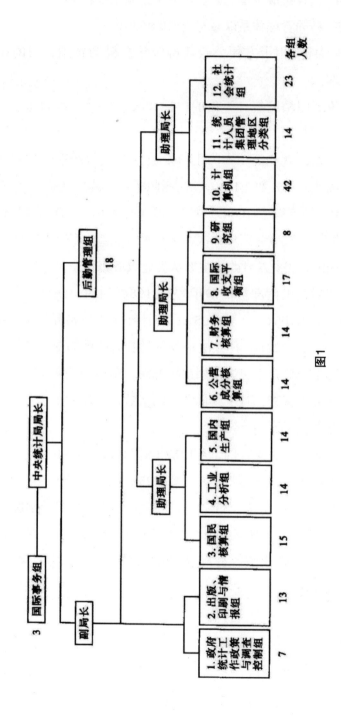

图1

六

上面曾提到中央统计局改革组织结构的问题。目前，该局由12个组组成，每组由一位首席统计师或与他级别相当的人来领导。他们分别通过三位助理局长和一位副局长向中央统计局局长负责。组织系统简示如图1所示。

各组人数，专业统计组一般每组14人，统计政策协调组的人数少些，计算机、出版事务等组的人员多些。在日常工作中，首席统计师是关键的管理者，他们对按时按质完成统计工作负责。中央统计局的工作报告中说，政府统计工作的基本指导思想是顾问者和被顾问者之间要有一个理想的紧密关系。各级统计人员都要把三项责任很好地结合起来，这三项责任，一是专业顾问方面的责任；二是专业监督方面的责任；三是运用专业技巧的责任。当然，在不同级别，这三者的侧重点是不一样的，但重要的是确认这几项任务的结合。

适应精简的要求，这次统计工作审查报告中提出了对中央统计局的组织结构进行改组的意见，建议把12个组合并减少为9个组，局长级职位由五名减为三名。

9个组是：1.统计政策组（10人）；2.出版印刷和情报组（26人）；3.调查控制、研究和标准组（12人）；4.计算机组（40人）；5.社会统计组（18人）；6.中央国民核算组（19人）；7.工业生产组（10人，编制投入产出表时增至16人）；8.国内财政组（20人）；9.国外收支平衡和海外组（13人）。其中第1组（统计政策组）直接对局长负责；第2组到第5组由一位助理局长负责；第6组到第9组由另一位助理局长负责。局长可以从这两位助理局长中指定一位作为副局长。改组后的中央统计局的组织结构将如图2所示。

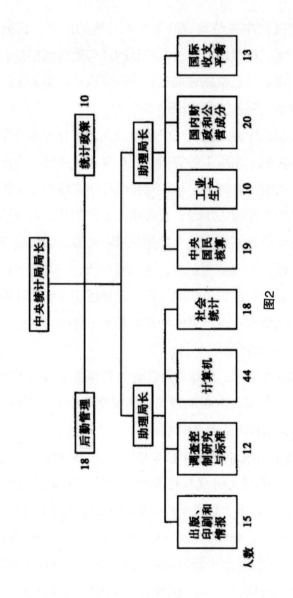

图2

七

前面说过，英国中央统计局最重要的统计工作是宏观经济统计，这是中央经济决策的重要根据。英国的宏观经济统计是由季度的和年度的国民核算体系构成的。这一体系提供了对整个经济发展进行分析的框架。为了不使统计工作受政治变动的干扰，英国中央统计局的宏观经济统计在理论上既容纳凯恩斯的经济学，又容纳货币主义的学说。宏观经济统计的最重要的内容包括：国民核算（季度和年度），资金流量统计（月、季、年），生产指数（月），国际收支平衡估算（季度和年度），收入再分配估算（年度）和税收与价格指数（月），等等。

在这次对政府统计工作进行审查的过程中，政府首席经济顾问、政府统计工作首脑和各方面使用国民核算资料的人士都强调指出继续这一核算的头等重要意义。D.雷诺爵士对首相的报告中也说："我们必须接受首席经济顾问和政府统计工作首脑的技术性判断，即月生产指数和季度国民核算在它们的现有形式上是完全必要的。"因此，经过这次审查，虽然在细节上将有所调整，但整个国民经济核算的框架将无大变动。由于宏观经济统计的价值在于对当前经济形势作出估量和评价，这就对统计人员提出了更高的要求。中央统计局的报告上说："关于资料来源和资料序列的知识是必要的，但是不够。应该对当前正在发生的事情有作出判断的能力，并且有把自己置于一个部门的政策顾问地位的愿望，这就要求统计人员有宽阔的视野，和找出相互关系的能力；而把注意力狭隘地局限于个别资料的来源和特殊的序列却妨碍做到这一点。"

上述报告还强调了投入产出分析的重要意义，指出这个表可以用来解释经济事件对于产业活动的影响，并做出经济预测，例如研究石油价格的上涨对于经济带来的全面的影响，等等。中央统计局的投入产出表每五年编制一次，上次是1974年，这次是1979年，下次是1983—1984年。每次编表的时间拖延较长，但集中工作的时间为一年半到两年。因为所需人力在时间上有波动，上述审查报告提出了一个建议，就是把投入产出表的编制工作通过合同方式包给大学去做，同时保留少量政府统计人员起看守作用，这样做可能对节约开支有好处。

八

人口普查和调查局是另一个中央统计机构。该局于1970年在登记总署和政府社会调查部合并的基础上成立，现有工作人员约2650人，其中大约1100人是做统计工作的。局的头头叫作登记总长（Registvar-General），他的责任是依法收集有关人口的某些情报。他在一位社会服务国务秘书的一般指导下进行工作，而这位国务秘书是在议会里负责诸如人口普查之类的事情的。人口普查和调查局与中央统计局之间存在着紧密的关系。

人口普查与调查局有五项主要工作：（1）婚姻法的行政管理，出生、死亡和婚姻登记；（2）医疗统计；（3）人口普查；（4）其他人口估计和预测；（5）社会调查部进行的各种调查。

该局的规模和费用在很大程度上受人口普查工作的影响。人口普查每十年进行一次，最近的一次是今年（1981年）举办的。人口统计的经常费用每年150万英镑，但每次普查的经费达4400万英镑。社会调查也是该局的一项重要工作。社会调查部每年花费约500万英镑，其中一半用于连续性的多目的的社会调查，另一半用于受各部门委托联合举办的单项目的专题调查。

多目的的连续性的社会调查的例子有：（1）家庭支出调查，这一调查是从1957年开始进行的，它提供零售物价指数和家庭支出估计的基本资料。为了精简统计工作，现在正在试行把这项调查同国民食物调查进行合并。（2）国际旅客调查，1980年它在港口、机场收集了219 000个旅客的样本，取得了关于英国居民出国的花费和外国访问者在英国的花费的情报，这些情报主要用于国际收支平衡统计，一般旅游资料和了解出入英国的移民情况。（3）一般家庭调查，这项调查从1971年开始，现在15 000个家庭样本。它是应许多部门需要了解家庭经济和其他情况（如家庭使用公共服务的情况，家庭成员健康状况，对于工作的态度，等等）的要求而设计的。这是提供范围很宽的社会和经济变量之间的关系情报（如公营部门工人对于工资支付的态度，失业人员的家庭状况等）的唯一经常来源。这项调查受到首相府的资助，这意味着实际上它是由首相负责的。这是所有社会调查中仅有的情况。

　　至于单项目的调查，各部门已经常常利用私营的社会调查公司去进行。政府社会调查的大约有85%是通过合同包出去的。这次对政府统计工作的审查报告中认为，凡是私营公司调查成本低于人口普查和调查局调查成本的单项目的社会调查，都应通过合同包出去。社会调查部承担的调查应当收取费用，应由有关部门的预算来承担这些费用。这样就可以大大节约社会调查费用。

英国政府统计工作的一些情况

关于《社会总资本的再生产和流通》*

——《资本论》第2卷第三篇解析

（1981年7月）

　　《社会总资本的再生产和流通》是《资本论》中十分重要的一篇。《资本论》从对资本主义的微观经济的分析转到对宏观经济的分析，就是从这一篇开始的。学习和掌握这一篇的内容，不仅对于了解和研究资本主义的社会再生产，而且对于了解和研究社会主义的社会再生产，都是一个必不可少的基础和出发点。而这一篇在《资本论》全书中又是比较难读的篇章之一。这里讲讲我个人学习这一篇的一些理解，供大家学习研究马克思再生产理论参考。

一、绪论

（一）《资本论》中研究再生产问题的层次

　　再生产问题，在《资本论》第1卷第七篇中已经研究过，《资本论》第2卷前两篇也经常接触到这个问题。但是研究的角度不同。

　　关于《资本论》第1卷，马克思这样说：

　　"在本书第1卷，我们把资本主义生产过程，既作为孤立过

---

*　本文初稿写于1963年。原载《马克思的社会再生产理论》，中国社会科学出版社1981年版。

程，又作为再生产过程来分析，我们分析了剩余价值的生产和资本本身的生产。资本在流通领域所经历的形式变换和物质变换被假定为前提，而没有进一步加以论述。"①

《资本论》第1卷第七篇所研究的再生产，主要是通过物质资料和剩余价值的不断反复的生产，来考察资本主义生产关系、资本家与劳动者的阶级关系的再生产，以及在剩余价值转化为资本的积累过程中，这种阶级关系又如何在扩大的规模上再生产。但是，大家知道，马克思曾经指出，资本不仅包含着一种阶级关系，而且还是一种运动，一个会不断地通过生产领域和流通领域各个阶段的循环。在流通领域中，资本所采取的形式和它的物质内容，都经历着变化。所谓形式变化就是资本从商品形态变化为货币形态，再由货币形态变化为商品形态。所谓物质变化就是通过交换，一种使用价值交换为另一种使用价值。资本在流通领域中所经历的这两种变化，在《资本论》第1卷第七篇研究直接生产过程中资本主义生产关系的再生产问题时，都是作为已经给予的前提放在一边，而没有进一步加以分析的。

《资本论》第2卷研究的是资本流通。在这里，资本是当作一种运动，当作不断地经历着形态变化和物质变化的过程来研究的。但是《资本论》第2卷的前两篇同第三篇的着眼点又有所不同：前两篇着重分析的是资本在流通领域中经历的形态变化，而第三篇着重分析的则是资本在流通领域中经历的物质变化。

为什么有这种差别？这是因为前两篇讲的是个别资本的运动，第三篇讲的是社会总资本的再生产与流通。在这里首先要搞清楚社会总资本运动区别于个别资本运动的特点。

我们知道，每个个别资本，为了进行不断的运动和不断的再生产，就必须在流通领域中不断地从商品形态转化为货币形态，

关于《社会总资本的再生产和流通》

① 马克思：《资本论》第2卷，人民出版社1975年版，第391页。

再从货币形态转化为生产资本的形态。换句话说，每个资本家必须不断地向市场售卖自己的产品，并且从市场上购买生产要素。他的产品得以卖出的条件，就是要有人来购买，而他若要购进生产资料，就必须有人把相应的产品生产出来并拿到市场上来卖。所以，一个个别资本的运动，总是与别的许多个别资本的运动互相交错，并且以这种交错作为自己的运动的前提条件的。但是，对于这个个别资本的运动来说，别的许多个别资本的运动以及它们同这个个别资本在市场上的互相交错，只是这个个别资本运动的外部条件。当我们考察个别资本的运动时，可以假定这种外部条件是已经给予了的。我们不必去问这个个别资本家如何在市场上找到自己产品的买者和自己所需生产资料的卖者；我们不必去研究这个个别资本的运动如何在市场上同其他许多个别资本相交叉，并且通过市场买卖，这个个别资本所生产的一种使用价值怎样被另一些使用价值所替换。这时着重研究的是另一些问题：资本在运动过程中经常采取和抛弃的是哪些形态？如何采取又如何抛弃这些形态？资本形态变化的周期是受什么决定的？资本的循环周期及其构成部分的不同比例对剩余价值的生产发生怎样的影响？等等。这些问题，就是前两篇研究的问题。很明显，在研究这些问题的时候，是没有必要去分析各个个别资本之间互相交错和市场交换的条件，没有必要去研究各个个别资本所生产的不同的使用价值是如何通过市场交换而互相变换其位置的。在那里只要假定这些外部市场的条件已经具备，从而使每一个个别资本在流通领域中的形态变化以及再生产的继续进行，成为可能。但是，在考察社会总资本的运动时，情况就不同了。

什么是社会总资本？社会总资本的运动是怎样构成的呢？

（二）什么是社会总资本，社会总资本运动的特点

马克思说："正如每一单个资本家只是资本家阶级的一个分

子一样，每一单个资本只是社会总资本中一个独立的、可以说赋有个体生命的部分。社会资本的运动，由社会资本的各个独立部分的运动的总和，即各个单个资本的周转的总和构成。"[1]

又说："各个单个资本的循环是互相交错的，是互为前提、互为条件的，而且正是在这种交错中形成社会总资本的运动。"[2]

从马克思的这些话，可以得到两点认识：

1. 社会总资本的运动是许多个别资本运动的总和；

2. 这个总和，不是简单的加总，而是互为前提、互为条件、互相交错的许多个别资本的总和。

如果对于个别资本来说，可以讲它的运动的条件，是由其他许多个别资本的运动从外部来给予的，如果说市场交换条件对于个别资本的运动来说只是一种外部条件，那么对于社会总资本就不能这样讲。既然社会总资本的运动不过是所有个别资本运动的总和，那我们就不能设 想在总资本的运动之外，还有其他资本的运动当作这个总资本运动的外部条件；既然总资本运动不过是互为前提、互相交错的许多个别资本的运动的总和，那么，使这种交错的运动得以顺利进行的市场交换条件，就不是存在于社会总资本运动的外部，而是社会总资本的运动本身所必须包含的，是存在于社会总资本运动的内部的。

所以，社会总资本的运动，与个别资本的运动有着原则上的差别。如果说个别资本的运动条件是来自外部，那么社会总资本的运动则是靠它自己的运动来创造这一运动的条件的。不分析这个运动的条件，社会总资本的运动就不能得到说明。所以，以前在研究个别资本的运动时只是当作前提来假定的东西，现在正好成为要研究的课题。

---

① 马克思：《资本论》第2卷，人民出版社1975年版，第390页。

② 同上书，第392页。

（三）本篇所要解决的问题：社会产品的实现条件问题

社会总资本的运动和再生产，究竟要具备哪些条件，才能连续不断地进行呢？前面已经说过，资本的运动要不断进行，就必须不断地在市场上卖出产品并买进所需的物质资料。这就是说，必须要具备有一定的市场条件或"实现条件"。所以，研究社会总资本的运动和再生产的条件，也就是要解决社会产品的市场实现条件问题。

社会产品的市场实现条件，可以分为两方面来看。

第一，社会产品价值的各个部分，如何得到"实现"？这里所说的"实现"意味着价值由商品形态转化为货币形态。所以这里的问题是社会产品的各个部分如何能够卖出和卖给谁的问题。

第二，社会产品价值各个部分，在实现为货币形态后，又如何取得实物的补偿？这里包括：生产中消耗了的生产资料的补偿，以及劳动者和资本家所需生活资料的取得。问题在于：资本家如何和从哪里买到所需的生产资料？资本家和劳动者如何和从哪里买到生活所需的消费资料？

上述产品实现过程的两个方面，都是在社会总资本和它的生产物（社会总产品）的运动的内部进行的。从一个方面来看的出卖过程，也就是从另一个方面来看的购买过程。社会总产品的各个部分，不是卖给资本家来当作生产的消费的对象（生产资料），就是卖给资本家和劳动者当作个人消费的对象（消费资料）。而资本家生产所需的生产资料，以及资本家和劳动者生活所需的消费资料，又只能从社会总产品中取得。同时，他们对于社会总产品的不同实物组成部分的购买力，也只能来源于社会总产品价值的不同部分的实现。所有这些都说明社会总产品各个部分的实现过程，都是在总产品运动的内部进行的，这种实现过程，归根结底不过是总产品内部各个组成部分之间的交换，是一

劉國光
经济论著全集

第
3
卷

些使用价值同另一些使用价值的换位。所以，这里不仅有价值补偿的问题，而且有实物补偿的问题。

关于这一点，马克思说："……当我们考察社会总资本及其产品价值时，……产品价值的一部分再转化为资本，另一部分进入资本家阶级和工人阶级的个人消费，这在表现出总资本执行职能的结果的产品价值本身内形成一个运动。这个运动不仅是价值补偿，而且是物质补偿，因而既要受社会产品的价值组成部分相互之间的比例的制约，又要受它们的使用价值、它们的物质形式的制约。"①

既然社会总产品内部的运动不仅包含价值的补偿，而且包含实物的补偿，既然社会总产品的实现过程归根到底不过是总产品不同组成部分的互相交换；那么，要使总产品的实现过程和总资本的再生产过程得以正常进行，在社会总产品的各个价值组成部分同实物组成部分之间，就必须要有一个互相适应的关系。否则，就会发生一方面有产品卖不出去，另一方面又有产品买不到手的情况，从而使再生产难以正常进行。所以，研究社会总资本的再生产条件或社会总产品的实现条件，也就是要找出社会总产品各个组成部分之间互相适应的条件。

我们知道，任何社会的再生产，包括资本主义的社会再生产，都要求有一定的条件，都要求社会产品的各个组成部分之间要互相适应。社会产品各组成部分是否互相适应，实际上就是各种使用价值的生产同它们的需要之间是否一致的问题。归根到底，也就是社会生产是不是按比例发展的问题。这是一切社会所共有的问题。马克思1868年7月11日给库格曼的信中说："按一定比例分配社会劳动的必要性，绝不可能被社会生产的一定形式所取消，而可能改变的只是它的表现形式。"②

① 马克思：《资本论》第2卷，人民出版社1975年版，第437—438页。
② 《马克思恩格斯〈资本论〉书信集》，人民出版社1976年版，第282页。

任何社会再生产的条件，归根到底是按社会需要的比例来分配社会劳动的问题，也就是社会生产的比例关系问题。为什么在资本主义制度下，社会再生产的条件却表现为市场实现的条件呢？

我们知道，在资本主义制度下，由于生产资料的资本主义私人所有制，各个资本家为了攫取剩余价值，盲目地为市场而生产。这里不可能由社会自觉地有计划地按照社会需要来安排生产的比例。另一方面，由于社会分工所决定的各部门之间物质交换的必要性，社会生产的各个部分又必须有一定的比例，否则，社会再生产是难以正常继续下去的。这个矛盾，在资本主义社会是通过市场经济法则的调节来解决的。必须指出，在资本主义制度下，各个资本家生产的产品是否适应社会需要，社会总产品的各个组成部分之间是否互相适应，在生产领域中，是没法知道的。只有到市场上来，只有在流通领域，才能发现。所以，在资本主义制度下，社会再生产的条件，不直接表现为社会生产的比例关系问题，而却表现为市场的实现条件问题，首先是产品能不能卖出去的问题。市场是资本主义再生产各种矛盾表露出来的焦点，实现问题，是资本主义再生产的核心问题。我想，为什么马克思把一个归根到底是社会生产比例关系的问题，作为市场实现条件问题来分析，并且放在"资本的流通"这一部分来处理，这恐怕是一个重要的原因。

（四）为什么用商品资本循环的公式来研究

马克思在研究社会总资本的流通和再生产时，用的是商品资本的循环公式。这个公式对于分析社会总资本运动的意义，马克思在本卷的第一篇第三章就已经作过说明。

为什么在研究社会总资本的运动时，要用商品资本循环的公式呢？这同社会总资本运动所包含的内容有关。

社会总资本的运动所包含的内容，可以从三个方面来看。

第一，这个运动不只包括垫支资本价值的实现，即不只包括不变资本价值和可变资本价值的实现，并且还包括剩余价值的实现。当然，个别资本的循环也包含剩余价值由商品形态转化为货币形态的流通阶段，但是，已经实现在货币形态上的剩余价值，如果由资本家当作所得来支出，就不再包括在个别资本循环过程之内，而是脱离了个别资本的循环的。可是，社会总资本的运动却是把剩余价值的全部实现过程自始至终地包摄在内的。因为资本的剩余价值的支出，是社会总产品得以实现的不可缺少的条件之一。

第二，社会总资本运动，不仅"包含生产消费（直接的生产过程）和作为其媒介的形式转化（或交换）"，而且"包含个人消费和作为其媒介的形式转化或交换"。[①]个别资本的运动只包含生产的消费，即直接的生产过程，而不包含个人的消费。前面已经说过，资本家支出剩余价值购买生活资料的交换行为，以及这个交换行为引起的资本家的个人消费，是不包括在个别资本的循环过程之内的。至于劳动者的个人消费，以至引起这个消费的劳动者以工资购买消费品的交换行为，更不包括在个别资本循环的过程之内。这种个人消费从劳动力再生产的角度来看，只是个别资本运动的一个必要的外部条件。包含在个别资本循环过程之内的，只是劳动力的购买，即 $G—A$。而劳动者以所得工资购买生活资料的行为，则是在这个个别资本循环的外部进行的。但是，就社会总资本的运动来看，无论是资本家或劳动者购买消费资料，以及由这种购买行为引起的个人消费，都是社会总产品的实现过程范围以内的事情。没有这种个人消费和消费品的购买，社会总产品的实现从而资本的运动，是不可能继续正常进行的。

① 马克思：《资本论》第2卷，人民出版社1975年版，第390页。

第三，社会总资本的运动，不仅包含资本的流通，而且也包含不形成资本的一般商品的流通。这一点是与上两点有关的。我们知道，在个别资本的循环运动中，每一个环节都是资本价值存在的特殊形态，整个循环都是资本价值的运动，而不包括不形成资本的一般商品的流通。例如，上面所说的资本家把一部分剩余价值用在个人消费品的购买行为，就不属于资本流通的范围，而只是一般商品流通的范围，因而不包括在个别资本循环过程之内。再如，资本家购买劳动力，把货币转化成为生产资本的一个要素，这是属于个别资本循环范围内的。但从劳动者的角度看，劳动力在他自己手中并不是资本，而是商品。他出卖劳动力取得工资的交易$A—G$，不是资本的流通，而是一般商品的流通。至于劳动者以所得工资购买生活资料，即$G—W$，从劳动者方面看，则显然更不是资本流通，而是一般商品的流通。但是，如上所述，这些交易行为，都是作为社会总产品实现过程的必要环节，而被包摄在社会总资本的运动内部的。所以，社会总资本的运动，就不仅包含许多个别资本的循环，而且包含不形成资本的一般商品流通。这种不形成资本的一般商品流通，又是同许多个别资本的循环，交错在一起的。

总之，社会总资本的运动，不仅包含垫支资本的实现，而且包含剩余价值的实现；不仅包含生产的消费，而且包含个人的消费；不仅包含许多个别资本的循环，而且包含不形成资本的一般商品的流通。所有这些互相联系的特点，决定了在研究社会总资本的再生产和流通条件时，必须采用商品资本循环的方式。

从第一篇第三章我们已经知道，商品资本循环的公式，正好可以用来反映社会总资本运动的上述内容和特点。作为这个循环的出发点的商品资本，从一开始就要求把剩余价值包含在内的全部商品价值加以实现，而商品资本的实现，从一开始就不但以资本家的生产性消费为条件，而且以资本家和劳动者的个人消费为条件，因而，商品资本的循环过程，不但包含着个别资本的流通，而且包含着不形成资本的一般商品的流通。当然，在货币资本的循环和生产资本循环中，也包含商品的售卖和生产要素的购买，但是在那里，资本家的剩余价值和劳动者的工资用在生活资料上的购买，都只是当作外部条件来看待，而不包括在资本循环过程之内。从而这两种循环都不包含个人的消费，不包含不形成资本的一般商品的流通。所以，货币资本和生产资本的循环公式，是不能用来研究社会总资本的再生产和流通问题的。

（五）关于货币资本的作用

上面讲过，社会总产品的实现过程，实质上是总产品内各种不同的使用价值相互交换的过程；又讲过，适合于研究社会总资本的再生产和流通的，只是商品资本的循环。这是不是意味着：货币在总产品的实现过程中，货币资本在总资本的再生产过程中，就没有什么作用呢？马克思在第十八章中，专门写了一节来回答这个问题。

在资产阶级经济学中，对于货币和货币资本在社会总资本的再生产中的地位和作用，有两种截然相反的见解。古典派经济学把社会资本看作是用于生产或生产性消费的社会财富，因而货币并不包括在社会资本之内，它们所起的不过是流通工具的作用而已。另一些没有摆脱重商主义观念的经济学家却认为，货币是社会财富和社会资本的最重要的部分，是最重要的社会财富和社会资本。这两种见解都是错误的。马克思在这一节中对货币资本的作用，从社会总资本的再生产和流通的见地，作了恰如其分的估计。在这种估计中，他利用了前两篇中有关部分的研究成果，作了两点概括。

第一点，一切资本的运动，不论是个别资本的运动或者是社会总资本的运动，都是从货币资本的垫支开始的。用马克思的话来说，货币资本的垫支是发动全部运动过程的"第一推动力"。他说："全部预付资本价值，即资本的一切由商品构成的部分——劳动力、劳动资料和生产材料，都必须不断地用货币一再购买。在这里，就单个资本说是如此，就社会资本说也是如此。"[①]在这里，货币就不单纯是流通手段，而是货币资本。并且，货币资本的垫支量，在生产要素的价格为一定的情况下，决定着发挥机能的生产资本的数量，从而基本上决定了资本主义的生产规模和剩余价值的增值规模。

第二点，由于周转时期分割为两部分，垫支的资本也必须经常在货币资本的形态上，与发挥机能的生产资本形态同时并存，因而，在资本垫支量为一定的情况下，垫支资本价值中能够不断当作生产资本来发生机能的部分，总要由垫支资本中必须不断在货币形态上与生产资本并存的部分受到限制。马克思还指出，从整个社会来看，由于要补充流通中和贮藏中的铸币的磨损，社会劳动与生产资料每年必须有一部分被用来生产或购买货币材料，即贵金属，这一部分费用会影响其他社会生产范围的缩减，因而是资本主义再生产过程的一种虚费。此外，马克思还指出，在资本主义生产的基础上，生产期间从而周转时间长的大规模的事业必须以长期的巨额的货币资本垫支为前提。

从以上所举各点来看，货币和货币资本在资本主义社会再生产过程中的地位和作用，是十分重要的。在以后对于简单再生产和扩大再生产的分析中，我们还将看到货币的运动在整个过程中起着十分复杂的作用，使这个过程潜伏着无数的危机，还使这个过程难以理解。

但是，另一方面，马克思又认为，对于货币和货币资本的作用，也不可过高估计。

① 马克思：《资本论》第2卷，人民出版社1975年版，第393页。

首先，关于第一点，货币资本的垫支虽然是一切资本运动的出发点和推动力，但是，资本主义的生产规模和剩余价值增值的规模，并不完全取决于货币资本的垫支数量。资本一旦与各种生产要素（如劳动力、生产工具、土地）相结合，就会在一定限度内取得一种伸缩力，发挥出不等的作用来，而不受原垫支货币资本量的限制。

其次，关于第二点，从社会范围上看，一个国家在流通中和在贮藏中的货币价值，一经从贵金属的生产或从国外取得，并且已经存在那里，它就会同社会的劳动力、生产资料以及自然资源并存在那里。这种货币价值并不能看成是对这些生产资源的限制，从而也不能看成是对社会生产规模的限制。至于说到生产期长、规模大的事业需要长期的大量的货币资本的投资，马克思指出，这纯粹是由于资本主义生产的特殊社会性质所引起的。如果不看资本主义，而看社会主义，情况将有所不同。在这里（《资本论》第2卷，第396—397页），马克思对社会主义社会中两类事业的安排（一类是长期占用物质资料和劳动力而不提供产品，另一类是短期占用物质资料和劳动力，又能很快提供产品）作了极其重要的、有名的指示——前一类事业的规模不应有害于后一类事业。并且指出，在社会公有的生产中，货币资本将不复存在，劳动力和生产资料将会由社会直接分配于不同的生产部门。还指出，劳动者的所得将是领取消费品的劳动凭证，而不是货币。这些指示都是有名的，为大家熟悉的。马克思关于社会主义社会中货币资本和货币的命运的预言，在涉及目前社会主义制度下货币和货币资金的性质问题。这个问题很复杂，不属于本讲的范围，这里就不详说。

总之，读了这一节可以得到这样的结论：一方面，社会总资本的一个构成部分的货币资本，起着十分重要的作用，这是由资本主义的商品生产的社会性质所决定的；另一方面，就资本主义

关于《社会总资本的再生产和流通》

生产的流通的一般物质内容方面来看，又不可对货币和货币资本的作用作过高的估计。那些过低估计或者过分强调货币和货币资本的作用的资产阶级经济学家的错误，在于前者不理解资本主义的商品生产的特殊社会性质，把资本主义生产同一般社会生产混为一谈；后者被资本主义的货币外观所迷惑，而没有看到它的物质内容。

二、简单再生产

（一）研究对象和方法

1. 关于研究对象

第二十章研究的是简单再生产的实现条件。

需要讲一下，什么是简单再生产？简单再生产有哪些含义？以及马克思在这一章研究的是哪种含义的简单再生产？弄清楚这些问题，也就可以同时弄清分析简单再生产的意义。

什么是简单再生产？

简单再生产是扩大再生产的相对概念。所谓简单再生产是指生产过程在原有的、不变的规模上的重复。所谓扩大再生产意味着比原有生产规模更大的再生产。这是一般的、简单的说法。仔细推敲一下，与扩大再生产相区别的简单再生产，可以有以下几种不同的含义：

简单再生产可以是指社会再生产的一种类型，即没有或很少有剩余产品，并且剩余产品全部用于非生产的消费而不用于积累的社会生产，如早期的人类社会。不用说，这种含义的简单再生产不是这里的研究对象。

简单再生产可以是指扩大再生产类型的社会生产中，在某些个别时期可能出现的一种实际状况。如资本主义再生产是扩大再生产类型的社会再生产，但在资本主义经济周期中有时会出现再生产规模不变，甚至缩小的情况。这种情况对于资本主义来说，并不是一种不正常的情况，但也不是一种典型的情况。典型情况是扩大再生产。马克思研究的是资本主义再生产的典型的特征的情况。所以这种含义的简单再生产也不是这里研究的对象。

那么，马克思在这一章研究的简单再生产，是什么含义的简单再生产呢？

马克思在这里研究的简单再生产，是对资本主义扩大再生产的一个理论的抽象，又是资本主义扩大再生产所包含的一个现实的要素。

马克思说："既然一方面，在资本主义基础上，没有任何积累或规模扩大的再生产，是一种奇怪的假定，另一方面，生产条件在不同的年份不是绝对不变的（而假定它们是不变的），那么，规模不变的简单再生产就只是一个抽象。"①

这里讲的简单再生产，是为了分析扩大再生产类型的资本主义再生产所提出来的一个理论上的假定，即假定全部剩余价值都被资本家消费掉，而没有任何积累。为什么要提出这个假定？这主要是由马克思的科学方法，即抽象研究方法所决定的。在研究扩大再生产的实现条件时，主要的困难不是发生在剩余价值如何能够转化为追加的资本上面，而是发生在原来垫支的资本的补偿，以及这种补偿又如何同劳动者和资本家的个人消费互相交错的问题上面，也就是发生在简单再生产的考察上面。把积累的因素加以舍象，就便于集中分析这个难题，便于揭示资本主义再生产过程中各主要方面和各基本要素的内在联系，从而便于进一步分析和把握整个扩大再生产过程的运动规律。

马克思又说："但是，只要有积累，简单再生产总是积累的一部分，所以，可以就简单再生产本身进行考察，它是积累的一

关于《社会总资本的再生产和流通》

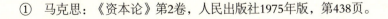

① 马克思：《资本论》第2卷，人民出版社1975年版，第438页。

个现实因素。"①

　　顺便指出，"积累"一词的本来意义，是指剩余价值向资本的转化。但马克思也常常用"积累"一词作为"扩大再生产"的同义语。以上引文中的"积累"，意思就是"扩大再生产"。这段话可以解释为：在有扩大再生产的地方（如资本主义社会），简单再生产总是包含在扩大再生产之中，构成后者的一个组成部分。（至于扩大再生产的另一部分，则是由本来意义的"积累"或再生产的扩大部分构成的）马克思在这里考察的简单再生产，也就是作为资本主义扩大再生产的一个现实的组成部分来考察的。这种考察，对于整个扩大再生产的分析来说十分重要。这首先是因为，简单再生产是扩大再生产的一个主要的组成部分，就年再生产来看，往往是最大的组成部分。其次是因为，如上所述，这一部分包含着实现问题中的最困难的问题。把整个扩大再生产的最重要部分和最困难的问题搞清楚了，那么对于整个扩大再生产过程的研究，只要把剩余价值转化为资本的积累因素纳入，就不难进行分析了。

　　总之，第二十章研究的简单再生产，既是对资本主义扩大再生产的一个理论的抽象，又是这个扩大再生产所包含的一个现实的因素。这两种提法，如何统一起来？如何互相贯通呢？道理是这样的：作为资本主义扩大再生产的一个现实因素来看的简单再生产，在这一章中是撇开了积累因素，独立地就其自身来考察的。这样一种撇开积累因素而就其自身来看的简单再生产，对于现实的资本主义的扩大再生产来说，的确是一种抽象。另一方面，简单再生产的抽象，是有实际经济生活的根据的，因为在实际经济生活中，简单再生产又的确是扩大再生产的一个现实的因素，现实的组成部分。所以，这一章讲的简单再生产，虽然是十

① 同上。

分抽象的分析，但是这种抽象又不是理论上的虚构，而是充分地反映了资本主义再生产的实际的；因此，这种抽象，对于深入理解资本主义再生产的实际过程来说，有着十分重要的意义。

2. 关于研究方法

经过《资本论》第1卷和第2卷前两篇的学习，大家已经初步熟悉马克思在《资本论》中应用的科学的抽象分析法，整个《资本论》的叙述过程，是一个从抽象到具体的分析过程，当然，从抽象到具体的叙述，是以从具体到抽象的研究为前提的。从抽象到具体是一个逐步展开的过程。每一步的分析，都引进新的东西，把以前各步研究的成果进一步具体化。但是，每一步的分析，若与以后各步相比，与最终分析的结果在观念上重现出来的实际的总体相比，特别是与实际经济生活本身相对照，都还是抽象的，也不能不是抽象的。但是每一步的抽象分析，都对资本主义实际经济生活的某一侧面，提供了本质的说明。

《资本论》第2卷第三篇的情况也是这样。这一篇引进了各个资本之间的交错的运动关系，引进了物质交换关系，来分析社会总资本的流通和再生产，不像在前两篇，只考察个别资本运动中的形态变化。这无疑是朝具体化的方向前进的重要一步。可是这里的分析，仍然是很抽象的。为了分析社会总资本再生产的实现条件，不能不把与这个问题没有直接关系或者对这个问题的理解起干扰作用的次要的因素加以舍象；虽然这些东西在实际经济生活中十分重要，在研究实际问题时是必须加以考虑的。

马克思在研究社会总资本的再生产条件问题时，舍象了哪些因素？明确这些舍象，对理解第二十、二十一章两章的内容，十分必要，对于我们正确运用这两章提出的原理于现实经济问题的研究来说，也十分重要。

马克思所作的舍象和假定，归纳起来，有六个方面，列举如下：

（1）经济结构方面。

a. 假定只有资本主义经济形式，其他经济形式予以舍象；从而，只有资本家同雇佣劳动者两个阶级，其他的阶级均予以舍象。

b. 假定只有产业资本；商业资本和生息资本予以舍象。

c. 社会生产结构，按产品使用价值划分为部类和分组；部门结构予以舍象。

生产方法及与之有关的经济关系方面。

a. 假定生产技术方法不变，技术构成不变，劳动生产率不变。

b. 与上面一点相应，假定产品价值不变，劳动力价值不变，资本有机构成不变，剩余价值率不变。

（3）分配方面。

除与上述有关的工资水平，剥削率不变，剩余价值与利润一致，商业利润、利息、地租均予以舍象外，还假定：

a. 资产阶级国家机构，资本主义经营的非生产企业组织都不存在；剩余价值和工资转移到非生产领域的再分配予以舍象。

b. 一切商品（包括劳动力）均按价值出卖，不发生因价格背离于价值而引起的再分配。

（4）流通方面。

假定流通的货币只有金属铸币。信用制度予以舍象。

（5）时间因素方面。

a. 假定再生产周期为一年一次。今年生产的产品，明年消费。

b. 假定积累在次年即全部发生生产效果，这是与扩大再生产有关的假定。

c. 假定固定资本的周转也是一年一次，即把固定资本与流动资本的区别加以舍象。但在第二十章有一节，专门考察了固定资本的补偿问题。

（6）国际关系方面。

a. 假定一个闭锁的国内经济；对外贸易予以舍象。

刘国光

经济论著全集

第

3

卷

b. 军需物资的生产予以舍象。

以上列举的各项假设和舍象，对于研究再生产实现条件的意义，有些在一般教材和其他文献中可以找到解释，这里就不多说；有些假设和舍象的意义是容易理解的，这里也不说明。需要说明一下的是第二项，即在生产方法和与之有关的经济关系上的假设，这一点对于理论上划清简单再生产与扩大再生产的界限，以及对于区别外延的扩大再生产与内涵的扩大再生产来说，是十分要紧的。

上面说过，马克思在研究社会总资本再生产的实现条件时，假定了生产技术方法、技术构成、劳动生产率都不变，从而，单位产品价值、劳动力价值、资本有机构成与剩余价值率都不变。所有这些不变的假定，概括起来，就是马克思在《资本论》第2卷第436页上所说的"没有发生任何价值革命"。所谓"没有发生任何价值革命"，包含有两方面的意思：一是总产品中各个产品的价值不变，这意味着总产品的价值同使用价值的对比关系是一定的；其次是各个产品从而总产品的各个价值成分之间的比例不变，即 $c : v : m$ 的比例关系是一定的。所有这些关系不变的假定，都是贯穿在第二十章简单再生产和第二十一章扩大再生产的分析中的一个前提。但是，马克思自己也指出："生产条件在不同的年份不是绝对不变的。"[①]因为在实际经济生活中，生产技术、生产方法、劳动生产率等条件总是在经常地变化，从而单位产品价值以及总产品的各个价值成分之间的比例也在经常改变。马克思之所以要在这里假定这些关系不变和不发生任何的价值上的革命，我体会有两个原因：

1. 价值革命对于当前所要解决的问题，即社会总产品各组成部分的实现条件问题，没有直接的关系，或者只起干扰作用，不

---

① 马克思：《资本论》第2卷，人民出版社1975年版，第438页。

影响实现问题的实质，故予以舍象。①

2. 上述各种关系不变的假定，是为了在理论上明确简单再生产与扩大再生产的界限，以便把简单再生产从扩大再生产中抽出来，"就其自身来分析"。这一点需要进一步说明一下。

资本主义再生产是一个多方面的复杂的统一过程。它一方面是使用价值的再生产，一方面又是价值的再生产；一方面是产品的再生产，一方面又是资本主义生产条件的再生产，同时又是资本与劳动的关系的再生产。我们知道，在生产技术、生产方法和劳动生产率不断发生变化的条件下，使用价值与价值的比例关系，产品价值的不同成分之间的比例关系，从而产品与垫支资本与投入生产的活劳动量的比例关系，都会发生变化。在这种情况下，我们就不能有各个方面规模变化程度互相一致的再生产。在一个方面是简单再生产时，另一方面同时可能发生扩大再生产的情况，或者相反。（如劳动生产率提高而投入生产的活劳动量不变，则在价值上是简单再生产，在使用价值上却是扩大再生产等）这样，我们就不能明确划清简单再生产与扩大再生产的界限，也不能从扩大再生产中抽出简单再生产就其自身来研究。如果我们要把简单再生产从扩大再生产的总体中抽象出来，就其自身来研究，那就要排除一切属于扩大再生产的因素，换句话说，必须在各个方面都是互相一致的简单再生产。马克思在讲到简单再生产是一个理论的抽象时曾说："前提是：一定价值的社会资本，今年和去年一样，再提供一样多的商品价值，满足一样多的需要，……"②这就是说，在抽象的简单再生产中，无论是垫支资本的价值量，投入生产的活劳动量，从而商品价值量，及产品使用价值量（满足需要量），都是不变的。没有这个前提，简单

---

① 马克思：《资本论》第2卷，人民出版社1975年版，第437页第3行至第12行及第438页第二段后半部分。

② 马克思：《资本论》第2卷，人民出版社1975年版，第438页。

再生产就难以同扩大再生产划清界限，作为理论分析的对象。

因此，生产技术条件和劳动生产率不变及与之有关的各种经济关系不变的假定，对于简单再生产作为一个独立的整体的分析来说，是必需的。

此外，生产技术条件与劳动生产率是否变化，又是区分外延的扩大再生产同内涵的扩大再生产的界标。这一点对第二十一章扩大再生产的理解十分重要，以后再说。

关于简单再生产这一章的研究对象和研究方法，就讲到这里。

（二）社会产品的构成和再生产图式

在第一讲中我们说过，社会产品的实现过程包括价值补偿和实物补偿，因此要研究实现条件就不仅要分析产品的价值构成，而且要把社会产品按使用价值的性质来加以划分。马克思把社会产品的价值像个别产品一样，划分为 c、v、m 三部分，在使用价值上划分为生产资料和消费资料两大部类，从而也把社会生产划分为两个部类。从社会产品的这两重划分出发，马克思建立了有名的再生产图式。并且以图式为工具，来分析社会产品的实现条件。所有这些，教科书上和其他文献上讲得比较多，大家也比较熟悉。这里我只想简单地叙述一下马克思是怎样克服前人的错误和批判地继承前人的东西，提出了关于产品价值构成和实物构成的原理以及再生产图式[1]。

1. 关于社会产品的价值构成问题

这里不去详述马克思以前资产阶级经济学的价值理论，单谈与产品价值构成有关的观点。主要的问题是，产品价值中包不包含不变资本转移价值即 c？应该说，重农学派是模糊地意识到产

关于《社会总资本的再生产和流通》

品价值中有这个部分的。马克思在第十九章讲魁奈的经济表时指出了这一点，他说："我们感兴趣的是：总产品的一部分，——它和总产品的任何其他部分一样，作为使用物品，是过去一年劳动的新的结果，——同时只是以同一实物形式再现的原有资本价值的承担者。"[①]这就是说魁奈已经注意到总产品中有一部分是不变资本价值的承担物。在这一点上，亚当·斯密却大大后退了一步。马克思说："斯密没有像魁奈已经看到的那样，看到不变资本价值以更新的形式再现出来，因而看不到再生产过程的一个重要因素。"[②]

亚当·斯密认为，不论是个别产品或社会年总产品的价值，只能分解为工资加利润和地租，或者分解为 $v+m$，而不包括 c。这就是有名的"斯密信条"。那么，产品价值中不变资本价值部分到哪里去了呢？亚当·斯密当然不会看不到这一部分，例如他也承认粮食的价格不仅包含支付给工人的工资，支付给租地农业家的利润和支付给地主的地租，并且还包含粮食生产上消费的生产资料的价格，即不变资本部分。但是他又认为，这些生产资料的价格，同粮食价格一样，也可以归结为工资、利润加地租。斯密忘记了这些生产资料价值中也包含不变资本的补偿部分。他由一个部门推到另外一个部门，再由这个部门推到第三个部门，企图以此证明商品的全部价值可以直接或"最终地"分解为 $v+m$。马克思指出斯密的这种推论，不过是"空洞的遁词"，因为怎样也找不到一个部门，那里不使用任何生产资料。即使是亚当·斯密自己所举的苏格兰玛瑙采集者的例子也不例外，因为这些采石者也要使用简单的工具，如篮子、口袋以及各种装运小石的容器。[③]

---

① 马克思：《资本论》第2卷，人民出版社1975年版，第398页。
② 同上书，第401页。
③ 同上书，第415页。

如果社会年总产品的价值只能分解为所得或$v+m$，而不包括不变资本价值的部分即c，那么就会产生一个十分重要的难题，即在此情况下，第二年的再生产如何能够继续进行呢？如果所有的商品在市场上实现以后都转化为所得被消费掉，那么任何再生产都是不可能的。亚当·斯密为了解脱这个困难，他就不顾自己的信条，提出所谓"总收入"和"纯收入"的区别。他说："一个大国全体居民的总收入，包括他们的土地和劳动的全部年产品；纯收入是在先扣除固定资本的维持费用，再扣除流动资本的维持费用之后，余下供他们使用的部分，或者说，是他们可以列入消费储备的部分，即用于生活和享乐而不侵占资本的部分。"① 这就是说，一国土地和劳动的全部年生产物或社会年总产品，不仅包含分解为工资利润加地租的纯收入，而且也包含不变资本费用的补偿部分，要不是这样，再生产过程就不能进行。在这里，诚如马克思所说，亚当·斯密是把他在分析商品的价值构成时所漏掉的东西，从侧门偷运进来了。换句话说，斯密的教条一碰上再生产问题的分析，就不能不遭到破产。②

马克思指出，斯密教条的错误在于他把"年产品价值"与"年价值产品"混为一谈了。③ 也就是说把社会年总产品的价值同社会年劳动新创造的价值混为一谈。社会年劳动新创造的价值的确可以分解为$v+m$，可是社会年总产品的价值除此之外，还包含不变资本的转移价值。斯密在这个问题上的错误的根源，在于他由于自己的资产阶级的局限性，不能够懂得劳动的两重性质。劳动当作抽象劳动的支出，是创造新的价值的；当作具体的有用劳动，则是创造使用价值的，并且，与此同时，具体的有用的劳动还把生产中消费的生产资料的价值，转移到新的使用价值上面

---

① 马克思：《资本论》第2卷，人民出版社1975年版，第402页。
② 同上。
③ 同上书，第418页。

来。劳动的两重性不仅适用于生产个别产品的个别劳动，而且适用于生产社会总产品的社会总劳动。当作抽象劳动的支出，社会总劳动的结果是创造新的价值；当作各种具体的有用的劳动的支出，社会总劳动的结果就是各种具体的使用价值的总和，也就是年总产品；年总产品的价值不仅包含年社会劳动新创造的价值，即$v+m$，而且还包含过去劳动转移的价值，即c。所以，社会总产品的价值也不仅是由$v+m$构成的，而是由$c+v+m$构成的。

社会产品价值分为c、v、m三个部分，我们现在是不难理解的，但是马克思当时与资产阶级古典经济学和庸俗经济学做斗争时，是花了很大力量，才把在经济学界流传已久，根深蒂固的斯密信条彻底驳倒的。不驳倒这个信条，就不能解决社会总资本的实现条件问题。马克思之所以能够克服斯密教条的错误，就是因为他建立了一套完整的科学的价值理论，特别是关于商品两重性和劳动两重性的原理。

2. 关于社会产品的实物构成与社会生产两个部类的划分

上面说过，社会总劳动当作具体的有用劳动在社会生产的各分工领域支出的结果，就是生产出各种具体的使用价值，其总和就是社会总产品。马克思按照使用价值的性质，把总产品划分为生产资料和消费资料两类，并且把社会总劳动划分为生产生产资料的部类和生产消费资料的部类两个领域。两大部类的发现，也是马克思对亚当·斯密的学说进行批判的结果。

我们已经知道，斯密把总产品的价值分解为所得，即$v+m$。在简单再生产的情况下，所得是由各阶级用于个人消费的。但是即使在有积累或扩大再生产发生的地方，斯密也认为全部所得要转化为个人消费。这是同他对积累的错误理解有关的。他认为积累部分的剩余价值全部是由生产性工人消费的，即全部转化为工资；可是事实上一部分积累的剩余价值是用于追加不变资本的。这个错误观点，马克思在《资本论》第1卷第七篇第二十二章第二节中作过批判。总之，亚当·斯密既然把全部社会产品的价值分解为所得，而所得又全部转化为个人消费，那么，从这里必然要得出一个结论，即全部社会总产品是由消费资料构成的，由个人消费者来购买的。亚当·斯密也的确是这样看的。对于这一点马克思后来在本篇第二十章第九节对于亚当·斯密等人的回顾中，指出过并进行了批判。事实上个人消费者购买的只是消费资料，而不能是全部的社会产品。另一部分产品即生产资料只能由资本家来购买，当作生产资本，进行生产的消费。

当然，亚当·斯密自己也不是完全没有看到社会产品中有一部分在使用价值上是不能作为个人消费的。为了自圆其说，他不得不把这一部分产品从所谓社会纯收入或纯所得中排除出去。马克思在《资本论》第2卷第404页引了亚当·斯密一段很有意思的话：

"维持固定资本的全部费用，显然要从社会纯收入中排除掉。无论是为维持有用机器、生产工具……所必需的原料，还是为使这些原料转化为适当的形式所必需的劳动的产品，从来都不可能成为社会纯收入的一部分。这种劳动的价格，当然可以是社会纯收入的一部分，因为从事这种劳动的工人，可以把他们工资的全部价值用在他们的直接的消费储备上。但是，在其他各种劳动中，价格（为这种劳动支付的工资）和产品（这种劳动体现在其中）二者都加入这个消费储备；价格加入工人的消费储备，产品则加入另一些人的消费储备，这些人靠这种工人的劳动来增加自己的生活必需品、舒适品和享乐品。"

马克思接着指出："亚当·斯密在这里碰上了一种非常重要的区别，即生产生产资料的工人和直接生产消费资料的工人之间的区别。"[1]斯密这段话中的概念和表述都很不确切，大意是这

① 马克思：《资本论》第2卷，人民出版社1975年版，第405页。

关于《社会总资本的再生产和流通》

样的：有些劳动的产品，如机器、工具、原料等不能构成"社会纯收入"的一部分，因为它们不能用于个人消费。但是生产这些产品的劳动的"价格"，即工资，却是纯收入的一部分，因为工资是可以用在个人消费上面的。这实际上是指第Ⅰ部类的劳动和第Ⅰ部类的产品，即生产资料。这种产品在实物形态上，从社会来看，是不能当作纯收入来使用的，但是其价值的一部分，即v从生产这些产品的劳动者来看，却可以作为他们的所得的源泉。

至于说到另一种劳动，这种劳动的产品在实物形态上是可以作为个人消费的，因而这种产品是构成"社会纯收入"的；不仅如此，生产这种产品的劳动的"价格"，即工资，也是"纯收入"的一部分，因为工资是可以用在个人消费上面。这实际上是指第Ⅱ部类的劳动和第Ⅱ部类的产品，即消费资料。只有消费资料这种产品，在实物形态上，可以加入社会的消费基金；同时其价值的一部分即v，也可以作为生产这个产品的劳动者的所得的源泉，用在个人的消费上面。

应当强调指出，亚当·斯密在这里只是碰上两大部类的划分，他自己对这种划分是不自觉的，甚至不感到这里有划分两类产品的问题。妨碍他达到这点的是他自己的信条以及对于生产性消费和个人消费的混淆。因此他虽然不自觉地碰上了这个划分，但却不能理解，而仍然纠缠在什么是纯收入，什么是总收入的问题上，把生产资料排除在社会产品价值之外，结果只剩下第Ⅱ部类，因而在社会总资本的再生产问题上，亚当·斯密一步也不能前进。

亚当·斯密的两点重要的错误（一是忽视产品价值中的不变资本价值，一是混淆生产性的消费同个人消费），都被马克思纠正克服了。由于纠正了这两点错误，马克思就能正确地解决了不仅是社会总产品的价值构成问题，而且也解决了社会产品的实物构成问题，发现了两大部类的划分。没有这种划分，社会总资本的再生产和总产品实现条件问题是不能够解决的。所以，马克思关于社会产品的价值构成和实物构成的原理，意义是十分重要的。

3. 关于再生产图式

马克思在说明了社会产品的实物构成与价值构成后，接着（在《资本论》第2卷，第440—441页）举了一个数字的例子，用以分析简单再生产的实现条件。这种数字例子就是我们常常说的再生产图式或表式。经济图式及有关的数学公式是说明经济现象之间的数量关系时所用的一种方法，现在人们有时把这种方法叫作经济模式的方法。所谓经济模式就是经济现象之间的数量关系的一种抽象的表现。在马克思主义的经济学中，经济数量关系的分析应当是从属于质量的分析的。因此经济图式或模式的方法也只起从属的工具的作用。但是这种方法可以帮助我们更清楚地透过数量关系来理解过程的本质联系，所以也是不应该忽视的。

利用图式方法来研究经济过程的数量关系方面，特别是研究再生产过程问题，重农主义学者魁奈在他的《经济表》中已经做出尝试。马克思的再生产图式可以说是魁奈的《经济表》的继承，当然不是简单地继承，而是对重农主义学说进行了彻底的批判以后的继承。对于重农主义学说的全面分析批判，不是这一篇的任务，所以我们这里也不去讲它。这里只简单讲一下马克思对魁奈《经济表》本身的评价，以及马克思的再生产图式与魁奈《经济表》的关系。①

马克思对魁奈《经济表》的评价是极高的，他说"这是一个极有天才的思想，直到现在，还无可争辩地是一个对政治经济学有巨大贡献的最有天才的思想"②，另外在《资本论》第2卷第

---

① 参见《马克思恩格斯全集》第20卷，第266—279页。
② 马克思：《剩余价值学说史》第1卷，人民出版社1975年版，第378页。

一篇第三章讲商品资本的循环时，马克思又指出，商品资本循环的公式即 $W' \cdots W'$、"是魁奈《经济表》的基础。他选用这个形式，而不选用 $P \cdots P$ 形式，来和 $G \cdots G'$、（重商主义体系孤立地坚持的形式）相对立，这就显示出他的伟大的正确的见识"。[①]在本篇第十九章，马克思对魁奈《经济表》中的天才思想作了一个简要的概括。他说："魁奈的《经济表》用几根粗线条表明，国民生产的具有一定价值的年产品怎样通过流通进行分配，才能在其他条件不变的情况下，使它的简单再生产即原有的规模的再生产进行下去"，在这个《经济表》中"无数单个的流通行为，从一开始就被综合成为它们的具有社会特征的大量运动，——几个巨大的、职能上确定的、经济的社会阶级之间的流通。"[②]

马克思在这里所概括的魁奈《经济表》中的这些天才思想，也是马克思在自己的再生产图式中所发挥的思想。马克思的再生产图式也是以商品资本的周转为基础的，他抓的也是社会总商品资本即社会总产品的流通。他利用了简单明了的少数几个数字所组成的图式，来表明总产品各个组成部分，如何通过流通而得到实现和补偿，以使简单再生产得以进行。并且，资本流通中无数个别的交易行为，在马克思的图式中也被综合成为大量的社会运动，成为社会生产两大部类之间和各个阶级之间的流通。在这些意义上，可以说，马克思的再生产图式，正是继承了魁奈《经济表》中的思想。

但是必须强调指出，马克思的再生产图式同魁奈的《经济表》，无论在研究的意图上，在应用的方法上和在理论基础上，都是完全不同的。

第一，魁奈的《经济表》是以农业为中心，在农业中，自然过程与社会经济过程是互相交错的。魁奈看不到再生产过程中自

---

① 马克思：《资本论》第2卷，人民出版社1975年版，第115页。
② 马克思：《剩余价值学说史》第1卷，人民出版社1975年版，第398页。

然因素同社会历史因素的区别，而企图寻找适用于一切经济形式的普遍的物质规律。事实上他不过是以法国当时还不够发达的资本主义的农业经济为背景来探寻资本主义制度下社会总产品的再生产和流通的运动规律，这一点他自己是不明确的。马克思是以发达的产业资本为背景，来研究资本主义社会再生产的运动规律的。他不像魁奈那样，以发现适用于一切社会经济形态的物质规律作为自己的任务。可是透过资本主义社会再生产的特殊形态的研究，马克思却真正发现了适用于一切社会化生产的关于再生产的基本原理。

第二，魁奈的《经济表》是以生产性劳动与非生产性劳动的不正确划分为出发点的，他认为只有农业中的劳动才是生产性的，能够提供纯产品或剩余产品的劳动，工业和其他行业的劳动成果则只能补偿生产的消耗和个人的消费。亚当·斯密虽然把生产性劳动的概念扩大到其他部门，但是他仍然受重农学派的自然主义的影响，认为农业中的劳动是更为生产的。马克思则认为一切物质生产部门，能为资本家阶级提供剩余价值的劳动都是生产性的，并且把社会生产性劳动的使用领域划分为两大部分，作为再生产图式的出发点，这是与《经济表》根本不同的。

第三，马克思关于社会总资本的流通和再生产的研究，是以他对商品、货币、资本、积累、个别资本流通等范畴的分析为前提的，他的再生产图式，建立在《资本论》前两卷研究成果的坚实的基础上，他的逻辑论证是严密的。但是魁奈的《经济表》却没有这样的理论基础。有人（如卢森贝）形象化地比喻说，魁奈是从房顶开始造屋，比喻很恰当。在他对商品货币资本等范畴还没有搞清楚以前，就企图从整体上来描述社会再生产。这种企图一方面表明了魁奈在理论上是有胆识的，但另一方面也说明了他的这种胆识，又是完全缺乏理论根据的。

（三）简单再生产的实现条件

1. 简单再生产的三支点（三种交换）

马克思为分析简单再生产所提出的图式是：

$$I \quad 4000c+1000v+1000m=6000$$
$$II \quad 2000c+500v+500m=3000$$

马克思利用这个图式来分析社会总产品在简单再生产情况下是如何实现的。因为实现过程归根到底不过是生产各部门相互之间的物质交换，所以货币流通的因素可以暂时加以舍象，先看看总产品各部分的实现和补偿，是借助于那些交换来进行的。分析的结果有三种必要的交换，这就是马克思在《资本论》第2卷第441—442页所说的三大支点。用图式来表示：

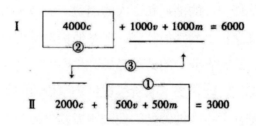

上式中：①是第Ⅱ部类内部的交换。通过这种交换，一方面，第Ⅱ部类产品中体现$500v+500m$共1000单位的消费资料得到了实现（售出）；另一方面第Ⅱ部类的工人工资和资本家的剩余价值也买到了消费资料。

②是第Ⅰ部类内部的交换。通过这种交换，一方面，第Ⅰ部类产品中所体现$4000c$的生产资料得到了实现（卖出）；另一方面第Ⅰ部类生产中消耗的不变资本取得了实物补偿，买到了再生产所必需的生产资料。

③是两大部类之间的交换。通过这种交换，一方面，第Ⅰ部类工人的1000工资和资本家的1000剩余价值买到了生活资料，而第Ⅱ部类体现不变资本价值的2000单位消费资料得以卖出；另一

方面，第 I 部类产品中体现1000v+1000m共2000单位的生产资料也得到实现，而第 II 部类生产中消耗的不变资本则取得了实物补偿，买到了再生产所必需的生产资料。

总起来看，通过这三种交易，一方面，社会生产品价值的各个部分都得到了实现，即能够卖掉；另一方面，从这个总产品中，两大部类消耗的不变资本都得到了实物的补偿，买到了再生产所必需的生产资料，同时两大部类的工人和资本家也从这个总产品中买到了必要的生活资料。总之，社会总产品各个部分的实现和补偿，就是通过这三种交换来进行的。在这三种交换完成，总产品各部分都得到了实现和补偿以后，两大部类的再生产，就可以在原有的规模上继续进行。

2. 简单再生产的三条件

在分析了上面所说的三种交换以后，就不难得出简单再生产的实现条件了。简单再生产实现条件也有三条。

① I（v+m）= II c。这是上述第三种交换即两大部类之间的交换的实现条件。这个条件是在第三节（《资本论》第2卷第442页）上提出来的。

② II（c+v+m）= I（v+m）+ II（v+m）。这是上述第三种交换和第一种交换合起来看的实现条件，即全部第 II 部类产品的实现条件。这个条件是在第七节（《资本论》第2卷第474—478页）提出来的。

③ I（c+v+m）= I c+ II c。这是上述第三种交换和第二种交换合起来看的实现条件，即全部第 I 部类产品的实现条件。这个条件是在第八节（《资本论》第2卷第478—484页）提出来的。

简单再生产的这三个实现条件，是我们大家都很熟悉的。这三个条件之间存在着紧密的联系，其中任何一个条件如果得不到遵守，同时也就意味着其他两个条件的破坏；在这种情况下，简单再生产就不能继续保持。这些是用不着多加说明的。困难的问题是在货币流通因素参加进来后所引起的复杂关系。关于这个问题以后再讲。这里只就公式的理解，作一点简单的说明。

首先，对于这个条件式的两端，都要从价值与使用价值两个方面，从需求与供给两个方面来看。例如，第①式：Ⅰ（$v+m$）= Ⅱc。式的左方Ⅰ（$v+m$）从价值上看是第Ⅰ部类新创造的价值，这个价值是第Ⅰ部类劳动者和资本家的所得源泉，而劳动者和资本家的所得，在简单再生产情况下，全部用于个人消费，换句话说，Ⅰ（$v+m$）可以看为是第Ⅰ部类对第Ⅱ部类生产的消费资料提出的需求。从使用价值上看，Ⅰ（$v+m$）是不能在第Ⅰ部类内部来实现的生产资料，而必须向第Ⅱ部类出卖，所以它是向第Ⅱ部类供给的生产资料。右方Ⅱc从价值上看是第Ⅱ部类生产产品消费的不变资本转移价值，这个价值要在实物上取得补偿，就必须向第Ⅰ部类购买生产资料，所以Ⅱc代表第Ⅱ部类向第Ⅰ类生产的生产资料提出的要求。从使用价值上看，Ⅱc是不能在第Ⅱ部类内部实现的消费资料，而必须向第Ⅰ部类出卖，所以它是向第Ⅰ部类供给的消费资料。由此可以看出，两大部类是互相提出需求和供给产品的，是互为市场的。对其他两个条件式也可以作同样的分析，不同的是第②条件式不仅反映两大部类互为市场的关系，而且还反映第Ⅱ部类内部各部门之间互为市场的关系；同样地，第③条件式也不仅反映两大部类之间互为市场的关系，而且也反映第Ⅰ部类内部各部门之间互为市场的关系。

其次，关于第②个条件式，有一个问题是需要讲的。这个条件式反映着在简单再生产情况下，第Ⅱ部类的产品必须与全部社会所得即国民收入相交换相平衡，就是说，第Ⅱ部类产品是由全社会的个人消费者用他们的所得来购买的；或者说，全部社会的所得，都要用在第Ⅱ部类产品的消费上面。但是能不能由第Ⅱ部类产品与全部社会所得相交换的事实，得出结论说，第Ⅱ部类产品的全部价值可以分解为社会所得呢？不能这样说。因为，能够分解为所得，用于个人消费的价值，只能是当年新创造的价值，而过去物化劳动转化过来的价值，是不能当作所得来使用的。第Ⅱ部类产品的价值，同其他任何产品价值一样，不但包含着当年劳动新创造的价值，即$v+m$，而且也包含着过去物化劳动转移过来的价值即c。前者可以分解为第Ⅱ部类劳动者和资本家的所得，但后者却不能够分解为所得。不过，Ⅱc虽然不能分解为所得，但是却能够与Ⅰ部类的所得相交换。Ⅱc之所以能够同Ⅰ（$v+m$）相交换，是因为Ⅱc所以体现的使用价值是消费资料同时在数量上又等于Ⅰ部类的所得。正是由于Ⅱc等于Ⅰ（$v+m$）并能与第Ⅰ部类的所得相交换，所以第Ⅱ部类产品的价值即Ⅱ（$c+v+m$）才能等于全部社会所得，才能等于Ⅰ（$v+m$）+Ⅱ（$v+m$）。从这里可以看到，第②条件式无论如何都不能解释为第Ⅱ部类的产品价值可以全部分解为所得，或者解释为全部社会所得是在第Ⅱ部类生产出来的。实际上，形成社会所得的源泉，是两大部类当年活劳动新创造的价值，而第Ⅱ部类产品，不过是这个社会所得所借以实现的物质承担者而已。所得的本身同所得的物质承担者，是不能混为一谈的。

与这个问题相联系，马克思（在《资本论》第2卷第475页）对斯密信条作了进一步的批判。我们已知斯密把全部社会年产品的价值分解为所得，或$v+m$。马克思在这里指出，这种说法只适用于第Ⅱ部类产品。但是即使就第Ⅱ部类产品来看，这种说法也是不确实的，因为消费资料的价值也同社会总产品其他部分一样，既包含形成所得的新创造价值，又包含不能形成所得的不变资本转移价值。所以，严格地说，斯密的信条，对第Ⅱ部类产品的价值分析，也是不适用的。

最后，关于第③条件式所反映的内容的理解，也有与上述类似的问题。这个条件式反映第Ⅰ部类产品同两大部类的不变资本价值的交换和平衡。能不能由这种交换得出结论说，第Ⅰ部类产品的价值只能分解为不变资本的价值，而不包含形成所得的价值成分呢？当然不能得出这个结论，理由同上面所述的道理类似。

3. 第Ⅱ部类内部必需品与奢侈品之间的交换

以上讲的简单再生产的条件，是以两大部类之间的交换为核心的三个最主要的实现条件。两大部类中每个部类的产品，是由许多不同种类的使用价值构成的。所以，对两大部类还可以根据产品的不同性质和用途，进行进一步的分组，来研究更细一些的产品交换和实现的条件。例如，第Ⅰ部类可以进一步划分为生产生产资料的生产资料和生产消费资料的生产资料；划分为劳动手段的生产和劳动对象的生产等。第Ⅱ部类可以划分为必需品和奢侈品的生产等等。马克思在第二十章第四节研究第Ⅱ部类内部的交换时，就把消费资料划分为必需品与奢侈品两类生产。对消费品的这种划分，是由资本主义社会阶级结构的性质所决定的，它反映了资本主义社会消费的对抗性的特征。所以马克思比较详细地分析了这两小类之间的交换条件。

研究的范围是Ⅱ（$v+m$）内部交换。以 a 代表必需品生产，以 b 代表奢侈品生产，则Ⅱ（$v+m$）可辟为两部分：

$$Ⅱa（v+m）$$
$$Ⅱb（v+m）$$

问题是，必需品价值中的 v 和 m，与奢侈品价值中的 v 和 m 怎样进行交换，才能一方面使第Ⅱ部类产品价值中全部 $v+m$ 得到实现，一方面使两小类的劳动者和资本家取得必需品的生活资料，同时资本家阶级又取得奢侈品？

我们把资本家的剩余价值用于必需品的消费部分，以 $\frac{m}{x}$ 来代表；用于奢侈品的消费部分，以 $\frac{m}{x''}$ 来代表。至于归劳动者所得的 v 或工资，用不着说，是全部用在必需品的购买上的。

由于资本家所得剩余价值按照不同用途劈开，上述两小类的价值结构可改写为：

$$\text{II } a \left(v+\frac{m}{x'}+\frac{m}{x''}\right)$$

$$\text{II } b \left(v+\frac{m}{x'}+\frac{m}{x''}\right)$$

第一小类（a类）的 v 和 $\frac{m}{x'}$ 体现在必需品这种使用价值的形态上，而 v 和 $\frac{m}{x}$，作为劳动者和资本家的一部分所得，也是要用在必需品的消费上的。这一部分产品的实现是通过第一小类内部的交换来完成的。这样就勾销了 $\text{II } a \left(v+\frac{m}{x'}\right)$。

其次，第二小类（b类）的 $\frac{m}{x''}$，体现在奢侈品这种使用价值的形态上，而 $\frac{m}{x''}$ 作为第二小类资本家所得的一部分，也是要用在奢侈品的消费上。这一部分产品的实现，是通过第二小类内部不同奢侈品生产的资本家之间的交换来完成的。这样就勾销了 $\text{II } b$ $\left(\frac{m}{x''}\right)$。

到这里，在第一小类还剩下 $\frac{m}{x''}$ 没有解决，第二小类还剩下 $v+\frac{m}{x}$ 没有解决。前者即 $\text{II } \left[a\left(\frac{m}{x''}\right)\right]$，在使用价值上是必需品，而其价值当作第一小类资本家所得的一部分，是要用在奢侈品的消费上面的。后者即 $\text{II } \left[b\left(v+\frac{m}{x''}\right)\right]$，在使用价值上是奢侈品，而其价值则当作第二小类劳动者的所得和资本家的另一部分所得，是要用在必需品的支出上面的。十分明显，这两部分产品的实现，是必须通过它们之间的相互交换来完成的。

所以，在这里同在前面所说的社会总产品的实现过程类似，也有三种交换，用图式来表示：

I $\quad a)$ $\boxed{v + \dfrac{m}{x'}} + \dfrac{m}{x''}$ ①

③

II $\quad b)$ $v + \dfrac{m}{x''} + \boxed{\dfrac{m}{x''}}$ ②

从这里也可以得出第 II 部类内部 $v+m$ 部分产品的实现条件如下：

① $\text{II} a \left(\dfrac{m}{x''}\right) = \text{II} b \left(v+\dfrac{m}{x''}\right)$

①式两边加上 $\text{II} a \left(v+\dfrac{m}{x'}\right)$，得

② $\text{II} a (v+m) = \text{II} a \left(v+\dfrac{m}{x''}\right) + \text{II} b \left(v+\dfrac{m}{x'}\right)$

①式两边加上 $\text{II} b \left(\dfrac{m}{x''}\right)$，得

③ $\text{II} b (v+m) = \text{II} a \left(\dfrac{m}{x''}\right) + \text{II} b \left(\dfrac{m}{x'}\right)$

必需品同奢侈品生产之间的关系上，值得注意的是：奢侈品生产在一定意义上与生产资料的生产有点类似，从事奢侈品生产的劳动者，与从事生产资料的生产的劳动者一样，都不生产他们自己个人消费所需的必需品。他们的工资，只能从生产必需品的资本家那里，即从第 II 部类第一小类那里，购买生活必需品。可是，在生产资料的生产同奢侈品的生产之间，是有着原则上的区别的。生产资料的生产同生活必需品的生产之间，是一种完全意义的社会分工，因为他们互相提供再生产所必需的生产资料和消费资料。但是，奢侈品的生产却不是这样，它不能离开生产资料和生活必需品的生产，但是它对于生产资料和生活必需品的再生产都不提供任何东西。从上述第③条件式可以看到奢侈品的生产，只同资本家的剩余价值用于挥霍浪费的需要有关，而与其他社会生产部门再生产的需要无关，所以，奢侈品的生产规模，从需要上看，并不取决于其他生产部门的生产规模。而取决于各部门资本家的剩余价值的榨取程度和浪费程度，剩余价值的榨取程度越大，资本家用于奢侈品的浪费程度越大，则奢侈品的生产规模也越是扩大。

（四）社会产品实现过程中的货币流通

1. 货币流通的媒介作用

以上所讲简单再生产情况下社会产品实现过程中的各种交换

和条件，是撇开货币流通的因素来讲的。这是为了便于理解社会产品实现过程中的实质性问题，即物质变换的问题。可是我们知道，资本在流通过程中所经历的交换，只能是以货币流通为媒介的商品交换，而不可能是直接的物物交易。货币流通对社会总资本的运动有十分重要的意义，因为社会总资本与个别资本一样，在流通过程中要不断地采取和抛弃货币形态。只有通过这种形态变化，才能实现再生产所必需的物质变化。但是货币流通因素的介入，诚如马克思在《资本论》第2卷第442页上所说，一方面使交换过程易于进行，另一方面又使这个过程难以理解。由于货币流通因素的加入而引起的复杂问题，马克思在这一章的各处都进行了反复的剖析，其中比较集中讲这个问题的是第五节"货币流通在交换中的媒介作用"。我在这里讲的主要是根据这一节的内容。

为了研究货币流通在社会产品实现过程中的媒介作用，马克思利用了 I（$v+m$）与 II c 交换的例子。他把 I（$1000v+1000m$）同 II $2000c$ 的交换，劈为七次大量的社会交易行为。这七次交易中的前三次交易，是在 I $1000v$ 与 II c 的一半（II $1000c$）之间进行的；后四次交易，是在 I $1000m$ 与 II c 的另一半（II $1000c$）之间进行的。关于这七次交易的进行情况，在第三节中做过分析，那是从商品运动的角度来考察的。到第五节，又从货币运动的角度来考察这个流通过程了。为便于说明问题，我们把两大部类之间七次交易过程作一图解。

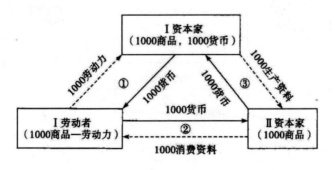

两大部类交易过程的图解：

（1）Ⅰ 1000v 与 Ⅱ 1000c 交换，包括三次交换。流通中的货币由第Ⅰ部类资本家投入1000单位（符号①②③……代表交易次序→代表货币流向→代表商品流向）。

（2）Ⅰ 1000m 与 Ⅱc 的另一半（1000）之间的交换，包括四次交易。有两种情况；第一种情况：假定第四次交易由第Ⅱ部类资本家以500英镑货币向Ⅰ购买生产资料开始。

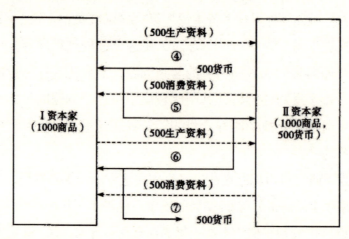

第二种情况：假定第四次交易由第Ⅰ部类资本家以500英镑货币向第Ⅱ部类购买消费资料开始。

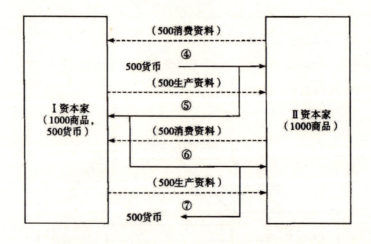

对于两大部类之间的交换的分析，从货币流通的角度来看，有什么问题值得注意的呢？可以分以下三个问题来讲：一是货币在每次交易中所起的职能的变化；二是流通中货币的垫支和归复；三是货币流通量问题。

2. 货币在每次交易中所起的职能的变化

上面所说的两大部类之间的七次交易，每次都是商品同货币之间的交易。每次交易，一方面属于一般商品流通和货币流通的领域，另一方面同时又构成有关的资本循环的一个环节。所以在每次交易上货币所起的职能，一方面是一般货币的职能，另一方面从有关资本运动的角度来看又是货币资本的职能。并且，在每次交易上货币所起的职能又有所不同。

拿前三次交易，即$I v$与$II \frac{1}{2} c$之间的三次交易来看。

第一次交易是第 I 部类资本家购买劳动力。从第 I 部类资本循环的角度来看，这个交易构成它的循环的一个环节，即货币资本向生产资本转化的阶段。在这里，货币对于第 I 部类资本家来说，所起的作用是现实的货币资本的作用。但是，同一个交易行为，从劳动者的角度来看，并不是资本流通的环节，而不过是商品（他的劳动力）的出卖，在这里，货币对于劳动者所起的作用不是货币资本的作用，而是他的劳动力这个商品的等价物。

第二次交易是第 I 部类的劳动者向第 II 部类资本家购买生活资料。这个交易行为，即$G—W$是劳动者前一交易行为即$A—G$的继续完成。而以劳动者为主体的全部交易即$A—G—W$的流通过程，都不是资本的流通，而是一般商品的流通。故在劳动者以货币转化为生活资料时，货币对他所起的作用也只是一般流通手段，购买手段的作用，而不是货币资本的作用。但是同一个交易行为，从第 II 部类资本家的角度来看，却构成他的资本循环的一个环节，即商品资本向货币资本转化的阶段。在这里，对于第 II 部类资本家来说，货币所起的作用不单纯是他的商品的一般等价物，而且使他不变资本的一半从商品形态转化为货币形态；这一部分商品资本，就是以这个货币转化为可能的或潜在的货币资本的。

第三次交易是第Ⅱ部类资本家向第Ⅰ部类资本家购买生产资料，以便从物质上补偿不变资本的一半。这个交易，从买卖双方来看，都是各自资本循环的一个环节，对于买方即第Ⅱ部类的资本家来说，这是他的不变资本价值的一半由货币形态转化为生产资本形态，货币在这里所起的作用是现实的货币资本的作用；对于卖方即第Ⅰ部类资本家来说，这是他的可变资本价值由商品形态重新转化为货币形态，货币在这里所扮演的职能不仅是他的商品的一般等价物，而且还使他的可变资本重新转化为货币形态。

对于后四次交易，可从第一种情况来看：

第四次交易是由第Ⅱ部类资本家向第Ⅰ部类资本家以500英镑货币购买生产资料开始的。在这里货币所起的职能对于第Ⅱ部类资本家来说是现实货币资本的职能，而对第Ⅰ部类资本家来说则是使他的剩余价值的一半从商品形态转化为货币形态。在第五次交易中第Ⅰ部类资本家向第Ⅱ部类资本家购买500英镑价值的消费品，在这里第Ⅰ部类资本家是把货币形态上的剩余价值当作个人消费来支出的，所以货币对于他来说，不过是一般购买手段，已经不是资本，但对第Ⅱ部类资本家来说，这个货币却是他的体现不变资本价值的1/4的商品资本的货币形态。第六次和第七次交易行为与第四、五两次相同，不再复述。

从以上的分析可知，货币流通在两大部类之间的产品交换中的媒介作用，是通过货币在每次交易上的职能变化来实现的。在这里我们不仅看到，在同一交易行为中，货币所起的作用对交易双方来说是不同的，并且看到同一货币在几次继起的交易中，每次所扮演的职能也是不同的。

在这里顺便讲一下一个与货币职能的变化有关的问题，即资本与所得的关系问题。过去资产阶级经济学家，除了斯密的教条外，还有一个根深蒂固的观点，即对于一个人来说是资本的东西，对别人来说则是收入。这可以从上面所说的 Iv同$II\frac{1}{2}c$几次交易的例子来看。初看起来，在第一次交易中，第 I 部类资本家向劳动者购买劳动力，好像前者的可变资本到后者手中便变为收入，在第二个交易中，劳动者向第 II 部类资本家购买消费资料，好像前者的收入转化为后者的资本（不变资本）。第三次交易，第 II 部类资本家向第 I 部类资本家购买生产资料，这是资本与资本之间的交易，所以这里没有资本与收入的换位问题。

　　从表面现象上来看，在前几次交易中，似乎是发生了对于一个人来说是资本的东西，对另一个人就成为收入，以及相反的情况。但这只是表面现象，让我们简单分析一下这三次交易中的资本、收入、商品和货币的运动情况。

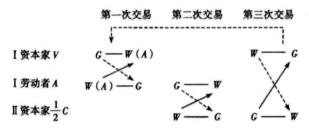

（图中虚线箭头是货币运动方向，实线箭头是商品运动方向）

　　首先，从第 I 部类资本家来看，他在货币形态上垫支的可变资本价值，在资本的运动的过程中，是不断地保存在他自己手中的，在第一次交易中，他把货币付给劳动者，但从劳动者取得了劳动力这个商品，他的可变资本现在是当作生产要素存在于劳动力的形态上，在生产过程中发挥价值增值的职能，然后在生产过程的结果即商品生产物W中，把可变资本价值再生产出来。最后通过第三次交易，商品生产物卖给第 II 部类资本家，他的可变资本又重新取得货币形态，可以再度转化为劳动力，重新开始一个新的过程。所以，在整个运动过程中，可变资本价值始终没有让渡出去，让渡出去的只是货币（与劳动者的劳动力商品交换）和商品（与第Ⅱ部类资本家的货币交换）。

其次，从第Ⅰ部类劳动者来看，$W(A)—G—W$，是一个简单的商品流通过程，在第一次交易中劳动者把劳动力这个商品卖给第Ⅰ部类资本家，取得货币的等价，即工资或收入的货币形态。在第二次交易中，他的收入由货币形态转化为消费品形态。

在前一次交易中，他从第Ⅰ部类资本家那里得到的，不是第Ⅰ部类资本家的可变资本，而只是他自己的商品劳动力的货币等价，也即工资收入；在后一次交易中，他转让给第Ⅱ部类资本家的也不是他的收入，而只是当作消费品的购买手段的货币。他的收入在由货币形态转化为消费品形态以后，在结局上是要被消费掉的，其结果就是劳动者保存自己，也为资本家再生产了劳动力，这样他又以劳动力这个商品的所有者的资格与第Ⅰ部类资本家相对待，把劳动力卖给第Ⅰ部类资本家，取得货币收入，过程又重新开始。

再次，从第Ⅱ部类资本家的角度来看，W代表相当于不变资本价值一半的商品。在第二次交易中，这个不变资本价值的一半由商品形态转化为货币形态，然后在第三次交易中，复转化为生产资本的形态。第Ⅱ部类资本家手中的不变资本价值的一半，始终在他自己手中以不同的形态保存着，它不是由别人的收入转化来的，也不转化为别人的收入，这是很清楚的。

最后，就货币运动的角度来看，虚线箭头表示货币的流通方向。同一货币G，在第一次交易中，对第Ⅰ部类资本家来说是可变资本的垫支形态，对劳动者来说是他的劳动力商品的等价形态，或工资收入的货币形态，在第二次交易中对劳动者来说就是他实现收入的购买手段，对第Ⅱ部类资本家来说则是不变资本价值一半的转化形态。在第三次交易中，货币对第Ⅱ部类资本家来说就是他的不变资本的垫支形态，但转到第Ⅰ部类资本家的收入

刘国光

经济论著全集

第

3

卷

中时就重新成为他的可变资本价值的存在形态。

从以上的分析中可以得出结论，资本和收入本身是不能互相转化的，对于一个人来说是资本的东西，不可能成为别人的收入，反过来也一样。但是，同一货币，在社会总资本的流通过程中扮演的职能，却是可以变化的，它在一个人的手中可以是资本的存在形态，在另一个人的手中却可以成为收入的存在形态，反过来也一样。

为什么同一货币，在一个人的手中可以成为资本的存在形态，而在另一个人的手中又可以成为收入的存在形态呢？这当然不是由于货币本身的性质所决定的，这也不是从参加交易的当事人的主观判断上产生的，而是受资本主义社会的阶级关系决定的。只有当劳动者除了劳动力而外一无所有，而资本家垄断着一切客观的生产条件时，只有在劳动者把自己的劳动力当作商品来出卖给资本家时，资本家垫支的价值才能成为资本，劳动者才能取得维持生活所需的收入。资本主义社会的这种阶级关系，使得劳动力在劳动者的手中成为商品，而到资本家的手中则成为资本（可变资本），与此相应，实现资本家和劳动者之间的这种交易的货币，在劳动者的手中就成为劳动力价值的货币表现，或者说成为他的收入的货币形态，而在资本家手中则成为可变资本的货币表现形式。

资产阶级经济学家是不能理解资本所包含的社会经济内容同资本在运动中所采取的形态之间的区别的。他们不能透过资本运动的货币外观来分析资本主义再生产过程中的阶级实质。对于一个人是资本的东西，对于另一个人来说则是收入这种错误论点也是从这里产生的。详见第二十章第九节。

3. 流通中货币的投入和流回

前面所举几个图例表明，两大部类之间的交换所需的货币，是由有关的资本家投入流通的，这些货币，在流通过程中经过一个循环，最后仍然流回到原来把它们投到流通中去的资本家那里。

第一个问题：为什么流通中的货币只能由资本家投入流通？资本家是在哪些情况下把货币投入流通的？

首先看一下 Iv 与 IIc 的交换，这里的二次交易，起点是第 I 部类资本家购买劳动力。十分明显，不论哪个部类的资本家在购买劳动力的时候，劳动力的买卖所需的货币只能由资本家来垫支，马克思在许多地方反复强调指出，可变资本总是要在货币形态上被垫支的。这不仅是因为劳动力的买卖，是资本主义生产的关键。而且因为劳动者阶级的生活"不得不挣一文吃一文"，他们"不能给产业资本家提供任何长期的信贷"，每经一定时间（如一周、半月），资本家必须支付工资。马克思还指出，在资本主义各国，垫支在可变资本上的货币资本，在一国的货币流通总额中总是占着决定性的部分，因为不断地支付在工资上面的货币在流回到出发点以前会经过各种各样的途径在市场上流转，并且在无数其他交易中当作流通手段来执行职能。①

其次，看一下 Im 与 IIc 交换的第一种情况。这种情况是假定第 II 部类资本家在他的商品（体现不变资本价值的一半部分）卖出以前，先垫支500英镑货币，向第 I 部类资本家购买生产资料，以便继续进行再生产。在第二篇中已经讲过，由于生产时间和流通时间的继起和并存，资本家必须在原垫支在第一个生产期间的资本之外，追加货币资本的垫支，以便在前一生产周期生产商品卖出以前，就能购买必要的生产要素，使生产过程不致中断，这个追加的货币资本是由资本家准备好了的，以便在必须的时候，投入流通。马克思说："大的社会的生产者群之间的流通，分解为无数的流通过程，其中，时而这群生产者，时而那群

① 马克思：《资本论》第2卷，人民出版社1975年版，第461页。

生产者，首先作为买者出现，从而把货币投入流通。把个别情况完全撇开不说，这已经由生产期间的差别，从而由不同商品资本的周转的差别决定了。"①

在以上所讲的两个例子中，第一例流通中的货币，由第 I 部类资本家在购买劳动力时投入流通，在这个例子中，第 I 部类资本家的商品资本的一部分，即由劳动者再生产出来的，相当于垫支可变资本价值的那一部分，最后也是靠第 I 部类资本家自己投入流通货币来实现的。第二个例子是流通过程中的货币，由第 II 部类资本家先以买者资格出现，向第 I 部类购买生产资料时投入流通的，在这个例子中，第 II 部类资本家的商品资本的一部分，即相当于不变资本价值的一半的那一部分商品，后来也是靠第 II 部类资本家自己投入流通的货币来实现的。这两种情况都不难理解，因为不论是不变资本或者是可变资本的流通，都首先要在货币形态上，由资本家来垫支。但是还有一种情况，却有所不同。

这种情况是，Im 与 IIc 交换的第二个例子。这个例子中假定交换的起点不是第 II 部类资本家向第 I 部类资本家购买生产资料，而是第 I 部类资本家在自己的体现剩余价值部分产品实现以前，先以买者资格向第 II 部类购买消费资料。在这个例子中，第 I 部类体现 m 部分的商品，最后也是靠第 I 部类资本家投入流通的货币来实现的。这里讲的情况不是资本价值流通所需要的货币，那不成问题，是由资本家自己来垫支的，这里讲的是剩余价值的流通所需要的货币。从这个例子看来，这个剩余价值的流通需要的货币也是由资本家自己垫支的。马克思说："在这个场合，说资本家自己把那些使他的剩余价值转化为货币即得到实现的货币投入流通（在他把货币用于消费资料的时候），这是完全正确的。"②

---

① 马克思：《资本论》第2卷，人民出版社1975年版，第460页。

② 马克思：《资本论》第2卷，人民出版社1975年版，第468页。

剩余价值的流通所需的货币，也由资本家阶级自己投入流通的情况，看来像是一个怪论。对于这个问题，马克思在第二篇第十七章讲剩余价值的流通时，已经作过详细的分析。马克思在那里曾经指出，资本家不但以资本家的资格把货币当作垫支资本而投入到流通中去，而且还以个人消费者的资格，在他的垫支的货币资本之外，把货币当作个人消费品的购买手段投入流通。以后又在卖出他生产的商品时，把这个货币当作剩余价值的货币形态收回。这种行为是年复一年地重演着的，所以他预支在个人消费品的购买上的货币，实际上也是过去剩余价值的转化形态。在第二十一章第五节，马克思又从社会总资本运动的角度来回答这个问题。他指出，就资本家阶级全体来看，社会总资本的流通所需要的货币，不论是实现垫支资本价值的流通所需的货币，还是实现剩余价值的流通所需的货币，都必须由资本家阶级自己来投入流通，这不但不是怪论，而且是全部机制的必要条件，因为在这里假定只有两个阶级存在。一是除了劳动力便一无所有的无产阶级，一是垄断着社会生产资料和货币的产业资产阶级。除了产业资本家以外，是没有别人能够把货币投入流通的。

至于资本家阶级所掌握的货币，最初从那里来，那是另一个问题，即货币材料，贵金属的再生产的问题，后面再说。

第二个问题：投入流通的货币，如何流回原出发点？

在《资本论》第1卷第三章，讲一般商品的流通时，马克思曾经指出，货币运动的特点是，货币会经过一系列人的手而不断地离开它的出发点。但在第四章，讲资本的总公式时，又指出，货币当作资本被投入流通时，是为了把货币从流通中再取回。所以，在这里货币运动的特点是流回到它的原出发点。在这里，流回的货币是不是原来投入流通的同一枚货币，是无关紧要的。货币流回到原出发点，不仅是个别资本循环所包含的一个必要的要素，而且是社会总资本的流通和再生产的一个必要条件。关于这一点，下面还要说。这里要注意的有两点：一是货币的这种流回原出发点的运动（或者叫作货币循环）虽然是一种与不断离开原出发点的货币流通完全不同乃至相反的现象，但是这种货币循环，是不能离开，而是借助于一般的货币流通而实现的。二是货币流回原出发点有两种方式：一种是直接的流回，例如上述第4、5次交易；一种是间接的流回，如上述第1、2、3次交易。

买卖双方互为买者和卖者时，投入流通的货币的回归总是直接的，如第Ⅱ部类资本家购买劳动力，劳动者又向第Ⅱ部类资本家购买消费品时便这样。但如果买卖双方，一方是片面的买，另一方是片面的卖，这时买方投入流通货币，就要通过迂回曲折的道路流回。这是一般的规则。不过我们这里考察的是两大部类之间的大量的社会交易，所以，图解中货币流通的渠道比较简单，实际生活中流通渠道比图解要复杂得多，直接流回的情况是很少的。

第三个问题：货币流回路程的中断与经济危机。

我们已知，简单再生产要能继续进行，社会产品的各个价值成分就必须完全获得实现，并且，两大部类消耗的生产资本的各种要素都必须得到补偿。从前面举的几个例子可以看到，社会产品有关部分的实现和补偿，是借助于资本家阶级垫支货币的流通和复归来完成的。没有这种货币的垫支和复归，社会产品有关部分的实现和补偿就不能完成。所以，流通中的货币复归到原垫支的出发点，乃是简单再生产继续进行的一个重要条件。如果货币不能复归到原出发点，那就是说流通过程中的某些环节受到了阻碍，这样就会使产品的实现和补偿发生困难，从而使简单再生产发生危机。

马克思在《资本论》第2卷第466—467页分析第四次交易的第二个例子时，提到了这个问题，他假定第Ⅱ部类资本家由于某种原因，不在第七次交易上向第Ⅰ部类购买生产资料，如果这种情况长久继续下去，第Ⅱ部类资本家就必须把他的再生产规模缩减1/4。同时，第Ⅰ部类也将有500英镑剩余价值在商品形态上卖不出去，发生生产过剩的现象。针对这种情况，马克思说："由此可见，在这里，简单再生产——在这种情况下，第Ⅰ部类和第Ⅱ部类的生产资本的每一个要素都必须得到补偿——只有在第Ⅰ部类最初放走的500只金鸟飞回的时候，才是可能的。"[①]如果第Ⅰ部类的500英镑货币不能完全流回到第Ⅰ部类的资本家手里，那么，第Ⅰ部类剩余价值的实现和第Ⅱ部类生产资本的补偿，都会发生困难，从而简单再生产就不能继续维持下去。

我们记得，在《资本论》第1卷第一篇，分析一般商品流通中的形态变化时，马克思就发现了，随着直接的物物交换过渡到以货币为媒介的商品流通，由于卖和买的行为在时间上和空间上都分离开来，商品所有者就可能在卖出自己的商品之后，把货币存留在手中，而不继之以买，这样就产生了危机的可能性。在资本主义生产方式下，买卖行为不仅是商品与货币的形态变化，而且是资本的不同形态的变化。货币在这里不仅是当作流通手段。而且要当作货币资本来起作用，我们过去已经知道，一定量的总资本，由于周转上的种种原因，总是有一个大小不等的部分，要不断地在货币形态上垫支和更新。随着周转条件的变化，对于货币资本的需要量也会发生变化。有种种原因，有时会促使资本家把更多的资本保留在货币形态上，以备不时之需，因为在货币形态上，资本可以比较容易地转化为生产要素，但是它要由商品形态转化为货币形态就比较困难。在这种情况下，卖而不随即续之以买的倾向，就会加强。货币的正常流通就会在许多地方中断，从最初的买者那里投入流通的货币就不能完全流回原来的出发点，从而就会发生生产过剩的危机。所以，即使在简单再

---

① 马克思：《资本论》第2卷，人民出版社1975年版，第467—468页。

生产的范围内，资本主义的生产就已经充满了发生经济危机的现实可能性。

4. 流通的货币数量和货币材料的来源（再生产）

前面讲的例子表明，由于同一货币在流通过程中可以实现几次交易，因而流通中所需货币数量，小于投入流通的商品价格总额。在上述两大部类之间的交换中，投入流通的商品共5000单位（2000生产资料，2000消费资料，1000劳动力），而投入流通的货币只有1500单位。（第一次交易第Ⅰ部类资本家购买劳动力时投入1000英镑货币，第四次交易由第Ⅱ部类或第Ⅰ部类资本家投入500英镑货币）。在第517页上马克思另举一例，假定第Ⅰ部类资本家支付给劳动者的1000英镑工资不是一年支付一次，而是分四次支付，又假定Ⅱ与Ⅱ$1/2c$之间的流通不是两次来回四次交易，而是四次来回八次交易，那么同样是5000单位商品总额的流通，只需要500单位的货币就够了，比原来的货币量少两倍。

货币流通量的法则在《资本论》第1卷早已讲过，这里重提这个问题，与以前有一个不同点。在这里，货币流通的速度要受到社会总资本及其各个组成部分的周转速度的约束。资本的周转速度越快，其生产期间和流通期间越短，则拘束在货币资本形态上的货币就可以愈小，货币流通速度就会愈快，从而同量社会总产品的实现所需的货币数量就可以越少。反之，所需货币量就越大。当然，这里必须注意的是，虽然资本周转时间和速度的变化，一定会影响货币流通速度的变化，但是货币流通速度的变化，不一定包含资本周转速度的变化，而可能是由于其他因素引起的。关于这一点，参见第二篇第381页所述。

最后，简单提一下货币的来源或货币材料的再生产问题。我们已经说过马克思假定只有金属货币。在前面有关货币流通的各项问题的叙述中，马克思又假定了一国已经积累起来的货币量，包含在贮藏中的和流通中的货币量，是足够流通和贮藏的需要的。但是这个渐次积累起来的货币是从哪里来的？流通中银币的磨损又怎样得到补偿的？这就牵涉到作为货币材料的贵金属的再生产问题。这个问题在第二篇第十七章中已经讲过，现在在第二十章第十二节又从货币材料的生产与社会其他部门之间的交换关系来分析这个问题。其目的是探寻货币材料如何从贵金属的生产者手中，通过交换逐渐渗透到全社会各生产部门，为各部门资本家所掌握，形成一个国家的货币基金。这个问题对社会总产品实现过程中实质问题的理解关系不大，所以就不详述了。

（五）固定资本的补偿

1. 问题的提出

以前讲过，马克思的再生产图式所舍象的因素之一，就是固定资本周转的特点。假定生产过程中利用的不变资本价值，不论是固定部分或流动部分，都是在一年中一次转入新产品中，并且要由当年社会产品取得物质补偿。

可是事实上，构成固定资本的劳动手段，每年只把一部分磨损的价值转移到产品中去，而劳动手段本身却仍然留在生产领域可以继续发生作用，而无须以新的劳动手段来进行物质上的替换。

劳动手段在使用期限终了以前，不需要在物质上进行补偿，可是，每年得把转移到产品上的价值，经过产品的出卖，在货币上收回来，这就是固定资本的货币折旧。这个货币折旧，在固定资本损耗完毕，进行物质上的更新以前，是不会花出去的，而要在资本家手中积存起来。

从流通过程看，由劳动手段的磨损转移到商品上的固定资本价值，在一定时期内，只通过卖出的阶段，转化为货币折旧的形态，但暂时不再通过买进的阶段，重新转化为固定资本的物质要素即劳动手段。这种暂时只卖不买的情况，对于过去分析的两大部类之间的关系，会引起什么新的问题？以及这个问题如何解决？这就是第二十章第十一节中讲的内容。

2. 磨损价值在货币形态上的补偿

根据以前的分析，简单再生产的交换条件是

Ⅰ $1000v+1000m=$ Ⅱ $2000c$

在第Ⅱ部类不变资本价值Ⅱ $2000c$ 中，假定有 $200q$ 是固定资本一年磨损的转移价值，这一部分经过Ⅱc产品的出卖，会在货币形态上当作折旧基金，在第Ⅱ部类资本家手中保存下来，暂时不向第Ⅰ部类购买生产资料。

这样，第Ⅱ部类向第Ⅰ部类卖出 $2000c$ 的消费品；但第Ⅱ部类从第Ⅰ部类只买 $2000c-200q=1800$ 英镑的生产资料。这里发生一个问题：如果第Ⅱ部类从第Ⅰ部类少买200单位的生产资料，那么，第Ⅱ部类自己的 $200q$ 产品，如何能向第Ⅰ部类出卖？从而取得折旧所必需货币？换句话说，在此情况下，第Ⅱ部类的固定资本的磨损价值，如何能够在货币形态上取得补偿？

当然，可以像我们在以前讲流通中货币的垫支时的第二例子那样假定，第Ⅰ部类资本家在他的体现剩余价值部分的产品没有实现以前，先垫出货币投入流通，购买消费品。在这里他是先垫支200单位货币，向第Ⅱ部类购买200单位消费资料。但是第Ⅰ部类资本家垫出这200单位货币作为个人消费的支出，是要以他自己的体现200单位剩余价值的生产资料预期能够卖出为前提的。如果第Ⅱ部类资本家不向第Ⅰ部类资本家购买这200单位的生产资料，却把从第Ⅰ部类资本家向自己购买生活资料时所得的200单位货币当作折旧保存下来，那么第Ⅰ部类资本家的预期的收入就会落空。如果这种情况继续下去，第Ⅰ部类资本家势必要相应地减少自己在个人消费上的支出，不会向第Ⅱ部类资本家购买那200单位的消费品；第Ⅱ部类体现固定资本磨损价值的那部分产品既然卖不出去，那么它的折旧所需货币也就无从取得。

这样，结果会形成两种情况：一是 I 、II 两个部类各有200价值的产品卖不出去；一是第 II 部类不能把固定资本磨损价值部分在货币形态上取得补偿。这两种情况都使简单再生产不能够继续进行。

这个问题如何解决？这涉及固定资本的实物补偿问题。

3. 固定资本在实物形态上的补偿

第一小节只讲了磨损价值在货币形态上的补偿，而没有考察实物形态上的补偿。事实上，社会总资本和其中第 II 部类的资本，是许多个别资本的总和，各个资本家在劳动手段的形态上所拥有的固定资本，所处的情况是不一样的。有些固定资本刚刚投入生产，或者已投入生产若干时期，但以后还能继续在一个相当长的时间发挥作用。这些固定资本只要在货币形态上提取折旧基金，而无须在实物形态上进行更新替换。另一些固定资本则处在折旧已经完毕而要在实物形态上进行更新替换的阶段。

根据这种情况，马克思把第 II 部类资本家分为两小类。第一小类是进行固定资本的实物更新的资本家；第二小类是只提取固定资本货币折旧的资本家。仍用刚才所举的例来看。

第 II 部类还剩200q的消费资料没有卖出，这200q，即固定资本的磨损价值，还没有在货币形态上取得价值补偿。如何才能卖出呢？货币从哪里来呢？第 I 部类不能垫支，这已经说过。II_2也不能自己垫支，这是很清楚的。

但是，II_1资本家，即其固定资本磨损完毕要进行实物替换的资本家，过去若干年已经在货币形态上积存了实物折旧基金200q，他们就用这200英镑货币向第 I 部类购买劳动手段更新自己的退废了的固定资本；然后第 I 部类又用这200英镑货币向II_2资本家那里购买生活资料。这样，II_2的固定资本磨损价值就在货币形态上取得了补偿，同时，第 II 部类200单位消费品和第 I 部类200单位的生产资料都得到了实现，简单再生产就可以继续照常进行。

马克思在第二小节讲两大部类之间剩下的与第Ⅱ部类固定资本补偿有关部分的交换时，所举的例子有些改变，把与此无直接关系的一部分流动资本的流通，也引进来考察，因而分析得比较复杂，读起来也比较吃力。但是与固定资本补偿有关问题的实质，就是上面所说的。

从固定资本补偿问题的分析中，马克思得出简单再生产的另一个十分重要的条件，即第Ⅱ部类的一部分资本家需要在实物上进行更新替换的固定资本的总额，应当等于另一部分资本家当年固定资本磨损的折旧总额。需要注意的是，这一结论不仅适用于Ⅱc同Ⅰ（$v+m$）之间有关第Ⅱ部类固定资本磨损部分的交换，而且也适用于Ⅰc内部有关第Ⅰ部类固定资本磨损部分的交换。

这个条件是简单再生产必须具备的条件之一。如果固定资本更新的总额等于当年折旧总额的条件被违反了，简单再生产就要遭到破坏，这是在第二小节的末尾和第三小节的结论中说到的问题。

4. 固定资本的补偿与经济危机

根据马克思的分析，在简单再生产范围内，再假定其他条件不变，如果待从实物形态上进行替换更新的固定资本总额，与只在货币形态上补偿的固定资本当年磨损价值总额不相平衡时，就会发生种种扰乱的情况。

一种情况是待从实物上进行更新的固定资本总额超过了只在货币形态上进行补偿的固定资本当年磨损总额。这时，投入市场来向第Ⅰ部类购买劳动手段的货币会增加，而向市场投入商品以取得货币来提取固定资产折旧的数额会减少。在这种情况下，会发生市场货币过多，而产品不足的现象。产品不足可以是直接发生在劳动手段的生产上面，也可以是间接地发生在流动资本物质要素即劳动对象的生产上面，也可以是发生在消费品的生产上面。整个说来是购买力过剩而商品不足。

另一种情况则相反，如果需要从货币形态上补偿的固定资本磨损价值，大于要从实物形态上进行更新替换的固定资本总额，这时，为取得货币来提取折旧基金而投入市场的商品额会大于为取得劳动手段来更新固定资本而投入市场的货币。在这种情况下，会发生市场商品过剩而货币不足的现象。商品过剩可以直接发生在劳动手段的生产上，也可以直接发生在劳动对象和消费资料的生产上。总之是购买力不足和生产过剩。

由此可见，即使在简单再生产范围内，单纯地因为固定资本补偿的不平衡性，在资本主义制度下就会引起产生危机的一种可能性。

值得注意的是，马克思在这里指出：由于固定资本在实物形态上进行更新数额的减少，所引起的社会生产过剩，本身并不是什么祸害，宁可说是一种利益①。为什么呢？因为劳动手段投入生产的年份不同，使用时间不同，所以有的年份退废更新得多些，另一些年份退废更新得少些，这并不是一种不正常的现象。由于劳动手段退废更新的减弱而引起的过剩的社会再生产，不论是多余的劳动手段，还是多余的劳动对象或消费品，在社会主义计划经济下面，可以作为储备，来应付另一些时候由于劳动手段退废更新增加而引起的生产不足。依照马克思的说法，"这种生产过剩等于社会对它本身的再生产所必需的各种物质资料的控制"。②这个指示，对于社会主义经济建设中设立物质储备问题，有十分重要的意义。但是在资本主义社会中，这种生产过剩，则是一种无政府的要素，是引起经济危机的一个原因。

---

① 参见马克思：《资本论》第2卷，人民出版社1975年版，第526页。
② 同上书，第527页。

三、积累与扩大再生产

（一）研究对象

1. "积累"与"扩大再生产"的关系

前面说过，马克思在《资本论》中，对"积累"一词的使用有两种意思。"积累"的本来意义是指剩余价值的资本化，或转化为追加的资本。但有时"积累"一词又当作"扩大再生产"的同义语来使用。因为，在有积累发生的地方，也就有扩大的再生产。

扩大再生产一般是以狭义的积累即剩余价值的资本化为条件的。但是并非在一切场合都是如此。马克思在《资本论》第1卷第七篇讲积累因素和在《资本论》第2卷第三篇第十八章讲货币资本的作用时，即曾指出，一定价值量的资本，一旦与各种生产要素相结合（如劳动力、工具、土地）就会在一定限度内取得一种伸缩力，所以即便没有积累，没有追加的资本，它也能够在一定限度内扩大自己的生产能力。这一点在本章又重复指出。不过这一章所讲的扩大再生产，是把这种与积累无关的因素舍象掉的。马克思说："这里要讲的是特定意义上的资本积累，因此，生产的扩大，要取决于剩余价值到追加资本的转化，也就是要取决于作为生产基础的资本的扩大。"[①]

2. 研究对象是纯粹外延的扩大再生产

有两种不同类型的扩大再生产：外延的和内涵的。

对这两种不同类型扩大再生产的区别的标志，有种种不同的看法，这里不能细说。有一点是大家同意的，即在外延的扩大再生产中，生产技术方法是不变的，而内涵的扩大再生产则包含着

---

① 马克思：《资本论》第2卷，人民出版社1975年版，第565页。

生产技术方法的进步。

因此，外延的扩大再生产是靠增加生产要素（劳动力、生产资料）的数量的途径来扩大生产的规模，而内涵的扩大再生产是依靠生产要素（劳动力、生产资料等）利用效率的提高，来扩大生产的规模。

此外，还有一种外延与内涵相结合的扩大再生产。这是通常的情况。

在上一讲我们说过，马克思在研究社会总资本再生产中的实现问题时，为了简化分析条件，是假定了生产技术方法不变、劳动生产率不变、资本的技术构成和有机构成都不变化的。把这些假定用到扩大再生产中来，就是说，生产规模的扩大，要求生产条件（劳动力、生产资料）以同等比例扩大，在资本主义条件下，也就是要求不变资本与可变资本以同等比例扩大。十分明显，这是一种纯粹外延类型的扩大再生产。

第二十一章研究的就是这种纯粹外延的扩大再生产。认清这一点十分必要。因为对纯粹外延扩大再生产的研究所得出的规律性，有的具有普遍意义，也同样适用于内涵的扩大再生产，如 $I(v+m) > Ic$。但有的却不是具有那样的普遍性，不适用于纯粹内涵的扩大再生产，如我国经济学界提出的所谓"第二个基本公式"。

3. 与《资本论》第1卷第七篇"资本积累"的区别

《资本论》第1卷第七篇第二十二章和第二十三章已经研究过资本的积累。在那里，主要是注意资本当作价值的增长，这种增长是以剩余价值转化为追加的资本也就是以积累来实现的。那里研究的是积累过程的阶级实质，是资本家与劳动者两个阶级之间的关系如何通过积累过程而在扩大的规模上被再生产出来，是积累过程对于工人阶级的状况所带来的影响等等问题。由于资本有机构成的变化，是资本主义积累的一般规律的一个重要契机，所以在那里研究资本的积累时也考虑到了资本有机构成的变化。

现在研究的社会总资本的积累和扩大再生产，着眼点与《资本论》第1卷第七篇不同。这里研究的问题主要是积累采取怎样的物质形态，积累得以实现的物质条件，也就是说，剩余价值转化为资本过程中所需要的追加的生产资料和生活资料，是从哪里取得和怎样取得的。

同简单再生产中资本价值的补偿以及资本家和劳动者的个人消费支出的实现一样，积累的物质条件，也是在社会总产品运动自身的范围内被给予的。社会总产品的一部分要用来补偿生产中消耗的不变资本价值，另一部分要用来满足原有就业劳动者的消费支出和资本家的剩余价值中用于个人消费支出的部分，除此之外，社会产品还要有一部分用来使转化为追加资本的剩余价值得以实现。这些过程是密切地结合在一起的。所以在分析积累的实现条件的时候，就要同时结合简单再生产的那一部分，来研究整个扩大再生产过程的社会产品实现条件。

资本有机构成的变化，对于产品实现条件问题的研究没有直接的关系，所以这里就撇开不谈。这一点同研究简单再生产的实现条件问题时的情况是一样的。

4. 第二十一章的结构和本讲结构

这一章先有一段概述，引出积累过程中的货币储藏的问题。第一节先从第Ⅰ部类考察由简单再生产向扩大再生产过渡的条件；第二节又结合第Ⅱ部类考察简单再生产向扩大再生产的过渡条件；第三节是全面分析扩大再生产的实现条件；最后一节"补充说明"是关于货币来源问题的一些片断议论。

为了便于讲解，分三个方面来讲。第一是货币积累，第二是现实的积累，第三是扩大再生产的图式和平衡条件。讲这三个问题的时候，基本上还是循着这一章的叙述顺序。

关于《社会总资本的再生产和流通》

（二）货币积累（货币贮藏）

1. 货币积累和现实的积累

过去学个别资本的积累时，我们已知，剩余价值转化为追加资本，要经过两个阶段。

（1）随着商品资本的货币化，体现m的剩余产品也转化为货币。

（2）资本家把转化为货币的m，再转化为追加的生产要素。剩余价值在转化为追加的生产资本的物质要素以前，它会在货币形态上在资本家手中停留一段时间，随着商品的逐次出售，这种贮藏的货币会渐次积累起来。其之所以会这样，是因为生产规模的扩大，有一个最低限额，如添建一个车间，新建一个厂，都要有一定额度的投资。资本家手中积累的货币，未达此限额以前，是不能用来扩大生产规模的。

马克思把剩余价值转化为追加的生产资本，或生产规模的现实扩大，叫作"现实的积累"，而把在现实的积累以前发生的，作为现实积累的必要前提的剩余价值从商品形态向货币形态的转化，以及这个货币在资本家手中贮藏，叫作"货币积累"或叫"货币贮藏"。

货币积累不仅对于个别资本来说是现实的积累的必要前提，而且对社会总资本来说也是积累的一个必要的环节。但是在社会总资本的积累过程中，在货币积累方面却发生了一个新的问题。

个别资本家为了准备扩大生产而进行货币积累的时候，他手中代表剩余价值的一部分产品只通过出卖的阶段，而暂时不继之以买的阶段。只有这样，他才能把货币留在手里。如果考察的只是个别资本，那只要假定他的产品能够卖出去，有人买，付给他货币就行了，不必进一步追问卖给谁，货币从哪里来的？但是如果考察的是社会总资本，如果所有的资本家都是为了准备扩大生产而同时进行货币积累，如果所有的资本家手中体现剩余价值的那部分产品只售卖而不买，那么这剩余产品究竟卖给谁呢？为了积累而贮藏的货币从哪里来呢？这是在第二十一章的前言第553页上提出来的问题。这个问题在第一节中作了解答，以后各节也不断涉及这个问题。在这里我把它们合并在一处讲。

2. 第Ⅰ部类货币积累的市场条件

第一节第一段"货币贮藏"，首先讲的是第Ⅰ部类资本家为了把剩余价值转化为追加的不变资本而准备的货币积累。第Ⅰ部类资本家为这个目的所积累的货币，是怎样取得的呢？这里包含两个问题，第一个问题是他们的这一部分剩余产品，究竟卖给谁呢，由谁来买呢？第二个问题是流通中追加的货币又是从哪里来的呢？第一个问题是在第一节第一段中解答的，第二个问题是在第一节第二段中解答的。我们先看第一个问题；至于第二个问题留到后面再说。

为了解决第Ⅰ部类资本家的剩余产品如何能转化为货币积累的问题，马克思采用了前面分析简单再生产中固定资本补偿问题时所采用的同样方法。我们已知固定资产的补偿也包括两个阶段：一是货币的补偿，一是实物的更新。不同资本家的固定资本，处于不同的补偿阶段；有的进行货币补偿，有的进行实物更新。资本的积累也有类似的情况。一部分资本家把剩余产品转化为货币，进行货币积累；同时另一部分资本家则把已经贮藏足额的货币，转化为追加的生产资料、进行现实的积累。根据这一情况，马克思把第Ⅰ部类的资本家分为A、B两组，前一组（A）资本家的剩余生产物，卖给后一组（B）资本家，把所得货币贮藏起来，进行货币的积累；同时，后一组（B）资本家向前一组（A）购买他们的剩余生产物，而把自己的贮藏货币转化为追加的生产资本，进行现实的积累。

在这里，有两点是十分明显，并且也需要加以注意的：

第一，A组资本家出卖而B组资本家购买的剩余生产物，在实物形态上只能是生产生产资料的生产资料。因为这里说的两组资本家都是第Ⅰ部类的资本家。在这种生产资料的形态上存在着的剩余产品，当它们在A组资本家即卖方手中时候，还不是现实的追加的不变资本，而只是可能的追加不变资本；只有到了B组资本家即买方的手中，它们才能成为现实的追加不变资本。（如钢铁厂与机械、金属加工厂之间的关系）

第二，就第Ⅰ部类全体来看，A组资本家手中要转化为货币积累的剩余产品价值总额，同B组资本家手中要转化为追加生产资本的剩余价值总额，必须在数量上相平衡。否则，第Ⅰ部类内部的积累就不可能正常进行；一方面，前一组资本家不能够正常地进行货币积累；另一方面，后一组资本家也不能正常地进行现实的积累。这一问题很重要，后面还要再讲。

3. 第Ⅱ部类货币积累的市场条件

马克思在解决第Ⅰ部类内部资本家的货币积累问题时所采用的方法，同样也可应用于第Ⅱ部类的货币积累。

马克思对第Ⅱ部类用于追加不变资本部分的货币积累的来源问题，并没有进行详细的分析。关于这个问题，在卢森贝《〈资本论〉注释》中，倒有一个说明。[①]这里就不详述。

需要提一下，在最后一节"补充说明"中，马克思又提出了第Ⅱ部类内部用于追加可变资本积累部分的货币贮藏问题。解决这个问题的方法，同样是把第Ⅱ部类资本家分为两组，其中B组资本家以积累的货币购买追加的劳动力，而新就业的劳动者则以所得工资向A组资本家购买消费资料，使后者的相应部分的剩余价值由商品形态转化为货币形态，并且在货币形态上贮藏起来。

---

① 卢森贝：《〈资本论〉注释》，生活·读书·新知三联书店1963年版，《资本论》第2卷，第228—229页。

4. 货币积累与市场均衡关系

我们已经知道，从货币贮藏的角度来看，资本主义积累的重要条件之一，是一部分资本家手中要转化为货币贮藏的剩余产品价值总额，要同另一部分资本家的贮藏货币要转化为追加生产资本的总额相等。换句话说，一部分资本家的剩余产品的片面的卖，要与另一部分资本家对这个剩余产品片面的买相等。在固定资本的补偿问题上，我们也碰到类似的问题。这个条件对于资本主义再生产过程中的矛盾的理解有着十分重要的意义。

在《资本论》第2卷第556—559页中，马克思联系这个问题，又重复强调说明资本主义社会总产品各个组成部分之间的交换不是单纯的物物交易，而是以货币为媒介，通过许多片面的卖和片面的买的行为来实现的。货币当作贮藏手段的职能，就使得卖和买在时间和空间上分裂开来，使商品生产者有可能有时卖而不买，有时买而不卖。但是，从整个社会来看，一部分商品生产者的卖而不买，必须要有另一部分商品生产者的买而不卖来平衡，否则就会发生危机。我们已经知道，这种危机的可能性，是在简单商品流通中就已经蕴含了的。

在资本主义生产方式下，货币不单纯是一般的流通手段和贮藏手段，而且是货币资本。并且要当作货币资本来贮藏。我们已经看到，没有这种货币资本的贮藏，资本的积累过程，固定资本的补偿过程等，都不可能进行。不仅如此，我们也已经知道，不属于资本积累和固定资本补偿范围，而属于简单再生产的其他价值要素，也要不断地从商品资本形态转化为货币资本形态，在资本家手中保存一段时间，这是由周转时间的因素决定的。不过，用于固定资本补偿和资本积累的那部分货币贮藏，在资本家手中停留的时间更长些。

在所有上述场合，都会发生资本循环过程中卖和买的行为在时间上和空间上的分离，要使社会总资本的流通和再生产得以正

关于《社会总资本的再生产和流通》

常进行，许多个别资本家的片面的卖，同另外许多个别资本家的片面的买，必须在数量上是均衡的，品种是对路的。可是，在资本主义生产方式下，这种必需的市场均衡却是偶然的。

马克思说："商品生产是资本主义生产的一般形式这个事实，已经包含着在资本主义生产中货币不仅起流通手段的作用，而且也起货币资本的作用，同时又会产生这种生产方式所特有的、使交换从而也使再生产（或者是简单再生产，或者是扩大再生产）得以正常进行的某些条件，而这些条件转变为同样多的造成过程失常的条件，转变为同样多的危机的可能性；因为在这种生产的自发形式中，平衡本身就是一种偶然现象。"①

所以，货币不仅当作一般的流通手段和贮藏手段，而且也当作货币资本来起作用，特别是当作资本的贮藏手段来起作用的这种情况，就使得在资本主义生产方式下发生经济危机的可能性，比之在一般商品生产中，是更加扩大了。

5. 积累所需追加货币的来源

关于货币积累，讲到这里，还只解决了一个问题，即如果所有的资本家都必须进行货币积累而先出卖剩余产品，那么，这些剩余产品到底由谁来购买的问题。现在还剩下一个问题，即流通中追加的货币从哪里来的问题。这是属于货币流通方面的问题。我们知道，积累或扩大的再生产同时意味着扩大的流通；当生产规模扩大时，不变资本、可变资本的流通，以及全部商品流通量都要增加，因此，为商品流通服务的货币量势必要增加。这些追加的货币从哪里来？这个问题，马克思是在第一节第二段第563—565页上提出来的。

关于追加货币从哪里来的问题，可分两个层次来看。第一是从简单再生产向扩大再生产过渡时的货币积累，第二是扩大再生

① 马克思：《资本论》第2卷，人民出版社1975年版，第558页。

产进一步发展时的货币积累。

在从简单再生产向扩大再生产过渡的场合，问题比较简单。这时商品流通总量并不增加，改变的只是商品不同价值部分的用途。具体地讲，原来用于资本家个人消费的剩余价值，现在要用来进行积累。这部分剩余价值的流通所需要的货币，在前面讲简单再生产时已经解决了的问题。不过在简单再生产情况下，这一部分货币是由资本家当作个人收入的货币形态和当作购买手段，支出在消费品的购买上面；而现在，从简单再生产向扩大再生产过渡时，这一部分货币是当作要转化为追加资本的贮藏手段和流通手段了。这时商品流通所需的货币数量，与原来一样，并没有增加。其原因就在于由简单再生产向扩大再生产过渡时，生产规模和商品流通规模的扩大，不再为这种过渡创造条件的这一年，而在下一年。这一年的生产规模和商品流通规模仍与原来的简单再生产情况一样，并没有改变，改变的只是商品的某些价值部分的用途罢了。所以，在这里只要假定原有的货币数量不但对原有的商品流通是足够的，而且对原有当作准备基金的货币贮藏也是足够的，那么，在从简单再生产向扩大再生产过渡时，积累所需的货币来源是没有困难的。

如果讲的不是过渡，而是扩大再生产本身的发展，那么，随着资本规模的扩大，商品生产和商品流通的总额也会增加，从而为扩大再生产所需的货币贮藏和货币流通的需要量也会增加，这都要求有追加的货币。这些追加货币的来源，不外有两个途径：一是货币材料即贵金属的追加生产，第二是信用的扩大，但是，资本主义的信用制度，归根结底还是以贵金属的流通为基础的，即使在国内不实行金属的流通，在国际贸易上仍然免不了要以贵金属做支付手段。如果把信用制度撇开不谈，只假定金属货币的流通，那么，贵金属的追加生产能否适应资本积累和扩大再生产对于追加货币的需要，就成为资本主义扩大再生产能否正常进行的一个重要条件。所以，马克思在第564页上指出，贵金属追加生产的时丰时歉，会对资本主义市场以至整个资本主义扩大再生产的运动发生扰乱的影响。如果把信用制度加进来，那么这种扰乱的机会就更多，所以，从这里我们也可以看到造成资本主义扩大再生产的不稳定性的一个因素。

（三）现实的积累（追加的不变资本）

1. 现实的积累的内容（追加的不变资本和追加的可变资本）

现实的积累，就是剩余价值转化为新的、现实的生产资本，包括不变资本和可变资本。新的现实的不变资本是由追加的生产资料构成的；新的现实的可变资本则是由追加的劳动力构成的。所以，现实的积累要能够进行，必须要有追加的生产资料和追加的劳动力。

关于积累所需的追加可变资本或追加劳动力问题，马克思在第二十一章中没有多谈，只是在第一节中的第三小节第565—566页上提了一下。没有多谈的原因，马克思自己指出，是因为这个问题在《资本论》第1卷第七篇已分析过了。在资本主义生产的基础上，总是存在着相对过剩的劳动人口，所以在资本积累和扩大再生产时所需的追加劳动力的来源，是没有问题的。不过，新增就业人口需要追加的消费资料，从何处取得呢？这个问题得到分析扩大再生产图式时再谈。首先讲一下：追加不变资本或追加生产资料是怎样来的，仍从第Ⅰ部类开始讲起。

2. 第Ⅰ部类不变资本的积累

（1）为什么从第Ⅰ部类开始分析？

马克思分析不变资本积累条件的出发点是，两大部类的生产规模仍然是原来简单再生产图式中的规模，即

$$Ⅰ\ 4000c + 1000v + 1000m = 6000$$

$$Ⅱ\ 2000c + 500v + 500m = 3000$$

从这一点出发，要研究怎样向扩大再生产过渡？在这种情况下，首先能够向扩大再生产过渡的，是哪一部分呢？显然，第Ⅱ部类是不能首先过渡的。因为，第Ⅰ部类能向第Ⅱ部类提供的生产资料的最高限额，只有$1000v+1000m=2000$价值单位，顶多只够补偿第Ⅱ部类在简单再生产中消耗的不变资本，绝不能还使第Ⅰ部类的剩余价值转化为追加的不变资本。所以，在这种情况下，无论如何也不能从第Ⅱ部类开始过渡，只能从第Ⅰ部类开始分析。

第Ⅰ部类怎样能够开始从简单再生产过渡到扩大再生产呢？

（2）第Ⅰ部类从简单再生产向扩大再生产过渡的条件。

在简单再生产情况下，第Ⅰ部类全部剩余价值由资本家阶级用于个人消费，而体现这1000单位剩余价值的产品，即生产资料，则要提供给第Ⅱ部类，与之交换第Ⅰ部类资本家个人消费所需的生活资料。现在，第Ⅰ部类资本家为了扩大生产，就把这1000单位的剩余价值不全部用于消费或全部不用于消费，而用于积累。为了简化起见，假定这1000单位剩余价值全部用于不变资本的积累。在这种情况下，体现这1000剩余价值的生产资料就不与第Ⅱ部类进行交换，而留在第Ⅰ部类内部，作为追加的不变资本来使用。

但是这种转变，要有一个前提。就是第Ⅰ部类生产的体现1000剩余价值的产品，在使用价值上要有所改变。原来在简单再生产的场合，它是为生产消费资料的生产资料，而现在向扩大再生产过渡时，就要变为为生产生产资料的生产资料。这就要求，第Ⅰ部类劳动者为资本家所提供的剩余劳动，在具体的使用性质上加以改变，从原来为第Ⅱ部类生产生产资料，改变为为第Ⅰ部类生产生产资料（如把纺织机制造改变为机床制造），或者要求把可以两用的生产资料，改换一下使用方向（如把钢材从使用于日用五金加工改用于拖拉机制造）。只有经过这样的改变，第Ⅰ

部类积累所需的追加生产资料，才有着落。

从这里马克思得出两点十分有名的结论：

第一，"为了从简单再生产过渡到扩大再生产，第Ⅰ部类的生产要能够少为第Ⅱ部类制造不变资本的要素，而相应地多为第Ⅰ部类制造不变资本的要素。"①原来，第Ⅰ部类为第Ⅱ部类生产了2000单位（1000v+1000m）的生产资料，现在只为Ⅱ生产1000单位，而另1000单位改为第Ⅰ部类自己生产生产资料。

必须注意的是，马克思在这里所说的"过渡"，是只就第Ⅰ部类向扩大再生产过渡而言的，还没有考虑到第Ⅱ部类的需要问题。所以，从这里还得不出Ⅰ（$v+m$）＞Ⅱc这个条件。单从价值上看，这时Ⅰ（$v+m$）仍等于Ⅱc，但只要把Ⅰm的使用方向和Ⅰm剩余产品的使用性质加以改变，第Ⅰ部类就有可能实现不变资本的积累。有些同志用马克思的上一句话来说明Ⅰ（$v+m$）＞Ⅱc，这是不对的，因为没有注意到马克思在这里分析的还只是第Ⅰ部类过渡的条件，而不是整个社会扩大再生产的条件。

第二，"如果只考察价值量，扩大再生产的物质基础是在简单再生产内部生产出来的。简单说来，这种物质基础就是，直接用在第Ⅰ部类生产资料的生产上的、用在第Ⅰ部类潜在的追加资本的创造上的第Ⅰ部类工人的剩余劳动。"②我们看到，社会产品的价值总量，并没有改变，仍然是简单再生产时的价值量。但由于第Ⅰ部类劳动者的剩余劳动，改为第Ⅰ部类生产生产资料，为第Ⅰ部类创造可能的追加的不变资本。这样，在原来的简单再生产的价值量即总劳动量的范围内，就可以为第Ⅰ部类的扩大再生产，提供了物质基础。

这里要注意的是，马克思所讲的扩大再生产的物质基础由简单再生产中产生出来，是就从简单再生产向扩大再生产的过渡的

① 马克思：《资本论》第2卷，人民出版社1975年版，第560页。
② 同上。

理论分析的意义上来说的，而不是就一般的意义来说的。在理论分析上的过渡一旦完成，扩大再生产继续进行的物质基础，就不再是简单再生产而是扩大再生产了。这一点在扩大再生产图式后几年的演算中可以看到。

第一节第二段"追加的不变资本"的内容，如果把与货币积累有关的问题（前面已讲过）撇开，主要就是刚才所讲的一些。重复说一遍：这里只就第Ⅰ部类，来看向扩大再生产过渡时，在追加的生产资料的生产上所必要的条件，而没有考虑第Ⅱ部类的需要问题。第Ⅱ部类的积累问题，是从第二节与第三节的前一段中（第566—572页）逐渐引进来的。下面接着讲这一部分的主要内容。

3. 第Ⅱ部类不变资本的积累

（1）第Ⅰ部类的过渡条件对第Ⅱ部类补偿的影响。

第二十一章第二节的标题是"第Ⅱ部类的积累"。但是，仔细阅读一下这一节，可以看到这里讲的还不是第Ⅱ部类的积累问题，而是第Ⅱ部类原垫支不变资本的补偿问题。这个问题在简单再生产时已经解决了，为什么这里又提出来？又是怎样提出来的呢？

事情是这样的：在前一节中，马克思已经分析了第Ⅰ部类由简单再生产向扩大再生产过渡的条件。为了完成这种过渡，原来简单再生产价值范围内第Ⅰ部类的剩余劳动，要从原来为第Ⅱ部类生产不变资本要素改为第Ⅰ部类自己生产不变资本的要素。这样调整之后，第Ⅰ部类是可以进行不变资本的积累了，但是，第Ⅱ部类能不能同时进行不变资本的积累呢？显然是不能的。不但不能进行积累，而且连原来在简单再生产范围内消耗的不变资本也不能得到完全的补偿。这可以从出发点的图式中看到：

Ⅰ $1000v+1000m$

Ⅱ $2000c$

以前假定 I 1000m全部用于不变资本的积累，资本家一点不消费。这当然不符合实际。马克思在这里又假定第 I 部类资本家以1000m的一半来消费，另一半进行不变资本的积累。对可变资本积累仍然暂不考虑。在此情况下，第 I 部类500剩余产品作为追加的生产资料留在本部类来扩大生产，第 I 部类能为第 II 部类进行交换的，就只有1000v+500m=1500生产资料了。这样，第 II 部类的2000c中只有1500能通过第 I 部类的交换，取得生产资料的实物补偿。但第 II 部类还有500c的消费资料，不能与第 I 部类交换。这样，一方面是卖不出去，形成了生产过剩，另一方面又不能重新转化为生产资本，以保持原有的生产规模。所以，在这种情况下，从不变资本来看，虽然第 I 部类有扩大生产的可能，但第 II 部类却无此可能，不但无扩大生产之可能，而且发生了生产过剩，需要缩减，连原有的简单再生产也保持不住。

不但如此，第 II 部类发生的生产过剩和随之而来的生产缩减，还会反转过来影响第 I 部类，使第 I 部类的简单再生产也受到阻碍。关于这一点，马克思在第569—570页上有一段说明。

（2）第 II 部类与第 I 部类同时进行积累的条件。

上面说的那种情况，问题究竟发生在什么地方呢？

问题在于，诚如马克思自己在第570页所说，以上处理的"是一种特殊的现象，这种现象之所以发生，只是由于第 I 部类的各要素之间（就再生产来说）有了不同的组合"，只是由于第 I 部类的各要素，在简单再生产的范围内，组合上起了变化。没有这种重新组合，第 I 部类就不能开始进行不变资本的积累。但是，单有第 I 部类内部各要素之间的组合变化，还是不够的。我们在上面已经看到，单有第 I 部类的重新组合，第 II 部类的简单再生产以至整个社会再生产的正常进行，还是不能保证的。

所以，为了不但使第 I 部类有可能进行不变资本的积累，而且使第 II 部类也有可能进行这种积累，或者至少使第 II 部类不变资本的补偿不致受到影响，那么就不仅需要第Ⅰ部类的各种要素要重新组合，而且要求Ⅰ（$v+m$）不是继续在价值上等于Ⅱc，而是大于Ⅱc，并且，Ⅰ（$v+m$）大于Ⅱc的程度，要足够来保证两个部类的积累所需的不变资本的追加要素。

用公式来表现，两大部类不变资本的积累的条件就是：

Ⅰ（$v+m$）＞Ⅱc

或Ⅰ（$v+m$）[①]＝Ⅱc＋ΔⅠc＋ΔⅡc＝Ⅱc＋Ⅰ$\frac{m}{y}$＋Ⅱ$\frac{m}{y}$

马克思对这些条件的明白的表述，是在第582—585页分析扩大再生产图式时提出来的。可是，问题必须要这样解决，则是刚才讲的那一部分，即第二十一章第二节中，已经可以看出来了的。

（3）第Ⅱ部类的积累规模，取决于第Ⅰ部类的积累程度。

这里讲的是书上第三节"用公式来说明积累"的前一段（见第571—576页）。这一段并没有正式开始分析图式，而是继续分析第二节关于第Ⅱ部类积累还未说完的问题。

为了不仅使第Ⅰ部类，而且使第Ⅱ部类同时可以进行不变资本的积累，马克思改用了另一个图式（见第571—572页）。

简单再生产（b）$\left\{\begin{array}{l}\text{Ⅰ } 4000c+875v+875m=5750 \\ \text{Ⅱ } 1750c+376v+376m=2502\end{array}\right\}$8252

扩大再生产（a）$\left\{\begin{array}{l}\text{Ⅰ } 4000c+1000v+1000m=6000 \\ \text{Ⅱ } 1500c+376v+376m=2252\end{array}\right\}$8252

这两个式子所表现的社会产品的总值是相等的，都是8252。但两大部类各要素之间的组合不同。原来（b）式中，Ⅰ（$v+m$）＝Ⅱc（1750），只能容许简单再生产。充其量顶多可以通过Ⅰm用途的改变，使第Ⅰ部类得以扩大再生产，但要以第Ⅱ部类的生产过剩和缩减为代价。所以从全社会来看依然不是扩大再生产。

---

① $\frac{m}{y}$是指剩余价值用于不变资本的积累部分，下同。

在第二式（a）式，两大部类各要素组合起了变化；Ⅰ（v+m）>
Ⅱc。这时就有可能在两大部类同时进行不变资本的积累（或Ⅰ
部类积累而不影响Ⅱ部类的简单再生产）。

从这里也可以看出，扩大再生产的物质前提，也是从简单再
生产中发生出来的。因为作为出发点的社会产品价值总额并未改
变，仍是简单再生产时那个价值量。但产品的各价值要素之间进
行了重新组合，因而使积累和扩大再生产可以实现。这一点，前
面已经讲过，马克思在第571—572页又反复强调了一番。不同的
是，以前是只就第Ⅰ部类讲的，而现在则是就包括Ⅰ、Ⅱ两个部
类的整个社会再生产的过渡来讲的。

接着，马克思对第（a）表式，进行了分析。他假定，两个
部类的资本家各以一半剩余价值来消费，以另一半剩余价值来
积累。

第Ⅰ部类资本家积累 $1000m \times \frac{1}{2} = 500$，消费500。

第Ⅱ部类资本家积累 $376m \times \frac{1}{2} = 188$，消费188。

这样安排的积累，能不能实现呢？有几部分产品的实现，是
分析简单再生产时已经解决了的，这几项是：

① Ⅰ4000c，通过第Ⅰ部类内部交换解决。

② Ⅱ（$376v + 188\frac{m}{x}$）[①]，通过第Ⅱ部类内部交换解决。

③ Ⅰ（$1000v + 500\frac{m}{x}$）与Ⅱ1500c，通过两个部类之间的交换
解决。

剩下有待实现的产品是：

Ⅰ500m（用于积累的）

Ⅱ188m（用于积累的）

现在假定，第Ⅱ部类的188单位用于积累的剩余价值，按原
来有机构成4：1，分配于追加的不变资本和追加的可变资本。

① $\frac{m}{x}$是指剩余价值用于资本家个人消费的部分，下同。

Ⅱ追加可变资本$188 \times \frac{1}{5} = 38$（$\frac{m}{z}$）①

Ⅱ追加不变资本$188 \times \frac{4}{5} = 150$（$\frac{m}{y}$）

（《资本论》第2卷第572页为47：140，系误算）

其中，第Ⅱ部类追加可变资本38，是通过第Ⅱ部类内部交换实现的，可以撇开。剩下第Ⅱ部类追加不变资本150，怎样实现？看来只有通过与第Ⅰ部类的交换，才能实现。

但是第Ⅰ部类剩下500单位剩余产品，如按过去的假定，要留在第Ⅰ部类内部进行积累，因而不能与第Ⅱ部类交换。这样，第Ⅱ部类150单位的追加不变资本就不能实现。

可是，第Ⅰ部类用于积累的500单位的剩余价值，不能全投在追加不变资本上面。假定也按原来有机构成的比例4：1，劈为追加的不变资本和追加的可变资本：

400（$\frac{m}{y}$）：100（$\frac{m}{z}$）

其中，追加不变资本，400（$\frac{m}{y}$），是靠第Ⅰ部类自己的剩余产品，（生产生产资料的生产资料）通过第Ⅰ部类内部的交换来实现的。可以撇开。

剩下追加可变资本100单位，势必要通过与第Ⅱ部类的交换，才能实现。

到这里，我们看到，第Ⅱ部类有150追加不变资本待与第Ⅰ部类交换来实现，而第Ⅰ部类只有100追加可变资本待与第Ⅱ部类交换来实现。因此它们之间的交换，最高只能成交100单位。这就为第Ⅱ部类不变资本的积累，规定了最高界限。超过此限的50单位不变资本的积累是不可能得到实现的。

所以，开始时假定，两个部类资本家各以一半剩余价值来进行积累，这对于第Ⅱ部类来说，是不能完全实现的。如果第Ⅰ部类以50%的剩余价值进行积累，那么，第Ⅱ部类积累的最高限

① （$\frac{m}{z}$）是指剩余价值用于可变资本积累的部分，下同。

额，只能等于：

$$100\frac{m}{y}+25\frac{m}{z}=125单位$$

即相当于第 II 部类剩余价值（376）的34%，而不是50%。

从这里可以得出一条重要的结论：第 II 部类的积累规模和积累率，取决于第 I 部类的积累程度。这主要是因为，第 II 部类积累所需不变资本的追加要素有多少，要看第 I 部类在扣除留用于本部类的积累以后，还有多少剩余产品与第 II 部类交换。

马克思在这里没有详细分析这个问题，他的思路回转到了另一个问题，即第 II 部类的150单位用于不变资本积累所需要的货币，是从哪里来的。这个问题，我们在前面已经交代过了，这里就不再重复。

（四）扩大再生产图式和实现条件

1. 两个图例

书中第567页和581页举了两个图例，来分析扩大再生产中两个部类各部分产品的交换情况和实现条件，这两个例子在发端年的情况是：

$$第一例\begin{cases} I\ 4000c+1000v+1000m=6000 \\ II\ 1500c+750v+750m=3000 \end{cases}9000$$

$$第二例\begin{cases} I\ 5000c+1000v+1000m=7000 \\ II\ 1430c+285v+285m=2000 \end{cases}9000$$

两例都假定，第 I 部类资本家每年以 1/2 的剩余价值用于个人消费，另1/2用于积累。并假定有机构成、剩余价值率均不变。两例的区别主要有两点：第一点，第二个例子发端年的有机构成高于第一例。但是由每个例子都假定以后各年有机构成不变，这一点差别对于当前研究的问题并无影响。第二点区别是：

在第一例中，发端年第 I 部类可变资本加资本家用于个人消费的剩余价值（$\frac{1}{2}m$）、恰好等于第 II 部类的不变资本：

$$Ⅰ（1000v+500m）＝Ⅱ1500c$$

或 $Ⅰ（v+\frac{m}{x}）＝Ⅱc$

在第二例中，发端年第Ⅰ部类的可变资本加资本家用于个人消费的剩余价值，大于第Ⅱ部类的不变资本：

$$Ⅰ（1000v+500m）＞Ⅱ1430c$$

或 $Ⅰ（v+\frac{m}{x}）＞Ⅱc$

这一个区别的意义，下面将会看到。

对这两个例子所反映的社会总产品，各个部分的交换和实现过程的分析，书上讲得很详细，卢森贝的《（资本论）注释》中也有很清楚地说明，我就省略不讲了。这里只把第一年的产品交换和实现情况，用图式概括如下：

从下述图式中可以看到以下几点：

第一，扩大再生产中社会总产品各个部分的实现，也类似简单再生产那样，是通过三种交换来实行的。图式中①表示第Ⅰ部类内部的交换，②表示第Ⅱ部类内部的交换，③表示两个部类之间的交换。

第一例

$$Ⅰ\quad \boxed{4000c + 400\frac{m}{y}} + (1000v + 500\frac{m}{x}) + 100\frac{m}{z} = 6000$$

$$Ⅱ\quad 1500c + 100\frac{m}{y} + \boxed{750v + 50\frac{m}{z} + 600\frac{m}{x}} = 3000$$

第二例

$$Ⅰ\quad \boxed{5000c + 417\frac{m}{y}} + (1000v + 500\frac{m}{x}) + 83\frac{m}{z} = 6000$$

$$Ⅱ\quad 1430c + 70(\frac{m}{y})' + 83(\frac{m}{y})'' + \boxed{285v + 31\frac{m}{z} + 101\frac{m}{x}} = 3000$$

第二，这三种交换中的每一种交换，都是既包含属于简单再生产范围内的产品交换（$c \cdot v \cdot \frac{m}{x}$），也包含与积累有关部分的交换（$\frac{m}{y} \cdot \frac{m}{z}$）。

第三，两大部类之间的交换的平衡条件是：

$$\text{I}\left(v + \frac{m}{x} + \frac{m}{z}\right) = \text{II}\left(c + \frac{m}{y}\right)$$

第 I 部类的可变资本，资本家用于个人消费的剩余价值与用于追加可变资本的价值之和，等于第 II 部类的不变资本加用于追加不变资本的剩余价值。

这是扩大再生产的基本实现条件。其意义以后再讲。

以上三点，对于两个例子都是一样的。

第四，大部类之间的交换，以及第 II 部类积累与第 I 部类积累的关系，在两个例子上有一个显著的不同点。

第一例中，由于 $\text{I}\left(v + \frac{m}{x}\right) = \text{II} c$

故 $\text{II}\frac{m}{y} = \text{I}\frac{m}{z}$

换句话说，由于第 I 部类的可变资本与资本家用于个人消费的剩余价值恰好等于第 II 部类的不变资本，所以，第 II 部类的不变资本积累的规模，完全取决于第 I 部类可变资本的积累规模。

在这个交换中，两大部类各自属于简单再生产范围内的产品实现，是互相对应的——$\text{I}\left(v + \frac{m}{x}\right) = \text{II} c$；两大部类各自与积累或扩大再生产有关的产品实现，也是互相对应的——$\text{I}\frac{m}{z} = \text{II}\frac{m}{y}$。

但在第二例，由于 $\text{I}\left(v + \frac{m}{x}\right) > \text{II} c$

故 $\text{II}\frac{m}{y} > \text{I}\frac{m}{z}$

因而在这里，第 II 部类的不变资本的积累，就不是完全取决于第 I 部类的可变资本的积累。

第 II 部类不变资本的积累，是由两个部分构成的，是由两次积累形成的：

$$\text{II} \frac{m}{y} = \text{II} \left(\frac{m}{y} \right)' + \text{II} \left(\frac{m}{y} \right)'' = 70 + 83$$

其中，第一次积累 $\text{II} \left(\frac{m}{y} \right)'$，是通过与 $\text{I} \left(v + \frac{m}{x} \right)$ 大于 $\text{II}c$ 的差额部分的交换，来实现的：

$$\text{II} 70 \left(\frac{m}{y} \right)' = \text{I} \left(1000v + 500 \frac{m}{x} \right) - \text{II} 1430c$$

第二次积累 $\text{II} \left(\frac{m}{y} \right)''$，才是通过与 $\text{I} \frac{m}{z}$，即第 I 部类用于可变资本积累的剩余产品的交换，来实现的：

$$\text{II} 83 \left(\frac{m}{y} \right)'' = \text{I} 83 \frac{m}{z}。$$

所以，在第二例中，第 II 部类扩大再生产中的不变资本的积累规模（从而全部积累规模），不仅仅取决于第 I 部类可变资本积累（从而全部积累）的规模，而且还取决于：

$$\text{I} \left(v + \frac{m}{x} \right)$$

大于 $\text{II}c$ 的程度。针对这种情况，马克思说："那种对第 I 部类来说仅仅是以消费资料补偿收入，仅仅是为消费而进行商品交换的事情，对第 II 部类来说，就不像在简单再生产中那样，仅仅是它的不变资本由商品资本形式再转化为它的实物形式；而是直接的积累过程，是它的一部分剩余产品由消费资料的形式转化为不变资本的形式。"[1]

需要补充一点：上述第二例在两大部类之间的交换关系上的特点，在第一例中，自第二年开始，也是存在的。

2. 基本实现条件的意义，两大部类之间互相制约的关系

我们已经从扩大再生产图式中，直接看到两大部类之间的交换的平衡条件是：

$$\text{I} \left(v + \frac{m}{x} + \frac{m}{z} \right) = \text{II} \left(c + \frac{m}{y} \right)。$$ 在说明这个平衡条件式的意义以前，有必要指出，在《资本论》中，虽然图式中已经十分明显地表达了这种关系，但是并没有把它用公式的形式提出来。马克思在这一节提出来的，是我们大家熟知的扩大再生产基本公式：

---

① 马克思：《资本论》第2卷，人民出版社1975年版，第585页。

即 $I(v+m) > IIc$ ① 　　　（1）

或 $I(v+m) = IIc + I\frac{m}{y} + II\frac{m}{y} = IIc + \Delta Ic + \Delta IIc$ （2）

这两个式子的意义是明白的，无须多说。两者都是扩大再生产的基本条件的表现形式，前者是用不等式来表现，后者是用等式来表现。

上面我们从图式中直接得出的两大部类交换平衡条件，实际上也是马克思提出的扩大再生产基本条件，在等式形式上的一种表现，它也可以从上述公式（2）演算出来。

$$I(v+m) = IIc + I\frac{m}{y} + II\frac{m}{y}$$

$$I(v+m-\frac{m}{y}) = II(c+\frac{m}{y})$$

$$\because m = \frac{m}{x} + \frac{m}{y} + \frac{m}{z} \quad \therefore m - \frac{m}{y} = \frac{m}{x} + \frac{m}{z}$$

得 $I(v+\frac{m}{x}+\frac{m}{z}) = II(c+\frac{m}{y})$

现在来看看这个平衡式，或在等式形式上表现的扩大再生产基本条件式的意义。

式的两端，都是价值与使用价值的统一。所以都可以从价值和使用价值的两个方面来看。

从价值上看，左端反映第 I 部类在扩大再生产中提出的对消费资料的购买需求，其中包括：①劳动者的工资支出（v）；②资本家用于个人消费的剩余价值的支出（$\frac{m}{x}$）；③用于可变资本积累的剩余价值（$\frac{m}{z}$），它转化为追加劳动者的工资支出。

右端反映第 II 部类在扩大再生产中对生产资料提出的购买要求，其中包括：①补偿不变资本消耗的需求 c；②追加不变资本的需求（$\frac{m}{y}$）。

从使用价值上看，式的左端表现第 I 部类在扩大再生产中能够向本部类外面提供的生产资料，具体地说就是能够向第 II 部类提供的生产资料。

① 同上书，第582页。

［第Ⅰ部类生产的价值额为Ⅰ（$c+v+m$）生产资料，有两个部分，一部分提供给本部类，其价值额为Ⅰ（$c+\frac{m}{y}$）；余下的部分：Ⅰ（$c+v+m$）－Ⅰ（$c+\frac{m}{y}$）＝Ⅰ（$v+\frac{m}{x}+\frac{m}{z}$），是提供给第Ⅱ部类的生产资料。］

式的右端表现着第Ⅱ部类在扩大再生产中能够向本部类外面提供的消费资料，具体地说就是能够向第Ⅰ部类提供的消费资料。

［第Ⅱ部类生产的消费资料价值总额为Ⅱ（$c+v+m$），也可以分为两部分：一部分是供本部类劳动者和资本家消费用的，等于Ⅱ（$v+\frac{m}{x}+\frac{m}{z}$），余下的部分Ⅱ（$c+v+m$）－Ⅱ（$v+\frac{m}{x}+\frac{m}{z}$）＝Ⅱ（$c+\frac{m}{y}$），是提供给第Ⅰ部类的消费资料。］

把以上的分析合起来，可以看到，这个基本的实现条件公式，反映了两大部类互相提出需求，提出供给的关系，表现着它们在扩大再生产中互为市场互相制约的关系。两个部类中任何一个部类的扩大生产，都离不开另一个部类，而要以另一部类所提供的追加的物质资料为条件。否则，扩大再生产就不可能正常进行。

这个表现着两大部类之间的交换关系的基本平衡式，如果分别把各个部类内部的交换也结合起来看，就可以分别得到扩大再生产中第Ⅰ部类产品和第Ⅱ部类产品的生产和分配的平衡条件：

（1）Ⅰ（$v+\frac{m}{x}+\frac{m}{z}$）＝Ⅱ（$c+\frac{m}{y}$）

双方加上Ⅰ（$c+\frac{m}{y}$），得

Ⅰ（$c+v+m$）＝Ⅰ（$c+\frac{m}{y}$）＋Ⅱ（$c+\frac{m}{y}$）

这就是第Ⅰ部类产品即生产资料的生产与分配平衡条件式。

这个式子，相应于一般文献中常见到的以不等式表现的扩大再生产第二条公式：

Ⅰ（$c+v+m$）＞Ⅰc＋Ⅱc

（2）如基本平衡式的两端加上Ⅱ（$v+\frac{m}{x}+\frac{m}{z}$），得Ⅱ（$c+v+m$）＝Ⅰ（$v+\frac{m}{x}+\frac{m}{z}$）＋Ⅱ（$v+\frac{m}{x}+\frac{m}{z}$）

这就是第Ⅱ部类产品即消费资料的生产和分配平衡条件式。这个式子，相应于一般文献中常提到的，以不等式来表现的扩大再生产第三条件公式：Ⅱ（$c+v+m$）＞Ⅰ（$v+m$）＋Ⅱ（$v+m$）。

如果以这些式子来查验前面所举的扩大再生产图式，可以看到它们都是得到遵守的。不遵守这些条件，扩大再生产过程就会发生扰乱失衡的现象，即不能顺利运行。

必须重复指出，在研究扩大再生产的实现条件时所假定的种种平衡关系或均衡关系，并不意味着资本主义的实现过程就是那样地均衡无阻地进行的。如果把前面所说过的有关资本主义商品货币经济所带来的复杂的扰乱因素引入分析，把资本主义生产的无政府状态加以考虑，那么，上面所说的一些重要的均衡关系以及其他一切均衡关系，在资本主义社会中都是偶然的，并且不断地遭到破坏的。

3. 关于"积累时Ⅱc的交换"一节的主要内容以及关于所谓扩大再生产的第二个基本公式问题

1961—1962年我国经济学界有些同志提出所谓扩大再生产的第二个基本公式的问题。这公式的来源出于第三节第三小节"积累时Ⅱc的交换"中马克思顺便提到的一句话。这一小节是比较难读的，先讲一下这一小节的中心思想，我体会有两点。

（1）从第Ⅱ部类不变资本的补偿和追加的角度，来总结以前所分析的积累和扩大再生产条件的几种情况。

在这里马克思指出，扩大再生产中，Ⅰ（$v+m$）必须大于Ⅱc，但Ⅰ（$v+\frac{m}{x}$）可以大于、等于或小于Ⅱc。过去分析的两个图式，包含前两种情况，即Ⅰ（$v+\frac{m}{x}$）＝Ⅱc和Ⅰ（$v+\frac{m}{x}$）＞Ⅱc，在这两种情况下，第Ⅱ部类不变资本的补偿都不会有问题。第Ⅱ部类不变资本的追加一般也不会有什么问题。

至于第三种情况，Ⅰ（$v+\frac{m}{x}$）＜Ⅱc，图式中是没有见到的。在这种情况下，第Ⅱ部类不变资本能不能够得到补偿呢？单有

Ⅰ（$v+\frac{m}{x}$）是不能使Ⅱc得到完全的补偿的。Ⅱc的另一部分必须与第Ⅰ部类产品的另一个价值部分相交换，才能取得补偿。第Ⅰ部类能够拿出来与第Ⅱ部类交换的，除了Ⅰ（$v+\frac{m}{x}$）部分外，只有Ⅰ$\frac{m}{z}$即Ⅰm用于可变资本积累部分。如果第Ⅰ部类可变资本的积累数量不大，那么，Ⅱc还是不能得到补偿，更谈不上Ⅱc的追加，但是如果第Ⅰ部类可变资本的积累大到足够的程度，Ⅱc是可以全部得到补偿的，如果Ⅰ$\frac{m}{z}$更大，那么，Ⅱc不但可以全部得到补偿，而且还可以进行积累。

（2）这一小节的另一个思想，是指出在资本主义制度下Ⅰ（$v+m$）一般不能等于Ⅱc，因为Ⅰ（$v+m$）=Ⅱc意味着没有积累，这是不符合资本主义生产的目的和动机的。但是在另一方面，由于资本主义经济周期的波动，有时也会出现Ⅰ（$v+m$）=Ⅱc甚至<Ⅱc的情况，即生产不扩大甚至缩小的情况。这一点的意思是在说明资本主义扩大再生产的条件，是不稳定的，不能得到经常的遵守的。这是属于危机论方面的问题。

最后谈谈提出所谓扩大再生产"第二基本公式"的同志常常引用的马克思说过的那一句话：

"在资本主义生产中，Ⅰ（$v+m$）不能与Ⅱc相等；或者说，二者不能在交换时互相抵消。如果Ⅰ$\frac{m}{x}$是Ⅰm中作为第Ⅰ部类资本家的收入花掉的部分，那么，Ⅰ（$v+\frac{m}{x}$）就可以等于、大于或小于Ⅱc；但是，Ⅰ（$v+\frac{m}{x}$）必须总是小于Ⅱ（$c+m$），其差额就是第Ⅱ部类的资本家在Ⅱm中无论如何必须由自己消费的部分。"[①]

从最后一句话，有的同志得出所谓"第二个基本公式"：

Ⅱ（$c+m$）>Ⅰ（$v+\frac{m}{x}$）或Ⅱ（$c+m-\frac{m}{x}$）>Ⅰ（$v+\frac{m}{x}$）并与原来的基本公式Ⅰ（$v+m$）>Ⅱc相对立，来表现第Ⅱ部类在扩大

① 马克思：《资本论》第2卷，人民出版社1975年版，第590页。

再生产中的制约作用。

现在要问，这个公式是不是独立于为马克思所一再强调，为一般所公认的扩大再生产的基本公式以外的另一个"基本公式"呢？不是的。

①原来的基本公式，在以等式表现的一个形式上即我们上面所述的两大部类之间的交换平衡式的形式上，已经反映了在扩大再生产过程中两大部类之间的互为条件、相互制约的关系。

②所谓第二基本公式，其实已包含在前一基本平衡式中：

$$\text{I}\left(v+\frac{m}{x}+\frac{m}{z}\right)=\text{II}\left(c+\frac{m}{y}\right)$$

等式左端减去 $\text{I}\,\frac{m}{z}$，右端加上 $\text{II}\left(\frac{m}{z}+\frac{m}{x}\right)$ 或仅加上 $\text{II}\,\frac{m}{z}$，则左方必然小于右方。结果是：

$$\text{I}\left(v+\frac{m}{x}\right)<\text{II}\left(c+m\right)$$

$$\text{或 I}\left(v+\frac{m}{x}\right)<\text{II}\left(c+m-\frac{m}{x}\right)$$

③所谓"第二基本公式"的意思，是说在扩大再生产中第 II 部类除了应当为两部类的原有劳动者和资本家提供生活资料外，还应当为两个部类可变资本的积累提供追加的消费资料。这个追加的消费资料是用来满足追加劳动者的生活需要的。因此，这种扩大再生产是以劳动力的增加为前提的，也就是说它具有外延性的。马克思在这里研究的也正是外延性的扩大再生产，并且是纯粹外延性的扩大再生产，故有追加可变资本、追加劳动、追加消费资料的需要。如果研究的不是外延的扩大再生产，而是纯粹内涵的扩大再生产，即如果生产规模的扩大完全是依靠生产技术方法的进步和劳动生产率的提高，而不是依靠增加劳动力来实现的，那么就不会有这种需要。因此，这个公式反映的情况，并没有绝对普遍意义，不能成为独立于原有基本公式之外并与之相对立的另一个基本公式。当然这个公式对于所有外延性的扩大再生产来说是有一定的意义的。

小结

结束时，简单谈一下马克思关于社会资本再生产和流通的理论的意义。

（1）这个理论表明了，即使在纯粹的资本主义社会中，在一定的条件下，不但简单再生产，而且扩大再生产是可能的。资本主义扩大再生产中社会产品各个部分的实现，在一条件下是可能的。这是因为，资本主义生产的扩大，同时也意味着市场的扩大；扩大再生产会提出对消费资料和生产资料的追加需要。

（2）这个理论同时表明了，虽然在一定条件下，资本主义的扩大再生产是可能的，社会总产品各个部分的实现是可能的。但是，以商品货币经济为基础的资本主义的实现过程，充满了矛盾，充满了发生危机的可能性。这种发生危机的可能性，由于资本主义生产方式的基本矛盾以及这个基本矛盾所决定的生产与消费之间，企业内部的计划和社会生产的无政府状态之间的矛盾的作用，而变成了不可避免的。

马克思再生产理论的这两个不可分割的方面，对于批判关于资本主义命运前途的各种各样的错误的反动的观点，提供了极有力的武器，列宁就是以这个理论武器，同民粹派和所谓合法马克思主义者进行了两条战线的斗争，在这个斗争中发展了马克思的再生产理论。

大家知道，马克思研究资本主义再生产时所发现的若干基本原理，如果舍去资本主义的外形，那么对社会主义也是适用的。为什么适用？怎样运用？这是一个需要另行探讨的专门课题，这里也不讲了。

经济建设的道路

——一次内部会议上的发言
（1981年8月7日）

一、经济建设的道路

我们过去经济建设的道路，除了个别时期外，往往是越走越窄，出现周期性的恶性循环。就经济工作本身来说，这主要是因为犯了"急""紧""死"三个字的毛病：在建设速度上，搞得太急；在经济结构上，搞得太紧；在管理体制上，搞得太死。

应当把这三个字改过来。在建设速度上，要把"急"字改成"稳"字。在经济结构上，要把"紧"字改成"舒"字。在管理体制上，要把"死"字改成"活"字。

只要我们这样改了，经济建设的道路就可以越走越宽，出现新的良性循环的局面。

二、速度问题

在发展速度上急于求成，表现为高指标，高积累，拉长基建战线，超过了国家力量所能承担的程度。订计划往往不留余地，反而留了很多很大的缺口，就是从这里来的。

这样做的后果是：

第一，片面追求产品数量，忽视品种、质量；

第二，只管完成产值、投资额，不管经济效果和投资效果；

第三，高积累一面挤了简单再生产的补偿，一面挤了人民消费，造成比例失调；

第四，大起大落反复出现，一个弯子绕回来，耽误了许多年时间。

急于求成的苦头，我们吃够了。应该彻底抛弃片面追求高速度的做法，实行稳中求快的方针，强调一个"稳"字。只有这样，我们才有可能从容地解决一系列长期未能解决的问题，如质量问题、效率问题、比例问题、生活问题、生态平衡问题、环境保护问题，等等。

稳中求快，不但调整时期应当这样做，而且应当是我们长期的方针。特别在经济形势好的时候，更要注意"稳"字。因为形势一好，就容易折腾，容易头脑发热。

计划要留有余地，留有后备，我们的老祖宗早已提醒过这件事。马克思在《资本论》第2卷里讲过，超出直接需要的过剩生产，在资本主义社会是一种祸害，但对社会主义社会却是一种利益。因为这个剩余生产可以构成必要的社会后备，使社会能够对再生产过程中出现的不平衡进行控制和协调。可是，后来斯大林提出了一个相反的观点，说社会主义社会中，需要超过生产是必然的。这个观点成为人们搞不留余地、不留后备的高指标计划的一个理论根据。不彻底抛弃后一个观点，不牢固树立马克思的科学观点，我们就不能自觉地做好留有后备的计划，订出留有余地的速度。

三、结构问题

有的同志用"重型结构""轻型结构"的概念来分析我国的经济结构，提出要把现在的"重型结构"改变为"轻型结构"，即把工农业总产值中农业、轻工业的比重提高到60%以上。

如果仅仅就工农业生产的范围来考察产业结构，是可以用"重型""轻型"的概念来进行分析的，但不尽确切。重工业并不一定都重，如某些电子行业。轻工业也不一定都轻，如造纸行业。农业现代化所需投资和装备，是很重的，按劳动力平均计算，不比工业轻。

整个国民经济，在工农业以外，还有一大块。一些属于基础结构的东西，如铁路、港口等交通事业的建设，建筑业等等，都不是轻家伙。这些都是我们目前要着重发展的东西，"轻型结构"的概念就包括不进去。

我认为，我国目前的经济结构是一种"紧张型"的经济结构。无论是农、轻、重的关系，"骨头"和"肉"的关系，基础结构和上层产业结构的关系，等等，都是一个方面挤压另一个方面，关系绷得很紧张，而且越建设越紧张，整个国民经济像一个人的身子不能舒展，感到憋气。

要改变这种状况，就要把现在的"紧张型"结构改变成为"舒展型"结构，结束那种让经济结构的一个部分挤压另一个部分的情况，使国民经济的各个有机组成部分能够匀称地宽舒地伸展开来。无论农、轻、重的关系，两大部类的关系，"骨头"和"肉"的关系，基础结构和上层产业结构的关系，等等，都应该本着这种精神进行调整。

我不同意这样一种观点，就是认为马克思关于两大部类划分的原理，现在要"现代化"一下，除了Ⅰ、Ⅱ部类，还要加上"第三产业"。两大部类的划分和三次产业的划分，是两种完全不同的划分，不能混为一谈。我们要坚持马克思关于两大部类划分的科学原理，并研究其具体运用。当然，三次产业的分析方法也可以借鉴，因为它对研究现代化的进程有一定的用处。

四、体制问题

我们的经济体制之所以搞得很死，主要原因在于我们过去只承认社会主义经济是计划经济，不承认它同时又是商品经济，更不承认价值规律的调节作用，而是用封建的、自然经济的观点来看待社会主义经济，把整个国民经济看成可以像一个家庭或者一个工厂那样进行管理。

经济体制改革的实质，就是把社会主义经济的经营方式，从原来建立在自然经济基础上的有计划的经营方式，改变为建立在商品经济基础上的有计划的经营方式。

改革的方向，可否概括为以下三条：

第一，在决策体系上，从高度集中的单一的国家（包括中央和地方）决策体系，改革为国家（包括中央和地方）、企业和劳动者个人多层次的决策体系。

第二，在调节体系上，从单一的计划调节体系改变为计划与市场相结合的调节体系。

第三，在管理组织和方法上，从单纯用行政组织（包括部门和地方）和行政手段来管理经济，改变为主要用经济组织和经济手段来管理经济。

这三个体系是互相联系的，形成一个总体，一种经济模式。如果这样一种模式能够真正实现，我们就有可能做到活而不乱，管而不死。

五、关于三层决策体系

首先，由国家决策的经济活动，应该限于宏观经济的范围，包括国民经济的发展方向、主要比例、积累规模、消费增长幅度等等。问题在于：国家的宏观决策如何贯彻到企业和个人的微观经济活动中去。这就涉及计划调节与市场调节的结合问题，后面我们还要谈到。

其次，企业的决策权，我们现在是通过扩大企业自主权来逐步解决的。确立企业决策权的关键是让企业真正成为相对独立的商品生产者，实行自负盈亏。这要通过以税代利，同部门、地区的行政管理脱钩来解决。这里，税率高低是个重要问题。如果税率很高，把利润全部拿走，企业只留折旧，只能搞简单再生产，那么企业的积极性和灵活性的发挥就要受到限制。反之，如果税率很低，利润留在企业太多，扩大再生产的权力完全拿在企业手里，那就可能妨碍国家宏观决策的实现。交税以后，留在企业的平均资金利润率究竟多高才合适，要有一个理论上的依据才好。

最后，个人的决策权，包括两个方面，一是个人作为消费者在购买商品时的选择权，二是作为劳动力提供者的职业选择权。这两个问题在其他一些国家已经得到不同程度的解决，消费品的凭证凭票的配给制，劳动力的国家统包统配制，基本上都已取消，唯独我国尚未解决。当然，我国人口多、东西少，解决这些问题只能逐步来，但是改革的方向一定要明确。例如在劳动就业制度上要考虑用两种择优（企业的择优录用，职工的择优就业）相结合的制度来代替国家统包统配的制度，等等。个人的经济决策权关系着蕴藏在每个劳动者身上的能力、活力的彻底解放，关系着每个人的才能和积极性的充分发挥。这个问题在体制改革里不是一个小问题，需要进一步认真研究解决。

六、计划调节与市场调节

去年（1980年）经济学界讨论价值规律问题时，曾经提出计划与市场的关系究竟是板块式结合的关系，还是互相渗透（统一胶体式）的关系。似乎多数同志接受了后一种观点。但是，一年来体制改革的实践表明，板块式的结合暂时还是客观上的必要。例如一年来生产资料开始突破了不是商品的老框框，逐渐进入市场。这是一个重要进展。人们把企业按照市场需要自己安排生产或销售的那一部分，叫作市场调节；而把仍然由国家指令性计划来安排生产或收购、分配的那一部分，叫作计划调节，并且用百分比来表明这两种调节的结合状况。例如说，四川宁江机床厂今年（1981年）已安排生产850台，其中市场调节部分占87%，就是指的自产自销部分；其余13%则是按国家指令性计划安排的任务。这是一个板块式结合的鲜明的例子。当然，对于这个板块结合中的市场调节部分，有必要加强非指令性的国家指导，并运用各种经济手段进行调节。就是说这里面也有两种调节互相渗透的问题。这样看来，从板块式结合到统一胶体式结合，可能是一个逐步过渡的过程，是指令性计划的范围不断缩小、非指令性的计划指导和利用经济手段进行调节的范围不断扩大的过程，最终将形成一个在非指令性的计划指导下充分利用市场机制、把两种调节紧密结合在一起的统一胶合体。

当然，这是从原则上说的。对于特殊情况下个别产品的生产和流通，并不排除必要的指令性计划的直接调节，也不排除在国家计划指导范围以外的一小部分自由市场。但是，主要的、大量的将是上面所说的在非指令性的计划指导下的市场调节。

区别以上三种调节情况的标志，并不在于是否自觉地利用价值规律或运用经济杠杆上，因为即使在采用指令性计划的少数场合，我们今后也不能忽视价值规律，不去运用价格、税收、信贷等经济调节手段来配合。另一方面，自由市场也不可能完全摆脱国家经济政策和计划调节的影响；在社会主义经济中，完全意义的自由市场是不存在的。这三种调节情况的区别，我以为主要是在调节的组织手段上。上述最大量最主要的部分，除了自觉利用价值规律和运用经济杠杆外，同时还要通过各级经济管理机构（各种经济管理委员会等），各种经济联合体和基层经济单位，按照国家宏观计划的要求，自下而上、上下结合地进行层层协调、逐级平衡这样一种计划协调、协商、协议的过程。而实行用指令性计划来直接调节的少数场合，则是以行政命令下达任务，辅之以经济手段，但却没有这种有组织的计划协商、协议和协调的过程。至于自由市场，就更没有这种有组织的计划协调了。

我认为，有组织的计划协调同利用与价值规律有关的经济手段这两条，是把国家的中、长期计划中的宏观决策的意图同企业、个人的微观经济活动沟通和衔接起来的主要渠道。在计划调节与市场调节相结合的体制下，如何把国家的中、长期计划中的宏观决策贯彻到企业和个人根据市场价格和供求变动来进行的微观经济活动中去，以使后者能够符合国家宏观决策的要求呢？办法可以举出若干条来，我看其中最主要的还是这两条，即有组织的计划协调和运用经济杠杆。当然，经济立法、监督、信息等问题也要尽可能同步解决，配合成套，才能收到成效。

在有组织的计划协调和自觉地运用经济的调节手段的过程中，国家不应不分巨细什么都抓，主要还是抓体现在中、长期计划里的宏观经济问题，特别是积累和消费的规模和比例。要严格控制投资购买力的增长和消费购买力的增长，使之不要超过，而要略低于国民收入的增长。这一条好比如来佛的手掌，控制好了这一条，任凭企业和个人变成活蹦乱跳的孙悟空，都不可怕，都跳不出如来佛的掌心。南斯拉夫就是没有解决这个如来佛掌心的问题。匈牙利体制改革中虽然注意到了这个问题，如规定基本建设投资的决策权由国家掌握一部分，企业工资基金的增长用累进税制来控制，等等，但也没有完全解决。匈投资总额中，由国家决策的部分约占45%，仍没有完全解决投资过大战线过长的问题。这个问题很复杂，到底是由于企业的投资权太大引起的呢，还是国家管得过多引起的，匈内部还有争论，有两派意见，我在匈体制改革考察报告中介绍了这方面的争论。我们究竟应当怎么搞，还需要进行仔细的研究。

匈牙利经济体制改革12年的评价[*]

——成就·问题·经验·教训
（1981年8月）

匈牙利自1968年开始实行的经济体制改革，已经12年多了。在这期间，匈牙利的新经济体制，获得了哪些成就？遇到了哪些问题？有些什么经验教训？根据匈牙利经济学者和有关文献的介绍，我们有以下一些认识。

一、匈牙利体制改革的成就和遇到的曲折

（一）计划管理的水平提高了

在新经济体制下，通过国家计划与企业计划的相互协调，计划更切合实际了；通过用各种经济调节手段代替下达指令性计划，计划执行得更好了。事实证明，取消下达指令性计划指标的办法，广泛利用市场机制和间接手段，可以更好地实现对经济的计划管理，实现经济政策和国家计划规定的目标。匈牙利体制改革前后几个五年计划的完成情况，令人信服地说明了这一点。

1966年5月，匈牙利党中央通过了《关于经济体制改革的决议》，1968年1月1日开始全面实施体制改革。改革的基本

---

[*] 原载《匈牙利经济体制考察报告》，中国社会科学出版社1981年版。在编入本书时，作者略有改动。

精神是：在生产资料的社会主义所有制的基础上，把国民经济计划同市场机制结合起来，把国家对经济领导同扩大企业的自主权结合起来，把经济管理中的间接手段（经济手段）同直接手段（行政手段）结合起来并突出经济手段。根据这一基本精神，从计划制度、调节制度和组织制度三方面来看，匈牙利现行经济体制有以下一些特点。

（1）在计划制度方面，取消了中央下达指令性计划的办法，改由企业自己制定计划。中央的计划领导把注意力集中在具有重大战略意义的问题上，即确定经济发展的主要目标，保证有利于经济平衡增长的主要比例，和制定统一的经济调节制度上。国家的计划管理主要不是通过行政手段而是通过经济手段来影响企业，使其活动按国家经济政策和国民经济计划所规定的方向发展。

（2）在调节制度方面，在计划经济的前提下充分运用商品货币关系，发挥市场机制的积极作用，用贸易制度代替由中央统一调配生产资料的制度和官方分配产品的办法。国家规定各种调节制度，充分利用物价、税收、信贷、工资、利润等经济调节手段。各种调节制度是根据党的经济政策和国民经济计划的要求来确定，起促其实现的作用，并随着国内外条件的变化而经常调整。

（3）在组织制度方面，宏观经济过程的管理牢固地掌握在国家的中央机构手中，微观过程的管理则保持在经营机构一级。一方面，把相当一部分经济决定权下放到企业，使领导机构的工作可以简化；另一方面，在国家对国民经济管理方面，在比较高级的领导机构之间进行合理的分工和适当的改组，并对经济问题的决定权实行某种程度的集中。

12年来，匈牙利的新经济体制，随着政治经济形势的发展，在一些具体问题上不断有所变化，但是，体制改革的基本精神和一些特点，是一直坚持下来了。新经济体制经受住了考验，促进了匈牙利的经济发展，特别是在改革的头几年，取得了比较显著的成就。

改革前的第二个五年计划，工农业生产和国民收入指标都远远没有完成。第三个五年计划执行过程中间开始了改革，计划完成的情况超过了原定指标。第四个五年计划是改革后制定的第一个中期计划，执行情况与计划指标很接近并略有超过。

过去4年中，1977年、1978年两年实际执行数与计划比较接近；另两年——1976年、1979年由于农业歉收等原因，特别是1979年为了适应国外经济条件做了较大步伐的调整，实际执行数与计划指标相差较大，整个第五个五年计划主要指标的实际完成数，看来也将低于计划数，这是经济调整过程中不可避免的现象。

匈牙利第二、第三、第四个五年计划主要指标及执行情况
（最末一年为基年的百分数）

	国民收入	工业	农业	每人平均实际收入
第二个五年计划（1965—1960） 　计划 　执行	136 125	148~150 147	122~123 108	116~117 118.4
第三个五年计划（1970—1965） 　计划 　执行	119~121 131	132~136 135	113~115 116	114~116 134
第四个五年计划（1975—1970） 　计划 　执行	130~132 135	132~134 137	115~116 118	125~127 125

第五个五年计划①（1976—1980）前四年执行情况（比上年增长百分数）

		国民收入	工业总产值	农业总产值	平均每人实际收入
1976年	计划 实际	5~5.5 3	6 4.6	3~4 ~2.4	3 0
1997年	计划 实际	6~6.5 7.8	6 6.8	7~8 10	3.5~4.5 4.5
1978年	计划 实际	5 4	5.5~6 5.2	2~3 2	3~3.2 3
1979年②	计划 预计 完成	3~4 1~1.5	4 2.5~3	3~3 5 0	2 略增

①《苏联东欧贸易调查月报》1979年。
②1979年预计完成数：匈牙利《每日新闻（英文版）》1979年12月8日。

（二）保证了经济以比较高的速度持续增长

这里比较一下匈牙利自1950年以来各个时期以国民收入为代表的经济增长速度，是饶有兴趣的。

匈牙利国民收入年平均递增速度　　　　单位：%

1955/1950	（拉科西时代）	5.7
1967/1957	（改革前十年）	5.8
1978/1967	（改革后十一年）	5.8
其中：1973/1967（改革后的前段）		6.2
1978/1973（改革后的后段）		5.4

资料来源：根据《1979年匈牙利统计手册》英文版第10页资料计算。

1950年经济发展的基数是很低的，拉科西时代又采取了以重工业为中心的加强发展工业化的政策，匈牙利经济递增速度才达到5.7%。以后，匈牙利改变了片面的优先发展重工业的政策，注意农业、轻工业的发展和人民生活的改善，保持了经济的稳步增长，各个时期增长速度摆动不大，大体维持在接近6%的增长率上，不像其他某些国家那样随着经济水平的上升，经济发展速度呈现下降的趋势。尤其要提出的是，到了20世纪60年代后期，过去匈牙利经济发展，特别是工业发展的重要源泉——新增劳动力资源逐渐枯竭，需要更加深入地挖掘内部潜力，加速技术进步和提高劳动生产率，使匈牙利的经济得到进一步的发展。这正是1968年开始的经济体制改革在经济上的一个主要目的。比较一下匈牙利改革前后几个时期工业生产、工业就业人数和工业劳动生产率的动态，便可看出改革的这个目标是基本上达到了。

匈牙利改革前后几个时期工业发展的几个重要指标

（年平均递增率——百分数）

	1955/1950	1967/1957	1978/1967	其中	
				1973/1967	1978/1973
工业总产值	13.2	8.6	5.8	5.8	5.9
工业就业人数	7.4	2.9	0.6	1.2	−0.1
工业劳动生产率	5.4	5.7	5.2	4.5	5.9

资料来源：根据《1979年匈牙利统计手册》英文版第11页资料计算。

进入20世纪70年代以来，匈牙利整个物质生产领域的劳动者人数是减少的，1978年为1970年的98%。工业劳动者人数的递增率，改革后比改革前大为减少，其中1973—1978年工业劳动者人数的绝对数也减少了。然而工业劳动生产率的速度仍保持在接近6%的递增率，速度是不低的。如果说改革以前匈牙利工业生产发展主要靠劳动者人数的增长，那么改革后工业发展的主要源泉则是劳动生产率的提高。例如，工业生产总值由于劳动生产率提高而增长的部分，1971—1975年为97%，1976—1978年为100%。这也反映了改革的效果。

（三）人民生活水平迅速提高

这是匈牙利经济改革的另一个主要目的，这个目的也达到了。试看匈牙利改革前后几个时期与人民生活水平有关的几个经

济指标的情况：（年平均递增速度：百分数）

	平均每职工实际工资	平均每人实际收入	平均每人消费水平
1955/1950	1	2.8	2 8
1967/1957	2.6	4.5	4.2
1978/1967	3.2	4.6	4 1
其中：1973/1967	3.1	5 2	4.6
1978/1973	3.2	3.8	3.5

资料来源：根据《1979年匈牙利统计手册》英文版第25页资料计算。

拉科西时代，人民生活水平提高最慢，其中有三年（1951年、1952年、1953年）比1950年的水平还低。1957年以后改变了拉科西忽视改善人民生活的政策，1957年到改革前，人民生活水平增长速度已有显著提高。改革以后又进一步提高，1968—1978年11年间，平均每个职工的实际工资每年提高3.2%，平均每个居民的实际收入每年提高4.6%，平均每个居民的消费水平每年提高4.1%。改革后的后期，即1973年以后，匈牙利国外经济条件恶化带来一系列困难，但与生活水平有关的上述几个指标仍保持在年增3%~4%，这是一个很不低的增长率。到1978年，职工平均月工资达到3700余福林（约合人民币300元）；这一年居民平均的消费水平为1950年的三倍多，为改革前的1967年的1.56倍，比1970年又增长了三分之一以上。1979年，为了克服国外市场造成的困难，放慢了经济发展速度，职工的实际工资水平比上年下降了1%~1.5%，这是改革以来至今仅见的一次下降，但居民的平均实际收入仍比上年略有增长，这在当前的情况下，是很不容易的。

（四）市场繁荣，供应充足

匈牙利改革前在产品流通领域实行以产定销、统购包销、统一调拨和分配等制度，管得较死，产品不是积压就是经常缺货。

改革后无论消费资料、生产资料，除极少数重要短缺物资（估计占国内流通额大约5%）的流通和储存，受到不同方式、不同程度的限制外，一般实行以销定产，自由买卖。但匈牙利的市场又不是放任自流的，而是在中央计划领导下，受到调节手段的控制。这种受控制的市场，对生活资料和生产资料的生产和流通，对缓和供应的紧张，起了积极的作用。市场上商品品种、数量都大大增加，经营网点增多，方便了消费者。据说，西方旅行者来到匈牙利，也惊讶"社会主义国家能有如此好的供应"。西方报刊称匈牙利是"苏联阵营中的消费者的天堂"。我们在布达佩斯，看到市场商品琳琅满目，虽然在高档商品和橱窗布置上稍逊于南斯拉夫的贝尔格莱德，但比罗马尼亚布加勒斯特丰盛得多。除了卖新烤面包的铺子和出售首饰的商店外，其他地方没有看到排队的现象。

（五）在外贸平衡方面，改革后的初期有较大的改善，但后期出现不小的问题

匈牙利是一个小国，国内资源有限，矿产资源除铝矾土外，其他金属原料90%以上靠进口，动力燃料按热量单位计算大约一半靠进口，同时国内市场较小，许多产品需要出口。随着经济的发展，匈牙利对外贸易在国民经济中的地位越来越重要，出口额占国民收入的比重，1950年占16%，现在提高到占50%左右。改革以前，经常出现贸易逆差，特别是在美元结算方面的支付逆差。改革后1968—1973年，贸易受到的限制一年比一年放宽，进口税和出口补贴都有所削减，实现了对外贸易的基本平衡，外汇储备有所增加，这是一个很大的成就。但是，1973年开始的石油危机和世界市场形势的剧变，对匈牙利的经济发展和经济体制，带来了相当大的冲击。

世界市场石油价格的猛涨引起了世界市场相对价格的重新

调整：原料、燃料的价格比制成品、农产品价格涨得更快。而匈牙利牙利又是一个进口原料、燃料，出口制成品、农产品的国家，这对匈牙利造成一种非常不利的局面。1975年起，匈牙利与经互会各国的贸易价格也要根据前五年的世界市场平均价格进行调整，使匈牙利进一步蒙受不利。匈牙利对外交换比率严重恶化，与1972年相比，现在的交换比率平均下降了20%，其中对资本主义国家贸易的交换比率下降了25%。为了进口同样数量的货物，匈牙利必须比以前出口更多的商品去交换。如果按照1972年的价格计算进出口，匈牙利这些年对外贸易基本上是平衡的，甚至在某些年份还有顺差。但是，按当时现行价格计算，便出现了很大的逆差，实际上这是交换比率恶化的结果，它构成了外贸价格的损失。匈牙利每年国民收入增长的相当部分，要被这种损失所吞没。光是1974年一年，匈牙利对外贸易由于世界市场价格上涨而受的损失占那一年国民收入增加部分的75%。1978年外贸赤字达602亿福林。由于没有及时采取措施，相应压缩国民收入的国内使用（投资和消费），每年为了增加积累和消费，不得不借用占国内使用额约6%的国外资金，以弥补国民收入的不足。估计匈牙利对外债务累计已达40多亿美元。据了解，每年外债的还本付息约占其出口外汇的8%。为了使国内价格不受世界市场价格影响而增加大量的价格补贴，又使财政预算增加负担，以至连年出现赤字，1978年，对消费者价格的补贴达四百多亿福林，相当于总消费额的13%。这一年财政赤字达35亿福林，约为当年财政支出3645亿福林的1%。即使这样，物价还是不免于上涨，虽然其上涨的幅度不及世界市场物价上涨的幅度，但20世纪70年代匈牙利的通货膨胀率达到了4%~5%，1979年零售价格上涨幅度最大，平均达到9%。

1973年以来匈牙利经济发展中遇到的上述困难，主要起因于世界市场条件的恶化，显然不是新经济体制产生的。但新经济体制确实没有能够对此做出及时的、适当的反应。本来，由于我们将要在后面还要分析的原因，新经济体制开始实行不久，就逐渐增加了对经济的行政干预。当然，下达指令性计划指标的制度并没有恢复，主要是各主管部门增加了对企业活动的直接干预，也有变相下达生产指标的情况。据匈牙利计划局人士谈，这是同匈牙利经济体制的原则相矛盾的。对制定价格的行政干预，也逐渐增多了。原来设想改革后逐步缩小官价和受官价限制的价格的范围，扩大自由价格的范围，这个目标未能实现。1973年石油危机后使匈牙利经济的均衡发展受到了严重的破坏，这是1968年改革时不可能预见到的，因此当世界出现通货膨胀而主张国内市场必须保持价格稳定的意见占上风时，就没有一个合理的制度来经常调节国内外市场价格的关系。要维持国内价格的相对稳定，就没有别的办法，只有通过国家预算补贴的增加来抵消进口价格的上涨，这样就使国内价格更加脱离国际价格，消费者价格更加脱离生产者价格，从而使价格在正确指导生产和流通上所起的作用大大削弱，国家对经济的直接调节措施增加到比改革原则所容许的更大的地步。

这里有一个问题，就是1973年以后匈牙利经济发展遇到的困难，特别是外贸逆差和财政赤字问题，除了国外的因素外，有没有国内的原因？在国际市场原料燃料价格上涨，匈牙利蒙受巨大的价格损失的情况下，若要保持国内外经济平衡，就应该放慢国民收入的国内使用（积累和消费）的增长速度，使之低于国民收入的生产增长速度，并改变生产和出口结构，把国内生产同国内使用之间产生的节余用来增加出口和改善外贸平衡。虽然匈牙利政府逐渐认识到这一点，并决定在1976年开始的第五个五年计划期间采取上述方针，但实际经济发展的进程却与此相反，前三年（1976—1978年）国民收入的国内使用额增长了18%，大于国民收入的生产增长（16%）。匈牙利国家银行一位经济学家说，在这方面（即国内使用方面）刹车晚了一点，直到1979年才开始刹住，经济平衡状况有所改善，外贸逆差有所减少。

前几年匈牙利国民收入的国内使用（积累和消费）额的增长快于国民收入的增长额，问题在哪里呢？是不是匈牙利新经济体制造成的呢？

就消费方面说，改革后的11年中，居民消费水平增长速度如下（为上年的百分数）：

1968——104.1	1972——103.4	1976——101.1
1969——104.9	1973——104.1	1977——104.2
1970——107.0	1974——105.1	1978——102.7
1971——104.4	1975——104.5	

资料来源：据匈牙利中央统计局《1979年匈牙利统计手册》英文版第25页资料计算。

改革后开始的几年中，居民消费水平增长较快，但是匈牙利经济学家认为，不能说居民消费过多；因为生产的目的，改革的目的，就是要更快地提高人民的生活水平。而且那几年经济平衡的状况也比较好。后几年，居民消费水平增长速度有所降低，但由于1974年后对外交换比率恶化，匈牙利国民经济遭受很大的外贸价格损失，相对于国民收入增长的可能来说，居民消费水平的增长确实多了一些。但是，他们认为，这同新经济体制没有什么关系，而是匈牙利对外交换比率恶化的一个结果。为了克服暂时困难，改善经济平衡，匈牙利党中央1979年12月全会公报中关于人民生活水平的提法是"放慢消费"，"生活水平将在已取得的成果基础上，根据国家经济可能而定"。据匈牙利一位经济学家的解释，就是近期内只提"维持"已经达到的生活水平，而不提"提高"生活水平。但在经济平衡好转后，仍要坚持不断提高人民生活水平的方针，因为这不仅仅是社会主义生产的目的，而且也是为保持匈牙利的政治稳定所必需的。

在积累方面，匈牙利经济学家并不讳言匈牙利过去若干年曾存在投资过多的问题。我们知道，匈牙利的基本建设投资是由两个部分构成的，一部分是国家决定的投资，一部分是企业决定的投资。这两部分投资各占比例如下：

	1971—1975	1976—1978
国家投资（%）	43.9	44
企业投资（%）	56.1	56
合计（%）	100	100

资料来源：匈牙利中央统计局《1979年匈牙利统计手册》英文版第63页。

在生产领域的投资中，国家决定的投资占30%，企业决定的占70%。那么，匈牙利投资过多的问题，是不是出在企业决定的那一部分投资，是不是由于投资权过于分散造成的呢？对于这个问题，匈牙利经济学家存在不同的看法。大体来说，那些认为现在企业的自主权受限制太多，主张进一步扩大企业自主权的人，都不认为投资过多的问题出在企业决定的投资部分，而认为出在国家决定的部分。而持相反观点的人则认为主要问题出在企业投资部分。

据我们了解，现行体制中，的确存在一些促使企业扩大投资倾向的因素：一是企业利润依存于价格和补贴，当计算价格和补贴时企业往往隐藏其降低成本的潜力，因而企业发展基金积累的可能性在计划中往往被低估了。二是留给企业的利润，如用于分红基金，超过一定限额就要征收很高的累进税，这也促使企业多留发展基金。三是企业不承担投资的风险，它知道在遇到困难时，国家会给它补贴，于是它常常开始一项自己力不能胜的投资，期待随后国家的资助，而且事实上往往能够得到国家的资助。四是国内物价上涨率有提高趋势，而银行贷款利率比较稳定，使企业向银行借款投资有利可图（目前工业投资中，银行贷款约占15%）。

　　但是，另一方面，由于部门部的存在，它们无论对企业投资还是对中央投资都有很大的影响。企业投资的很大部分，实际上是经过部的干预、认可和资助的，很多企业都通过"个别的""指导"的手段，成为国家投资的受惠者。他们把自己的发展基金的很大一部分用于国家机构批准和资助的投资项目，因此前面所举的企业决定的投资额中实际上包含很大成分的国家投资。表面上，生产领域的投资中有70%是企业决定的，但实际上真正纯粹由企业决定的不超过10%[①]。所以，投资过大的主要问题还是在国家投资决策上边。据匈牙利银行人员告诉我们，国家决定的投资，实际上是由部门部的工程技术人员提出的，这些人员通晓他们自己的工程技术专业，但是不懂得也不注意投资的市场价值方面和经济效果方面。他们做出的投资方案往往贪大求全，低估资金的需要，高估工程的能力。而支持这种投资方案的领导人又是"有重要社会地位和权势"的人物，在这种情况下，"这些方案就必然地要比一般均衡的要求占上风"[②]，也就是说，投资的安排必然大于投资的可能。所以，当我们问匈牙利投资过大的主要原因是什么的时候，匈牙利计划局经济研究所所长莫尔达·道马什斩钉截铁地说，"主要原因是在计划调节方面"。A.K.苏斯在上引文章中，在指出投资紧张必然引起投资完成期限的拖长，并使整个再生产过程越来越紧张和不稳定之后，说："这个问题是其他社会主义国家也熟知的问题，匈牙利甚至在体制改革以后，也未能消除这个问题。"[③]总之，匈牙利所以有投资过大或建设战线过长的问题，看来主要原因仍与苏联和其他东

---

① [匈牙利]A.K.苏斯："匈牙利投资体制的若干问题"，载匈牙利科学院经济研究所《经济》杂志，英文版1978年第21卷第3号，第233页。

② [匈牙利]A.K.苏斯："匈牙利投资体制的若干问题"，载匈牙利科学院经济研究所《经济》杂志，英文版1978年第21卷第3号，第213页。

③ 同上书，第231页。

欧国家类似，是计划的综合平衡没有搞好的问题，而不完全是体制上的问题。就体制上来说，看来主要的也不是企业的投资权力过大，而是中央部对投资的干预过多。匈牙利财政部财政研究所所长哈盖毛耶尔·伊斯特万告诉我们：目前他们正在继续紧缩投资总额，这两年（1979—1980年）都不搞新的大型投资。为了完成过去几年已开工的大型投资，不得不更多地减少企业投资。但减少企业投资不是匈牙利经济政策的总的方向，这只是暂时的，以后，企业的自主权还要进一步扩大，经营好的企业，应该让他们增加发展能力，企业利润的分配制度也要为这个目标服务，让经营好的企业进行更多的投资。

二、匈牙利体制改革成功的原因

匈牙利经济体制改革的正式准备工作是从1964年12月匈牙利党中央决定对现行经济体制进行全面审查开始的。但作为全面改革准备的一些局部改革工作，事实上早在1957年就已经开始。匈牙利体制改革所以能够获得比较显著的成就，它的基本原则虽然经过各种曲折而能够经受考验，始终坚持了下来，这当然首先是由于改革的基本原则是正确的。它同改革前匈牙利的整个历史进程也是分不开的，1957年以来进行的一系列局部改革，为1968年的全面改革打下了良好的基础。

1956年反革命事件后，匈牙利吸取了拉科西执政时期片面强调优先发展重工业，不注意人民生活，以及经济管理上过严过死等错误的教训，开始认真考虑改善国民经济的计划管理问题。1957年匈牙利党决议指出："在实现社会主义计划原则的同时，必须实行经济的分散领导，发挥企业、国营农场、生产合作社独立管理经济的作用。"同年6月卡达尔指出，对整个国民经济必须实行集中管理，但过分集中的过火做法应当排除，既反对在社会主义经济条件下实行资本主义市场规律，也反对官僚主义。匈牙利党和政府颁布和实施了新的经济政策，国家还确定了全国计划工作的新标准，把全国的经济置于新的基础上，借以调动各个方面的积极性，促进经济比较均衡地向前发展。从1957年起，逐步减少给企业下达指令性的计划指标；废弃了统一的工资率而实行在基本工资范围内的企业自定工资制；评价企业工作的主要指标由总产值指标改为国内外市场销售额指标；建立了取决于赢利指标的分红基金；集中分配物资和产品的制度简化了；国民经济计划中批准的产品名称陆续减少（如1965—1967年这种产品名称，工业从492种减到160种，农产品采购从66种减到21种，国内商业从176种减到78种，出口从298种减到155种，进口从403种减到99种，物资技术供应从411种减到112种）[①]。此外，1959年还进行过工业批发价格的改革。1964年实行生产基金税制。1962—1963年实行工业管理的改组，建立大型工业企业和托拉斯，等等。所有这些措施使匈牙利获得改革经济管理的实际经验，它们稍加改变或者不作改变就可成为1968年实行的新经济体制的组成部分。因此，从1957年开始的完善经济管理方法的过程，决定了1968年经济体制改革的基本方向，并成为这一改革的有机组成部分，保证了1968年经济体制改革前后匈牙利经济发展的继承性。

1968年以前匈牙利进行的一些改善经济管理的措施中，农业经济管理体制的改革具有特殊重要意义。匈牙利具有发展农业的良好自然条件，但由于在一段时期中实行中央下达详细的指令性计划指标，使农业生产不能因地制宜地灵活进行；又实行了农产品的低价义务交售制度，使农民收入受到影响，因而农业生产发展缓滞，至20世纪60年代初期尚须每年进口几十万吨粮食。为了改变这种状况，除了根据自愿原则于1959—1962年重新完成农业

---

① ［苏联］伊·戈卢别娃：《匈牙利人民共和国计划和国民经济管理体制》。

合作化外，1957年进行了农产品的价格改革，取消了义务交售制的做法，实行自由销售和按合同收购的制度，并逐步减少指令性指标。1965年最后取消了下达小麦、谷物播种面积指令性指标的做法，用经济手段来保证国家计划的实现，逐步扩大了国营农场和农业合作社在制定生产计划和产品销售方面的自主权。在重点发展场、社的现代化大生产的同时，匈牙利十分重视发展家庭副业生产，主要是社员的自留地经济和职工的辅助经济。这种家庭农副业生产已占全国农业生产总值的1/4到1/3。农业中市场因素的增加和物质利益原则的贯彻，再加上发展农业的其他措施，使匈牙利农业生产增长速度迅速上升。

匈牙利农业生产总值年平均递增率	单位：%
1961—1965年	1.2
1966—1970年	2.8
1971—1975年	4.2
1976—1978年	5.3

1977年，匈牙利平均每人占有粮食达1153公斤，在世界上仅次于加拿大、美国、澳大利亚和丹麦而居世界第五位，在经互会各国中居第一位。同年，每人占有肉类179公斤，鸡蛋22公斤，牛奶195公升，水果230公斤。20世纪70年代每年出口粮食几十万吨到一百多万吨，农产品和食品的出口占匈牙利出口总额的1/4以上。1977年，匈牙利1/7小麦、1/6蔬菜、1/5生猪肉、1/3葡萄酒、1/2生牛肉运往国外，每个农业劳动力提供一千多美元的出口产品。

匈牙利农业生产迅速发展的巨大意义不仅在于，它为工业和整个国民经济的发展提供了坚实的物质基础，使工业和整个经济体制的改革工作免除了后顾之忧。更重要的是，它为整个经济体制的改革提供了有益的启示。匈牙利经济学家奇柯什一纳吉在"匈牙利经济改革的十年"一文中指出，农业体制改革的经验首先表明："在新的情况下，比起原先用行政命令式的计划来调节城乡关系，例如强制的种植、定产、交售以及对销售渠道的限制等，比起这些来说，农业生产的布局更能符合国家计划。显然，得出的结论是：如果说在分散的农业中，用经济手段来调节生产能如此成功，那毫无疑问在国营的工业中也一定会取得成功；因为工业有先进的组织结构和高度的组织统一，可以更容易地系统地观察经济过程并通过协商进行控制和施加影响。"因此，在体制改革中，在农业方面先行一步，取得经验，对于整个经济管理体制改革的准备和顺利实行，具有十分重要的意义。

经济体制改革的正式准备工作，从1964年12月匈牙利党中央全会决定对经济体制进行全面的审查和改革，到1968年1月1日正式实施改革，整整花了三年的时间。准备工作本身就是有组织、有步骤、有条不紊地进行的。准备工作中值得注意的经验，有以下几点：

在准备工作的组织上，把理论界和实际工作部门的专家组织在一起进行研究。当时，党中央成立了一个经济体制改革委员会，下设10个到14个工作小组，分别研究有关计划、投资、劳动、商业、外贸、企业管理、地方经济等体制问题，吸收250名左右的经济学家、法学家、工程师、业务部门和企业领导人参加，其中1/3是理论工作者，2/3是实际工作者。据当时在中央经济体制改革委员会主持秘书处工作，现任匈牙利科学院经济研究所副所长纳吉·道马什告诉我们[1]，这一组成十分重要，因为在这样的组成中，理论界和实际部门人士可以取长补短，集思广益，互相打通思想，制订出的方案易于为各方面特别是业务部门所接受，在实施中遇到责难时能够经受住考验。他还说，在这方面，捷克有过教训。过去捷克也搞过一个与匈牙利相类似的经济

---

① 《匈牙利经济体制考察报告》第一部分，中国社会科学出版社1981年版。

体制改革的设想，这个设想是由以奥塔·锡克为首的经济学家们提出来的，但是党政机构的实际工作者没有参加这一工作，以致遭到他们的抵制而难于实行（当然最后失败是由于苏联的武装干涉）。匈牙利改革委员会各小组的主持人大多数是实际部门中思想倾向于改革并且有一定理论水平的负责人。各小组的名单由党中央经济政策部、经济体制改革委员会及其秘书处共同提出。名单中也包括一些具有保守思想的人参加。

在准备工作的步骤上，分为三个阶段：

第一阶段是批判阶段，也可以说是思想准备阶段。在这一阶段上，集中力量，对过去经济管理中存在的问题进行全面的彻底的批判性审查。这一批判十分重要，因为弄不清过去体制弊病所在，就不可能统一思想，不可能对症下药地提出改革方案。这个阶段花了约一年的时间，到1965年12月完成批判性审查，同时提出改革的总体设想，规定了改革的大致方向。

第二阶段是拟订方案阶段。从1965年12月开始，用了大约半年时间，拟订比较详细的经济体制改革方案。1966年5月25—27日匈牙利党中央召开扩大的中央全会，通过了《关于经济体制改革的指导原则》，并在此基础上发布了《关于经济体制改革的决议》。

在准备改革方案的过程中，注意对外国经验的研究分析，吸收对匈牙利体制改革有用的东西。经济改革委员会及其各小组的一些成员，曾到有关国家进行考察，特别是到计划与市场关系问题感兴趣的国家，如南斯拉夫、捷克等去考察，当时捷克提出的改革方案比匈牙利早。匈牙利对捷克经济学家奥塔·锡克，波兰经济学家布鲁斯等人有关经济体制改革的理论进行了详细的研究。匈牙利有些经济学家并不讳言他们在体制改革中吸收了这些外国经济学家的思想和南斯拉夫的某些做法，并参考了苏联和东欧其他一些国家的改革经验。当然，主要是根据本国情况，有选择地吸收。例如在经济改革小组中曾讨论过南斯拉夫的自治制度问题，讨论不久，匈牙利党中央很快指出南自治那一套匈牙利不能搞，不要再讨论了。据了解，原因是1956年事件前后，匈牙利工厂中曾广泛成立过工人委员会，这是后来卡达尔政府长期难以处理的问题之一，最后终于解散了。匈牙利一位经济学者含有深意地说，匈牙利拒绝工人自治这一套，是为了表明匈牙利的做法不同于南。看来，这是慑于外部的阻力而不得不采取的步骤。

1966年党中央通过体制改革决议后，中央经济体制改革委员会的各小组就停止了工作，改革的准备工作进入第三阶段。一方面，由各业务部门拟订细致的经济调节制度和具体的实施细则；另一方面为改革的顺利开展进行必要的干部准备和物质准备。

在干部准备方面，在这一阶段，中央组织了一个约有500个企业的5000名领导干部参加的短期训练班，接着又在各地开办训练班，讲解改革的指导原则和内容，为推行改革培训了大批骨干。没有这样一批通晓专业、懂得改革要求并热心于改革的大批骨干力量，改革是搞不成的。改革开始以后，大家逐渐熟悉了新的体制，这种大规模培训推行新体制骨干的做法已经没有必要了，就把它改为短期轮训企业干部的经常性的培训中心，一般是已经具有工程技术专业大学毕业文凭，但缺乏经济知识的企业领导人到这里来学习经济知识，取得经济学专业文凭，提高企业经济领导的水平。

在物质准备方面，特别着眼于防止改革开始后的初期市场平衡方面可能出现的混乱。关于这一点，在1966年5月通过的有关改革的指导原则中指出："应该估计到，过去的不平衡在企业扩大自主权的情况下，可能会更加混乱，因为国家机构在运用经济管理手段方面还没有合适的经验……"为了战胜过渡时期的困难，制定和采取了一系列"经济策略和保险措施"。除了通过这些策略措施来控制消费者购买力和投资购买力的增长外，还在消费品、生产资料和外汇的储备方面，做了必要的准备，并且规定：“在改革以后应该把国内市场平衡看作是主要的事情，对外贸易政策应服从于它。在很短的时间内（估计要一年）为了给今后的发展打下较好的基础，即使是负债只要它是数额合理的和过渡性的，我们也要承担。”关于匈牙利怎样在改革开始前后做好物质准备和处理好市场平衡，我们了解得还很不够。这个问题的解决对于改革的顺利开展十分重要，因为在经济失衡、到处有缺口的情况下，那是不可能成功地进行改革的。对于这个问题还要进一步了解研究。

最后，在这里我们还要讲一讲匈牙利经济体制改革的国外、国内的政治条件，这是关系到改革成败的极其重要的因素。

在准备改革的时候和实施改革的头几年，就国外条件来说，情况还是比较有利的。20世纪60年代中期，苏联和东欧其他一些国家陆续进行经济体制的改革，虽然回过头来看，这些国家改革的进展不大，只是在保留中央集权型体制的基础上进行了一些小修小改。由于当时改革成风，虽然匈牙利改革的步子较大，没有引起东邻的责难。1968年匈牙利实施改革的当年，苏联忙于应付捷克的布拉格之春，最后采取了镇压手段，也就无暇注意匈牙利的改革。那时国际市场条件也比较好。资本主义各国经济正处于景气上升，匈牙利出口商品在国际市场上销售比较顺利，原料燃料的价格比较稳定，还能够从苏联得到日益增多的廉价原料和动力燃料。这些因素对匈牙利实施经济改革都是有利的。匈牙利及时抓紧这个时机进行了改革，并且新的体制能够更好地利用这些有利因素，这也是匈牙利经济体制改革能够较快地站稳脚跟的原因之一。

就匈牙利改革的国内政治条件来说，也是比较好的。其中，匈牙利党的坚强领导是改革取得成就并坚持下来的关键。1956年匈牙利事件后，拉科西时代旧的党的机构全部被打破，建立了崭新的党的机构。以卡达尔为首的党中央取消了拉科西的极"左"政策，代之以灵活的、比较符合群众利益和愿望的被称为"人道的共产主义政策"，逐步实行了联盟政策、政治生活民主化、多边外交和经济体制改革四项重大措施。在联盟政策方面，为了使拉科西时期社会上各部分人之间的紧张关系得到缓和，卡达尔把拉科西提出的"谁要是不和我们在一起就是反对我们"这一阶级斗争扩大化的口号，改为"谁要是不反对我们就是和我们在一起"的口号，采取了一系列扩大团结面、缩小打击面的措施。如：合作化完成后，卡达尔就提出要消灭农民过去阶级差别的残余，建立统一的农民阶级，使农村政治对立状况消失；1962年提出取消"新知识分子"和"旧知识分子"的划分，规定知识分子是社会上一个劳动阶级，从1963年起，学校不再把青年学生根据家庭出身进行分类；对过去遗留下来的剥削阶级，采取比较宽容的政策，只要清除了过去，奉公守法，与其他公民同等看待；对参加过反革命事件的犯罪分子，刑满释放后只要不再搞敌对活动，仍允许从事原来工作，如出版著作，上台演出，出国旅行等；对逃亡外国的人允许他们回国探亲或定居；对党内外人士一视同仁，除党内职务外，只要称职，非党人士可以担任一切领导工作，等等。在政治生活民主化方面，政府准许人民在政治上发表不同意见，对意识形态问题不予干涉，只要不对现政权采取暴力行动，不予镇压。匈牙利内务部长在匈牙利党十大上宣布"公安部门的任务是对付犯罪行为，绝不干预纯属是经济政治和意识形态方面的争论"；无敌对宣传内容但批评现实的作品不予禁止，连演出讽刺领导人缺点的剧目、刊登有关他们的漫画都被视为合法；政府制定重要政策，事先要征得有关的社会群众团体的同意；政府成员定期在电视上回答群众提出的各种问题；对国家主要领导人不搞个人迷信那一套，在公共场所和办公室看不到挂卡达尔的像，卡达尔1980年9月又一次强调说，"在我国没有、在我党更没有支持腐朽的个人迷信或1956年修正主义路线的”；领导干部不搞特殊化，连副总理一级的干部去医院看病，也要同普通群众一样排队候诊，等等。此外，国家法制比较健全，政策有比较好的连贯性。所有这些内政上的做法，加上人民生活的不断改善，创造了稳定的政治局面，为1968年开始的体制改革提供了安定的环境和民主的气氛。没有这样的民主气氛和在此基础上的稳定的政治局面，单纯的经济体制改革是难以成功的。

全部改革工作，从准备到实施，都是在匈牙利党中央的坚强领导下进行的。早在准备工作开始以前，匈牙利党就为对改革进行理论探索创造了良好的气氛，允许发表和讨论当时在苏联和其他有些东欧国家不能公开讨论的问题。如匈牙利经济学家科尔纳伊·亚诺什在20世纪50年代就出版了一本书，公开批评过分集中的经济管理体制的弊病；前中央统计局局长彼得·捷尔吉出过一本书，从计划与市场的关系上探寻改变过分集中型体制的出路。这在当时是不容易的。这些早期的讨论，对人们的思想是有影响的。准备改革的过程中，匈牙利党中央多次讨论，发出有关准备工作的指示，做出改革的决议。匈牙利党中央大力支持关于改革问题的调研和理论工作。直接领导改革的中央书记涅尔什·雷热，本人就是一位著名的经济理论家。匈牙利党中央让他从头到尾主持了中央经济体制改革委员会的工作，负责到底，没有随便换马，这也是改革工作得以持续顺利进行的一个重要保证。经济体制改革委员会各小组的工作，党中央经济政策部均派有专家代表参加，其中基本建设投资问题小组的工作，就是由中央经济政策部的代表主持的。改革决议通过后，匈牙利党中央又决定，通过各种方式开展有关改革的宣传教育工作，以利于改革的实施。匈牙利有的经济学家认为，当时宣传教育工作是做得不够的，以至于一部分经济领导者不能够在较短时间内适应改革的新情况。

特别需要指出的是，在改革实施过程中，虽然经历了许多争论、人事的更动和经济的波动，有些人曾想离开改革的轨道，"回复到以集中的、强制的计划指标为基础的国家指导体制"[①]，但匈牙利党中央领导的主流始终坚定不移地坚持了改革的大方向。近几年来，匈牙利党中央和卡达尔不止一次地重申坚持改革的基本原则，一些没有公开发表的决议也提到这个问题。据匈牙利方介绍，1979年上半年，匈牙利党中央曾组织过一些人对经济体制进行了审查评价，年中曾作出决议（未公开发表），强调要按体制改革的基本原则继续前进。当然，匈牙利党中央在坚持改革大方向与基本原则的同时，注意到把原则性与灵活性结合起来，根据经济发展的实际情况，采取一些过渡性的"限制措施"即直接的经济手段和行政手段，这些"'限制措施'以一种奇特的方式使得新经济体制得以维持下来"[②]，也就是说，用灵活性保证了原则性的贯彻。这也是匈牙利党中央使体制改革的基本精神能够坚持下来的一个重要手段。当然，为了维护新体制的基本精神所采取的"限制措施"的本身，在范围上时间上也要有一定的限度，否则就要或多或少地歪曲或违反新体制的基本原则，如前述12年来改革实施过程的后期，就曾经出现过那种情况。

三、改革为什么会出现曲折

从前面第一部分的叙述中我们看到，匈牙利经济体制改革和经济发展，虽然取得了显著的成就，但它并不是一帆风顺的，而是经历了不少的曲折和困难，特别是1973年以后经济管理中的国家直接干预，越来越超过改革的设想的限度。匈牙利改革过程中

---

① [匈牙利]奇科什—纳吉：《匈牙利经济改革的十年》。
② [匈牙利]奇科什—纳吉："匈牙利的经济体制——1976年至1980年时期"，载[匈牙利]《暑假大学讲座材料汇编》，1970年版。

为什么会出现这些曲折和困难？据匈牙利方的介绍和一些书面材料看来，有以下一些值得注意的情况。

一个情况是，1966年5月匈牙利党中央关于经济改革的决议的基本原则，是在经济理论界和经济业务部门两部分人士共同讨论互相谅解的基础上形成的。这有它积极的一方面，已如前述；但也不免包含有必要的妥协和调和的因素。在决议通过后，中央经济体制改革委员会各研究小组停止了活动，决议的实施细则和具体的调节制度完全交由各业务部门自己去拟订。据说，最后拟订的具体的调节制度中，改革的基本原则被削弱了，这就为后来过多地增加对经济的中央直接干预开了方便之门。当时中央经济体制改革委员会秘书处成员，现任匈牙利计划局经济研究所所长莫尔沃·道马什说：

"建立调节制度，是为了对企业的活动方向给予比较一般性的指导，并为评价企业的经营提供共同的基础。……可是，在改革的准备过程中，调节手段表现的许多要求就已经放松了，提出了许许多多的例外和对部门的差别待遇。后来，情况进一步变坏。……对国外市场和国内市场变化也估计不足。结果，年度计划的作用和中央的干预比预见的要多得多。"①

另一个情况是，整个经济体制改革中，组织体制方面的改革没有跟上。按照匈牙利经济学家的分析，整个经济管理体制是由三个部分组成的，即计划体制、调节体制和组织体制。改革时，计划体制和调节体制有了较大的变化，而组织体制却变化不大。本来，在拟订改革的基本原则时，曾提出把国家机构与经济机构分开。国家机构的任务只是保证实现党的经济政策，而不是过细地过问经济生活，干预经济组织的活动。但是，在改革实施过程中，基本上没有涉及组织体制的改革，上述的有关组织改革的原

① [匈牙利]莫尔沃·道马什："匈牙利的计划"，载M.伯恩斯坦主编：《经济计划、东方和西方》（英文版）1975年。

刘国光

经济论著全集

第

3

卷

则后来也不提了，原来的国家管理机构都保留下来了。匈牙利党中央当时认为，组织上的改组牵涉面广、困难很大，决定暂时不搞，将来再说。但是后来也没有涉及这个问题，基本上保持了原状。匈牙利经济学者说，这种组织体制是不适应改革的基本思想的。部门部原来的一些职能没有取消，它们不仅是监督机关，而且是事实上的领导机关。虽然新体制取消了下达指令计划的做法，要求主要用经济调节手段来引导企业的经营，但由于企业主要领导人的任免、考核和奖惩之权都在部门部的手里，他们最终还得要按上级指示办事。这就为后来对经济的过多的直接干预留下了温床，有的部门部有时甚至还有变相地向企业下达指令计划的做法。据前述莫尔沃·道马什告诉我们，匈牙利在准备改革时就曾经争论过三个工业部（重工业部、冶金机械工业部、轻工业部）是否合并为一个工业部，以减少具体的行政干预的问题，因为多一个部门就会多一些干预，但这个问题那时没有得到解决，至今仍是一个争论的题目[①]。

在组织体制上还有一个问题，即1962年、1963年匈牙利对工业管理进行改组，建立大型工业企业和托拉斯以来，匈牙利工业企业集中化的程度大为提高。改革后，主管部对下属经济组织改用经济手段进行引导，他们倾向于同少数所属单位打交道，这样工作更为方便，所以企业合并和联合的趋势继续发展，独立的中小企业保留的数量较少；由于匈牙利国内市场较小，有些部门的生产集中到一个大企业进行。例如煤炭工业只有一个托拉斯。这样，有些市场就由大企业享有半垄断地位和完全垄断地位。这些大企业凭借他们的规模和市场地位严重地阻碍竞争，使新经济体制在促进竞争和限制垄断方面的期望不能充分实现。匈牙利改革中关于扩大自由价格、浮动价格的范围的设想，一直未能很好地

---

① 《匈牙利经济体制考察报告》第一部分，中国社会科学出版社1981年版。

做到，这也是一个重要的原因。

再一个情况是，新体制突出用经济手段来管理经济，强调评价企业经济活动的利润原则，并把利润的变化同企业发展的可能性和职工的收入、福利联系起来。这就要对所有部门、所有企业创造一种相等的经济条件，用统一的尺度对他们进行衡量，使工作好的企业职工收入多、扩大再生产的可能性也大，工作不好的企业收入少甚至破产。但是，为所有的企业创造相等的经济条件，事实上很难做到。这一方面因为要考虑企业客观条件的不同，如新企业与老企业的技术装备、管理水平不同，企业所处地区不同，等等，用统一的尺度去衡量他们就不公道。于是价格上税收上的各种扣除、减免以及各种差别的补贴就出现了。这些差别由于缺乏一套明确的标准，也不容易同经营好坏的成果划分清楚，这样就在国家主管机构和企业领导者之间带来讨价还价的问题，以至于经营好的企业的利润被过多地抽到上面去，而许多不应该得到优惠的经营差的企业却得到了大量的直接和间接的补贴。另一方面，由于政治上、社会上的原因，对经营差的企业事实上难以始终一贯地严格按原则办事，任其陷于困难或倒闭，而不通过减免税收或给予补贴等各种差别的照顾来加以保护。这种对不同部门、不同企业的收入规定各种扣除和补贴等的差别措施，对经营好的企业与经营不好的企业进行抽肥补瘦的财政干预，再加上前面所说的市场竞争条件的不能顺利贯彻，就使得新体制所突出的经济手段和利润原则的意义，受到削弱。

又一个重要情况是，匈牙利社会中存在着抵制经济体制改革的保守力量。这同上面所说的一些情况也有关系。直接参加过经历过经济体制改革工作的一些人士认为，社会主义生产关系不是像政治经济学教科书上讲的那样自然而然地适应社会生产力的发展，社会主义社会中保守势力的影响有时还是很大的。国家行政管理机构的一部分领导人员强烈地坚持他们的经济作用，不愿放弃他们的经济权利。党的机构里也有这种保守力量。企业领导干部中，也有些人习惯于按上级指示办事，而不习惯于独立自主地决定问题，他们在过去的体制下表现不错，但在新的体制下就显得无能，因而对新体制也不是很容易接受的。在人民群众中，也有保守势力，有些工人不喜欢体制改革带来的收入差别的扩大，有些人不喜欢企业有解雇工人的权力，等等。对社会上的保守力量如果不加以正确的引导，在一定气候下，它便会成为回潮的支持者。匈牙利计划局司长包拉绍·阿科什下面一段话，是很有意思的，他说：

"任何人都不会公开反对体制改革。但有些人实际上不同意。1968年以后一段时间，很少听到他们说话。但是，1974年到1976年（1973年世界市场危机给匈牙利带来一系列困难以后），这些人又出来发表意见了。这些意见对各个部门是有影响的。出现了比较隐晦地按过去老办法办事的做法。"①

经济体制改革这样一件复杂的大事，难免出一些差错和问题，所以从改革初期，它就不断受到批评，这种批评到1973年以后就更加厉害了，并且同党内斗争交织在一起。前面讲过，1973年世界市场危机对匈牙利经济的冲击，匈牙利新经济体制对此未能做出适时的反应，就是同当时匈牙利国内的争论和政局的变动有关。当时有些人认为，计划经济本身就可以保证社会主义国家在世界市场发生不利变化时不受影响，并且认为，世界市场变化的影响将是短暂的，因此不主张对此及时做出反应。这是以比斯库等人为代表的一派力量的意见。另一种意见则是以原来主持改革的中央书记涅尔什和前总理福克为代表的，他们认为世界市场变动的影响将是深远的持续的，在制定经济政策时一定要考虑这种影响，把它计算进去，并及时做出适当的反应。斗争的结果

① 《匈牙利经济体制考察报告》第一部分，中国社会科学出版社1981年版。

是前一派意见占了上风，涅尔什于1974年3月被解除中央书记职务，福克于1975年5月被免去总理职务。但是，由于经济改革行之数年深入人心，前一派力量得势后，也不能不坚持改革的旗帜，但由于反应迟钝，世界市场的继续冲击加重了国内的经济困难，使得经济体制本身在某些方面进一步发生了一些消极的变化。

还要指出的是，匈牙利体制改革不仅遇到国内保守力量的抵制，也得不到苏联和东欧一些国家的支持。因为匈牙利的做法与他们不同，突破了苏联传统体制的框框，并且匈牙利人民生活水平提高较快，特别是市场商品供应丰富，苏联和东欧一些国家的领导人担心匈牙利榜样对他们这些国家人民的影响（据匈牙利一位经济学者告诉我们：苏、东欧各国来匈牙利旅游每年大约有一千万人次，相当于匈牙利全国人口，他们对比匈牙利市场与他们国内市场，印象深刻，回去就提意见），因此有时在物质上卡匈牙利，有时借批判"市场社会主义"，不指名地批评匈牙利的体制改革是搞修正主义。据说匈牙利"经济改革之父"涅尔什被解除中央书记职务和前总理福克的解职，主要与苏联的压力有关。这些情况对匈牙利经济改革实施过程中曾经发生过的一些曲折后退起了一定的作用。但由于匈牙利在巧妙地处理与东邻关系的同时，坚持了改革的大方向并取得了成就，匈牙利的改革终于得到苏联等国的"理解"，1979年5月勃列日涅夫访匈牙利时，不得不声称对匈牙利"创造性地研究建设发达社会主义，表现出浓厚的兴趣"，被迫从刁难到默认、到赞许。

对于匈牙利实行体制改革以来，以1973年为分界的前后两个阶段的评价，在匈牙利人中间也存在一些不同的看法。前述匈牙利物资物价局奇科什—纳吉把1967—1974年这一段称为"匈牙利经济的黄金时代"。[①]对此提法，匈牙利驻华大使里班斯基·罗

---

① 《匈牙利经济体制考察报告》第一部分，中国社会科学出版社1981年版。

伯特就持异见，他最近对我们说，如果说前一段是"黄金"时代，那么，后一段难道就是"铁"的时代？新体制就整个说来是好的，不论在前一段后一段都是好的，后一段的经济困难不是新经济体制造成的，所以不能在评价新体制时只把前一段单划出来称为"黄金"时代，好像后一段就不行了。不过，奇科什—纳吉把前一段称为"黄金"时代，是就匈牙利经济发展顺利来说的，不是对新体制本身的评语。对于后一段匈牙利经济体制，虽然由于种种原因在某些方面离开了改革时提出的原则，但奇科什—纳吉还是为之辩护的。在后期，有一种看法认为匈牙利经济体制已经脱离了改革，对此，他指出："这种说法是很幼稚的，老的和新的体制之间存在着明显的区别。按照老的体制，国家将整个的经济计划指标，按经济组织结构的那一套分到各个企业去。整个经济过程和报表等都要按这个计划来调整执行。按照新体制，国家根据中央计划体系，经与一些较主要的企业协商，制定一个计划经济发展的整个进程，而这并不以企业完成计划指令为基础。"[①]奇科什—纳吉还认为，后期经济管理中更多地采用直接调节的办法，"虽然这没有多少进展，却也没**有多大的倒退**"[②]，这是因为匈牙利还缺乏实行间接调节办法所必需的先进的货币制度，"如不使用直接的办法，就不可能实现社会主义经济的按计划调节"。[③]

与奇科什—纳吉的上述提法相反，匈牙利科学院经济研究所副所长纳吉·道马什（前中央经济体制改革委员会秘书长）把后一段改革即1973—1979年这一段时期中国家对经济的直接干预的增强看成是改革的"后退"。[④]纳吉认为，1973—1979年的实践

匈牙利经济体制改革12年的评价

① 《经济学译丛》1979年第1期，第46页。
② 同上。黑体是作者加的。
③ 同上。
④ 《匈牙利经济体制考察报告》第一部分，中国社会科学出版社1981年版。

证明，后退的做法不能从根本上克服匈牙利的经济困难。他的看法看来是有一定道理的，因为，行政部门直接干预的增加，限制了企业的自主性；抽肥补瘦的差别措施，造成了平均主义的倾向（据了解，匈牙利同种工作的工人收入在不同部门、企业间的平均主义倾向是分配中的主要问题）；这些都不利于调动企业和职工的积极性。匈牙利的劳动生产率虽然逐年有所增长，但与西方差距仍大（平均约低40%），原因之一也在于平均主义的问题没有完全切实解决。同时，由于国内价格脱离国际市场的价格，不能用国际标准来衡量国内生产的效率，这对于改革生产结构和出口结构以适应国际市场的需要，对于提高产品在国际市场上的竞争力，对于经济平衡的恢复等等，也是不利的。在采取比原来改革时设想更多的国家干预和"限制措施"的时候，匈牙利当局是把它们当作过渡性的措施来看待的。据匈牙利经济学者的看法，为了纠正上述过分的限制性措施带来的不良后果，看来匈牙利党和政府认为要回到更坚决地执行经济改革的基本原则上来，许多决议和规定都表明了这一转变。特别是从1980年1月1日起开始实行的新的经济调节制度，将对现行体制再次进行较大的修改。这次修改的最主要内容是进一步完善价格制度，要求尽快使国内生产者价格与国际市场价格挂钩，在具有竞争性的生产部门（工业生产中占70%~75%）采用竞争价格，即用出口价格作为国内价格水平的调节手段。与此相应，扩大自由价格的范围。以后除动力燃料等少数品种外，生产者价格基本上将实行自由价格。自由价格在生产价格中的比重将从原来的30%~40%提高到70%~80%。它在消费者价格中的比重，也将从原来的30%左右提高到40%。在完善价格制度的同时，在收入调节制度上更加强调规范化，对企业要一视同仁，减少例外情况和特殊照顾，减少或者取消对不同部门不同企业的差别扣除和差别补贴，实行统一的利润税率，以便通过企业利润收入差别的适当扩大来更清楚地表明企业的经营成果，并使之反映在企业发展和职工收入的差别上，等等。所有这些措施，都是为了加强间接的调节手段在经济管理中的作用，减少直接的行政干预和有差别的补贴等等财政干预的作用，因而都是符合1968年经济体制改革的基本精神的。

四、对几个有关评价匈牙利经济体制问题的看法

12年来，匈牙利推行新经济体制，取得了不少成就，也碰到不少问题，总体来看，新体制是适合匈牙利的情况的，它经受了种种考验而站稳了脚跟，并且，随着政治经济形势的发展，它的内容不断地得到完善和充实。

这里，就匈牙利新经济体制评价中的几个问题，讲一点不成熟的看法：

一个问题是，匈牙利新经济体制同经济发展的关系。过去人们往往根据经济发展的情况来评判经济体制的劣优，这当然是一个重要的方法。但是，经济管理体制，只是经济发展的一个因素（当然是很重要的因素），而不是唯一因素。经济发展还要受经济政策、经济组织和管理人员的素质等的影响。单纯地根据匈牙利经济发展的情况来评判匈牙利新经济体制，就会失之片面。例如1968年匈牙利实行新经济体制以来，既经过了1968—1974年这一段经济发展比较顺利的时期，也经历了1974—1979年经济发展比较困难的时期。如果单纯从经济发展的顺利与否来看，那么，截取不同的发展段落，就会对匈牙利的经济体制得出决然相反的结论。实际上，前一段的顺利发展，虽然新体制起了很大的作用，但其他因素，特别是当时国际经济条件较好，也有很大的关系。后一段经济发展中出现的问题较多，虽然同经济体制不够灵活，体制本身没有设置一套能够及时自动的反应机制有一定的关系，但是出现这些问题的主要原因，还是从体制以外，特别是国

际市场条件的变化和计划综合平衡工作上的缺点去找。如果把这些问题都推到匈牙利的体制改革和新体制身上，那是不客观的。

另一个问题是：区别匈牙利新经济体制中的根本性东西和暂时性的东西。匈牙利新体制中的根本性东西，是指那些涉及改革的大方向，改革的基本原则，以及比较永久性的规章制度而言的。暂时性的东西是为了适应当时具体的政治经济形势而提出来的过渡性的规章制度，或者叫作"限制措施"，即比改革时所设想的程度更大的直接干预。这种限制措施是应当随着需要它的政治经济形势的消失而逐步取消的。例如，废除向企业下达指令性计划，主要用间接的经济手段来调节企业的经营活动，这是新经济体制中带有根本性的东西。但是，在某些领域（如对外经济协定规定的义务）、某些情况（如为了较快地改善经济平衡、改变经济结构），也允许下达行政指示，这就是暂时的过渡的东西。又如，为了使价格成为正确指导生产和消费的调节手段，就要根据生产费用、市场情况和政策的需要来调整价格，逐步缩小官方规定价格的范围，扩大自由价格的范围。这是新经济体制中带有方向性的东西。但是，在一定条件下，如1973年以后一段时期，国内价格大大脱离世界市场行情，政府价格补贴大大增加，官方控制价格的范围有所扩大，这就是暂时性过渡性的。这方面的例子还可以举出很多。如果我们对匈牙利新经济体制中的根本性东西和过渡性东西不加分析，胡子眉毛一把抓，把一些次要的、过渡的、例外的东西大书特书，把它们说成是匈牙利体制中不可分割的、本质的东西，那就会本末倒置，就不能对匈牙利的经济体制得到正确的概念。

再一个问题就是所谓"民富国穷"或"企业富国家穷"的提法。我们在传统苏联式高度集权的体制中度过了二三十年，习惯于用高度集权制培养的思想方法来思考问题，这是不奇怪的。例如在国家向企业、个人的关系上，当我们看到在匈牙利的新体制下，企业的自主权扩大了，国家机构对经济的管理权缩小了，又把提高人民生活水平放在经济政策的重要地位，有的同志就惊呼人家"民富国穷""企业富国家穷"。这是我们特有的思想方法的产物，匈牙利人自己却并不这么看。这次我们在匈牙利遇到的理论部门和实际部门的经济专家，都没有听到这种说法或者类似的说法。我们体会，道理也很简单，还是中国一句古话："百姓足，君孰与不足。"匈牙利人民生活富裕了，企业实力增强了，还要说这个国家"穷了"，好像有点说不通。有的同志把匈牙利"人民消费过度""企业积累过大"，同外贸赤字、财政赤字以及外债增加这几件事联系起来，说匈牙利"主要靠外债"来"弥补亏空"，这不是"民富国穷""企业富国家穷"的证据吗？这也是一种误解。关于人民消费是否过大，企业投资是否过大，以及为什么发生外贸赤字、财政赤字，我们在前面都已经交代过了。匈牙利经济学家并不笼统地认为人民生活水平增长过快，即使在后一段时期相对于经济平衡状况来说是增长快了一点，这也不是体制问题，而是对外交换比率恶化使匈牙利经济遭受损失的反映。投资过大的问题主要不是产生在企业决定的投资部分，而是产生在国家对投资的计划平衡工作上面。外贸赤字主要是外贸价格损失造成的，这与体制没有直接的关系。财政赤字主要是由于各种补贴增长过多造成的。

年份（年）	1970	1975	1977
各种财政补贴*/亿福林	499.6	1033.4	1382.9
财政赤字/亿福林	37.7	29.6	35.3

*不包括投资补贴（《匈牙利统计手册》英文版，第58页）。

财政补贴是与体制有关的，可是它反映的问题，却不是企业权力过大的问题，而是国家对经济的直接干预过多，从而间接的经济手段（如价格）的作用被削弱的问题，这是同"民富国穷"论者的印象正好相反的。（说也奇怪，匈牙利国家财政收入占国民收入的比重，远比我们所能想像的还要高。据匈牙利中央统计局编的《1979年匈牙利统计手册》第38页，1977年匈牙利国家财政收入为3612.7亿福林。又据苏联《科学与生活》杂志1977年第7期"1977年匈牙利国民经济计划完成情况"一文载，该年匈牙利国民收入为4800亿福林。两相比较，前者占后者的比重为75%！——此数过大，还有待进一步核实，暂留此作参考。）就拿企业纯收入中上缴国家与企业留成部分的比例来说，一般也在七三开左右，即国家拿70%上下，企业只拿30%上下。此外，属于简单再生产范围的固定资产折旧基金还有40%上缴财政，如把这项冲掉，则企业纯收入留给企业部分的比重将更低，上缴国家预算的部分的比重将更高。所有这些，能够说明匈牙利是"民富国穷"或者"企业富国家穷"吗？显然是不能说明的。关于匈牙利财政赤字是不是靠外债来弥补的问题，匈牙利财政部经济研究所经济学家告诉我们，财政赤字主要靠居民和企业存款增长余额被国家吸收来弥补，不足之数才靠发行公债和通货。至于匈牙利举借外债，并不像有的同志想象的那样，"主要靠借债来弥补财政赤字亏空"，而主要是为"扩大出口能力的投资项目提供资金"。[1]目前的债务是大了一些，但与东欧其他国家比，不算过大。据最近来我国讲学的波兰经济学家布鲁斯谈，按人口平均负债最高的是保加利亚，按债务占出口收汇比例最高的是波兰，都轮不到匈牙利[2]。据上述费克特·亚诺什文章中提供的资料，1977年社会主义国家支付债务的本息占这些国家商品出口总额的

---

[1] [匈牙利]费·克特·亚诺什："社会主义国家的负债问题"，载《新匈牙利季刊》1979年第1期。

[2] 另据中调部编的《苏联·东欧七国重要数字统计》（1979年5月编印，第1、23、24页）引用英国《国际货币评论》1978年第10卷第4期和《1978年经互会年鉴》的资料计算，1977年年底的估计数，按人口负债额最高的是波兰；按还本付息占出口收汇比重最高的是保加利亚；与布鲁斯所述情况相反。但按上述资料第一位也都轮不到匈牙利，匈牙利排在第三位。

比率平均不足10%。另据我驻匈牙利使馆商务处同志了解，匈牙利外债还本付息约占其出口收汇的8%，低于上述平均比率。因此，匈牙利外债是否到达了危险点，就在匈牙利经济学者中间也有不同的看法。有的人认为已经到达危险点，提出警告（如匈牙利党中央社会科学研究所研究员鲍洛尼就对我们这样说）。但也有人如上述费克特·亚诺什，以及我们这次会见的匈牙利国际经济关系秘书处科兹莫·费伦茨，就比较乐观，认为匈牙利现在对外信用还很好，外国人仍愿借钱给匈牙利发展经济①。

最后一个问题：匈牙利现行的经济体制究竟是社会主义的，还是资本主义的？这个问题只要实事求是，面对现实，看一看匈牙利经济中的所有制，它的生产目的，它的运营方式和分配方式，是不难得出正确的回答的。目前匈牙利国民收入的98%以上是在以国营企业和合作社企业为主体的社会主义经济成分中生产出来的；体制改革后，它仍然坚持了有计划的运营方式，它在削弱了官僚主义的计划制度的同时加强了反映客观规律的以经济手段为特征的计划制度；这个经济生产的剩余产品是由国家和企业掌握，用于发展生产和提高公共福利的；尽管有这样那样的缺陷，它生产的消费品基本上是按劳分配的；这个体制显著地达到了使人民生活水平稳定而迅速地提高的目的。所有这一切，都说明了匈牙利经济体制是社会主义的而不是资本主义的。我们不必去深究过去为什么我们竟看不清这么一个简单的事实，但今天我们不能再回避这一真理。因为为了我们自己今后进行体制改革的需要，我们也要研究不同的经济模式，要借鉴人家的经验。假如我们仍像过去那样，不承认匈牙利的经济体制是社会主义的经济体制，那么，作为一种经济模式，匈牙利的体制就没有我们可以借鉴的余地，顶多只能吸收它的管理经验中的某些个别因素，正

① 《匈牙利经济体制考察报告》第一部分，中国社会科学出版社1981年版。

如我们对待日本、美国等资本主义国家的某些好的管理经验一样，这些国家的整个经济体制作为一种模式来说，我们是要反对和摒弃的。但是如果我们实事求是地承认匈牙利的经济体制是社会主义的经济体制，那么我们便可以把它同社会主义经济体制的其他一些模式——诸如传统苏联式的高度集中型模式、南斯拉夫模式、罗马尼亚模式等——进行对比研究，分析其优劣，以供我们体制改革时选择和设计我们自己的经济模式的参考。所以，澄清匈牙利体制的社会性质不仅具有理论意义，而且有重要的实践意义。

以上的分析表明，匈牙利经济改革的12年，是一个十分复杂、内容十分丰富的过程，需要进行仔细的研究，才能得出比较合乎实际并对我们有真正参考价值的结论。由于我们考察匈牙利体制改革问题时间甚短，了解有限，以上评述，当然也难免有不足或片面之处，希望大家指正。